フレデリック・テイラーとマネジメント思想

廣瀬幹好 著

関西大学出版部

【本書は関西大学研究成果出版補助金規程による刊行】

まえがき

　科学的管理として知られるテイラー（Frederick W. Taylor）のマネジメント思想が広く一般に知られるようになったひとつのきっかけは、1911年春、*The American Magazine* 誌に分載された（3月号～5月号）テイラーの論文「能率の福音（The Gospel of Efficiency）」が発表されたことである。この論文は、ほぼ同じころアメリカ機械技師協会（The American Society of Mechanical Engineers：ASME）会員に配布するために著された『科学的管理の原理（*The Principles of Scientific Management*）』とは異なり、一般の読者を対象としたため理論や原理についての詳しい説明はかなり省略され、事例の紹介を通して科学的管理の内容説明が行われている。ただ、両者の内容上にちがいはない。

　上記雑誌の編集者は、同年6月号において、テイラーの論文に関して多数の手紙を受け取ったとしていくつかを紹介したうえで、小説『ジャングル（*The Jungle*）』の著者として著名なアプトン・シンクレア（Upton Sinclair）によるテイラー批判の手紙を掲載している。この手紙の日付は2月24日となっているので、テイラーの連載第1回目の論文に対するものであろう。シンクレアの批判内容は、科学的管理がもたらす生産性向上に比した労働者の配分の少なさ、および失業不安についてであった。これに対するテイラーの反批判も、同時に掲載されている。

　わが国においても、「世界の實業界を革新するに足る科学的操業管理法の案出」（安成貞雄、『實業之世界』第8巻第5・6号、1911年3月、間宏／監修・解説（1987）『科学的管理法の導入』五山堂書店、所収）として、すぐさま紹介された。そのリード文には、次のように記されている。

「18世紀に於ける工業機械の発明は、家庭工業を変じて工場工業となせり。所謂産業革命是れにして、貧富の懸隔愈々甚しきを加へ、雇主と雇人との利害は相剋し、階級戦争の端蕊に開けたり。今や、科学の力は、従来の操業法に一革命を与えたり。雇主と雇人との関係は利害一致の域に進み、此の法の行わるゝ所、又階級戦争も見ざらんとす。彼の恐る可き社会主義の発生の如きは、是れによって防止し得る可きに庶幾し。今茲に其科学的操業管理法を説明し、世の工場管理者及び憂国の士の一読を求む」

以上のような熱烈な歓迎だけでなく、科学的管理の普及とともに賛否両論が激しく引き起こされたのは、アメリカと同様である。

以来、科学的管理に関して数多くの研究が積み重ねられてきた。そのすべてを鳥瞰することは、不可能に近い。それゆえ、本書において筆者が行ったことは、科学的管理の全容を把握するためのほんのささやかな試みにすぎない。

かつて、古林喜樂氏は、テイラー評価の方法について次のように述べている。

「テイラーが如何に力説し又彼の根本精神が奈辺に存するかと云ふことよりも、その趣旨が如何に実現されているかが問題であって、もしかなり一般的にテイラーの根本精神を没却する如き傾向がもたらされている場合には、吾々は寧ろ何故にかかる傾向があらわされるのであるか、その由って生ずる原因を究明することこそ重要問題であって、もしその根本精神の実現される具体的条件が欠けている如き場合には如何に根本精神を力説しても何等の実益なきことを知らねばならないのである。要するに現実の制度としては、それの善良な精神のみに偏することなく、その現実の作用をも包含して一体として制度を観察しなければならぬ。而して経営の労務過程組織化の一制度としてのテイラーシステムとしては、その現実の作用は所詮、経営の具体的な条件に依存するものであるから、ここに吾々はテイ

ラーシステムの単なる哲理解釈でなくて、具体的な経営の条件と関係せしめて制度の内容と作用を吟味し考究する必要に迫られるのである」（古林喜樂（October, 1933）「テイラーに於ける労務過程組織化」『國民經濟雜誌』、第 55 巻第 4 号、46-47 頁）

　古林氏が上に述べていることは、根本精神すなわち理念とその現実の作用を区別するとともに、両者を一体として把握することが正しい批判的見地だということである。この含蓄のある指摘は、理念の単なる解釈を諫めるとともに、他方で現実の作用の観察だけで理念の良し悪しを判断することの誤りを戒めており、まさに至言である。

　古林氏の見地からすれば、本書はテイラーの哲理の解釈にとどまっている。哲理の現実的作用について論じていないからである。しかし、哲理の解釈と現実の観察との一体的把握が、はたして十分になされてきたのであろうか。科学的管理の根本精神の理解を等閑視し、その現実的作用の一面的な観察に基づいて、テイラーのマネジメント思想を正確に理解することなく批判するという傾向が流布しているのではないか。両者を一体的に把握するためには、哲理の解釈と現実的作用の各々についての正しい理解が不可欠であるが、テイラー没後 100 年を迎えた今日に至っても、筆者には、それが適切に行われているとは思えない。

　本書の試みは、上に述べたように、古林氏の言葉を借りればテイラーのマネジメント哲理の解釈にすぎず、その現実の観察は成しえていない。ただひとつの目的は、彼のマネジメント思想を正しく把握することだけである。足らぬは承知している。しかし、テイラーは人間を機械視し、労働強化を行おうとしたとの見解がいかに浅薄で一面的な非難であるか、ということは示せたと思う。マネジメントの科学の創造に終生尽力したテイラーの歴史的功績を軽視し、彼の名を汚そうとするこのような見解を、筆者は容認することができない。

　1886 年に ASME に入会を認められた会合において、テイラーが初めて聞

いた報告のひとつが、会長代行を務めていたタウン（Henry R. Towne）の機械技師への呼びかけ、「経済家としての技師（The Engineer as an Economist）」であった。30歳の若き青年テイラーは、この報告に触れ鼓舞されたにちがいない。タウンは工場のマネジメントの科学化を望み、そしてその可能性を予見した。タウンの期待に応え、後に彼の予見を現実化したのがテイラーであった。それゆえ、タウンはテイラーを「新しい科学の創造者（the creator of a new science）」と呼び、彼の業績を高く評価しているのである。タウンは次のように述べている。

「数え切れないほどいる商工業の組織者たちは、自らが抱える問題解決に多かれ少なかれ成功してきたけれども、これらの多くの問題が共通する要因を抱え、組織化された科学の機会と必要性を意味していることに、彼以外誰一人として気づかなかった。テイラー氏は、これを理解し、自然科学と同じくこの分野にベーコン体系が適用できるということ、すなわち、『事実』の正確かつ完全な観察、それら事実の公平な『分析』、到達した結論から『演繹』による法則の定式化というベーコン体系の三つの原理に基づくことにより、実践科学の創造が可能となるということを認識した最初の人物なのである」(The Editors (April 1, 1921), "Editorial Addenda," in "The Evolution of Industrial Management," *Engineering Magazine*, 61 (7), p. 233)

筆者は、タウンの主張にも示されているように、技師のマネジメント思想への貢献、その象徴としてのテイラーのマネジメント思想の歴史的貢献を、時代的制約および限界を見極めるとともに、本書において正しく評価したいと考えている。

本書は全10章で構成されており、第1章は、本書全体の序論に相当する部分である。ここでは、テイラーのマネジメント思想の歴史的位置づけに関

するわが国における主要な見解を検討し、彼がマネジメントの科学の出発点に位置することを明らかにしている。

　第2章以下は、大きく二つに分かれている。前半部分の第2章から第6章までは、科学的管理、すなわちテイラーのマネジメント思想を、その萌芽から発展していく過程を追いながら、できるかぎり正確に理解しようとしている。後半部分の第7章から第10章では、科学的管理をめぐるアメリカ合衆国政府の委員会調査や科学的管理の推進団体であるテイラー協会での議論などを詳細に検討することによって、テイラー自身の主張を相対化し、公正な評価を行おうと試みている。

　本書は、技師のマネジメント思想について筆者が執筆した2冊目の書物である。そして、前著と本書はともに、テイラーを記念する目的をもっている。前著『技師とマネジメント思想』は「ショップ・マネジメント」出版（1903年）の、そして本書はテイラー没（1915年）後100年を記念して出版をめざしたものである。それぞれ当初の予定を過ぎてしまったが、このような歴史の節目に立ち会える幸運に感謝している。つたないものではあるが、この二つの書物が斯学の発展に少しでも寄与するところがあれば、著者としてこれに勝る喜びはない。

2018年10月1日

廣　瀬　幹　好

目　　次

まえがき

第1章　マネジメントの科学の生成 …………………………………… 1
第1節　作業の科学説 ……………………………………………… 1
第2節　マネジメント理論以前説 ………………………………… 5
第3節　科学的管理とマネジメントの科学 ……………………… 12

第2章　能率の福音 ……………………………………………………… 21
第1節　「科学的管理の原理」発表の経緯 ……………………… 21
第2節　能率の福音 ………………………………………………… 25

第3章　科学的管理とその原理 ………………………………………… 37
第1節　『科学的管理の原理』における原理 …………………… 37
第2節　「テイラー証言」における原理 ………………………… 45
第3節　テイラーの講演（1911年） ……………………………… 51
第4節　科学的管理における「原理」 …………………………… 59

第4章　賃金制度改革とショップ・マネジメント …………………… 70
第1節　「出来高払制度」の構成 ………………………………… 70
第2節　「ショップ・マネジメント」と索引 …………………… 78
第3節　「ショップ・マネジメント」の構成 …………………… 84
第4節　「出来高払制度」とマネジメント思想 ………………… 91

第5章　課業理念の生成と確立 …………………………………… 99
第1節　「ショップ・マネジメント」と課業理念 ……………………… 99
第2節　『科学的管理の原理』とマネジメント思想 …………………… 113
第3節　課業理念の生成と確立 …………………………………………… 126

第6章　公聴会証言 ……………………………………………………… 134
第1節　下院特別委員会でのテイラー証言 …………………………… 134
第2節　下院労使関係委員会でのテイラー証言 ……………………… 149
第3節　科学的管理と精神革命 ………………………………………… 159

第7章　工業経営技法の現状 ………………………………………… 173
第1節　管理に関する小委員会報告 …………………………………… 173
第2節　委員会報告をめぐる議論 ……………………………………… 182
第3節　近代マネジメントと労働者 …………………………………… 187

第8章　二つの科学的管理研究 ……………………………………… 192
第1節　科学的管理の評価をめぐって ………………………………… 192
第2節　ドルーリーの科学的管理評価 ………………………………… 195
第3節　トンプソンの科学的管理評価 ………………………………… 199
第4節　二つの科学的管理研究 ………………………………………… 205

第9章　科学的管理と労働 …………………………………………… 212
第1節　いわゆる「ホクシー報告書」 …………………………………… 212
第2節　労使関係委員会の最初の報告 ………………………………… 216
第3節　最終報告における「科学的管理」 ……………………………… 218
第4節　ホクシーの著書と科学的管理 ………………………………… 224
第5節　ホクシーと科学的管理 ………………………………………… 232

第10章　科学的管理と産業民主主義 …… 243
　　第1節　能率と同意 …… 243
　　第2節　科学的管理と進歩 …… 254
　　第3節　科学的管理と民主主義 …… 259

あとがき …… 276
初出一覧 …… 279
索引 …… 280

第1章
マネジメントの科学の生成

第1節　作業の科学説

　アメリカにおけるマネジメント理論の生成に関する重要論点のひとつ、すなわちマネジメント理論（思想）史におけるテイラー（Frederick W. Taylor）の科学的管理（Scientific Management）の位置についての評価には、今もかなりの混乱がみられる。テイラーの科学的管理はマネジメント理論の出発点ではないという有力な説があるが、なぜそうであるのかについての説明は明快ではない。また他方、それではいったいだれがマネジメント理論の出発点に位置するのかについても、定まった見解が存在していないのが現状である。

　筆者は、テイラーの科学的管理がマネジメント理論（思想）の出発点に位置することを明示し、マネジメント理論（思想）史におけるテイラーの位置を明確化したいと考えている。そこで、まず本章では、わが国におけるテイラー評価に関する周知の諸説を、いま仮に「作業の科学」説と「マネジメント理論以前」説と名づけ、この両説の主張の妥当性を吟味する。前者は、テイラーの科学的管理が「分析」的で経営全体の合理化（「総合」）の理論（思想）を欠いていると主張する。後者は、それがマネジメントの科学化を志向しつつも制度改革に止まっていると主張する。両者の論理の運びは異なるものの、テイラーがマネジメントとは何かということを認識しておらず、それゆえ彼の科学的管理はマネジメント理論の出発点ではないと主張する点では共通している。はたして、そのような科学的管理の評価は妥当なのであろうか。以下において、この点を検討する。

作業の科学説とその難点

　テイラーの科学的管理を「作業の科学」と評価する見解を、ここでは「作業の科学」説と呼ぶ。この説は、テイラーはマネジメントの科学化に努めたが、その「科学」はマネジメントの科学ではなく作業の科学である、とみなす周知の見解である。この説に従えば、テイラーは科学的管理の父ではあっても、マネジメントの科学（理論）の父ではないということになる。この説のわが国における代表的論者である藻利重隆氏は、次のように述べている。

　「管理が単なる『意見』ないし『意見の妥協』にもとづいてではなくて、客観的な『法則』ないし『科学』にもとづいて実施せられるべきであること、したがって、こうした意味において、管理が科学化せられるべきであることに関するテイラーの提唱と実施とは、経営管理の発展に対して、不朽の功績を残したものであり、こうした主張の正しいことは、今日といえども、なんびともこれを否定しえないであろう。だが、われわれは『管理の科学化』に対するこうしたテイラーの提唱と、テイラーがその確立に努力した『科学』とが、截然と区別せられるべきものであることを忘れてはならない。……『作業の科学』の確立に関するテイラーの努力は、もとより高く評価せられなければならない。それは、今日の労働科学ないし人間工学などの母体をなすのである。だが、そのことのゆえに、これを『管理の科学』と混同することは許されえない。『作業の科学』そのものは、まさに、『管理において使用せられる諸種の科学』の一つをなすにすぎないものであることが注意せられなければならない。科学的管理が『作業の科学』によって基礎づけられるものであるかぎり、それはけっして真に科学的『管理』の名に値するものではない。管理の科学性は『管理の科学』にもとづいてのみ判断せられなければならないからである」[1]

　以上の引用から明らかなように、藻利氏によれば、テイラーの貢献はマネ

ジメントの科学的研究ではなく、マネジメントの前提条件である作業技術の科学的研究を行うことにより、「生産の人的合理化」[2]を図ったことにあるにすぎないのである。

しかしながら、藻利氏の主張は一貫していない。藻利氏は、上で述べたようにテイラーの科学的管理が生産の人的合理化に関するものであると断定しながら、他方で、テイラーの科学的管理はマネジメントの科学の確立を約束するものである、とも主張しているからである。

「課業管理ないし時間的管理を本質とするテイラー・システムの課題は、個々の作業について考えられる労働能率（作業能率）の増進にあるのではなくて、経営そのものについて全体的に見出される経営能率の増進にあることを知らなければならない。個別的な労働能率の合計が、ただちに経営能率を意味するものではないのである。ところで、経営能率を中心とする課業管理の研究こそは、まさに、タウンのいわゆる『経営管理の科学』ないし『科学的管理の科学』の確立を約束しうるものであろう」[3]

では、経営能率とは何か。藻利氏によれば、「経営活動はその発現の過程を中心として考察するとき、これを財務、雇用、購買、加工、販売などの諸活動に分けることができる。…… しかも、これらの諸活動の執行については、これをその全体的関連に留意して調整し、合理的な配合と保全とによって、経営活動の遂行を全体的に円滑化し、能率化しなければならない。これこそが経営管理の任務」であり、それゆえ、経営管理活動は、「作業の全体的な配合とその保全とに関して、計画と統制とを実施すること」なのである[4]。

さらに、藻利氏は次のようにも述べる。経営全体の生産の能率は、「物的生産手段を媒介とする人びとの組織的協働によって実現せられるものであり、したがって、その合理化については、生産の要素に関する物的合理化および人的合理化、ならびに、その組織的協働の全体に関する経営的合理化が

問題となる」[5]のであり、「テイラーはこれ〔能率増進――引用者〕を、ひとり人的合理化のみにとどめることなく、さらに経営的合理化にまで進展させた。『課業管理』としての科学的管理ないしテイラー・システムの主張がすなわちそれである」[6]と。

マネジメントの科学とテイラーの貢献

藻利氏は、「テイラーの主張には二種の異なる要素が含まれている。ひとつは課業管理に関する主張であり、一般にテイラー・システムとよばれるものがこれに当る。他は作業の科学に関する主張である」[7]と述べ、経営能率増進へのテイラーの貢献を高く評価する。

「能率増進運動に対するテイラーの貢献は、これを大別して二つとすることができる。その第一は、生産の人的合理化に関するものであり、第二は、その経営的合理化に関するものである。…… テイラーは …… いわゆる『作業の科学』の確立に努力し、これによって・直・接・的・に生産の人的合理化を取り上げ、これを徹底させようとしたのである。…… しかし、より重要なものは、生産の経営的合理化について認められる。テイラーはたんに経営管理職能の存立を意識したのみならず、さらに、その重要性を正当に自覚し、従来の管理制度を鋭く批判して、みずから新しい制度の確立に努め、これによって生産の経営的合理化を強調したのである」[8]

上記引用に明らかなように、また藻利氏自身が認めているように、「・作・業の全体的な配合とその保全とに関して、計画と統制とを実施すること」を通じて経営活動の遂行を全体的に円滑化し、能率化することを試みた科学的管理は、作業の科学に止まらないマネジメントの科学であると理解すべきであろう。しかるに、藻利氏はこの矛盾を矛盾と認識せず、自身が行った科学的管理の相矛盾する二つの評価の関連を問わないのである[9]。

以上に述べてきたように、経営合理化に関する科学的アプローチがマネジ

メントの科学化であるならば、テイラーのアプローチはまさに科学的であり、課業管理を本質とする科学的管理は、作業の科学として理解すべきではなく、マネジメントの科学の基礎を据えたものである、と評価すべきだと思われる。

第2節　マネジメント理論以前説

科学的管理とシステマティック・マネジメント

　マネジメント理論（思想）史における科学的管理の位置づけを明確化しようとする努力を代表する論者の一人に、稲村毅氏がいる。稲村氏の問題意識は、システマティック・マネジメント（体系的管理）[10]とテイラーの科学的管理との関係を明確化することに置かれている[11]。稲村氏は、わが国の経営学界において1960年代半ばに浮上した論点である「独占形成と管理問題」の関係を吟味した上で、「管理問題が独占形成と密接な関係の下に発生したことが明らかになったとして、このことが経営管理論の生成とどのように結びついていったのかが、次に問われるべき問題である」[12]と述べ、従来はあまり注目されることのなかったマネジメント理論の生成という問題を詳細に検討しているのである。

　稲村氏の見解は、科学的管理とシステマティック・マネジメントの連続性を強調する点に特徴がある。稲村氏によれば、1886年にASME（The American Society of Mechanical Engineers）の大会で報告したタウン（H. R. Towne）やメトカーフ（H. Metcalfe）などは、マネジメントの重要性を明確に認識し、その集権化と統制システムの創出というシステマティック・マネジメントを明確に志向し、マネジメントの科学の必要性を提起した。そして、「『科学的管理』は課業管理を中軸として管理を『体系化』した」[13]のであり、「管理の体系化すなわち『体系的管理』の一形態であったことは明らかである。したがってまたテイラー・システムが、組織変革によって工場

諸部門の諸活動の調整と統制を実現・強化するという『体系的管理』の機能的特質を共有していることは当然である」[14]。

　稲村氏によれば、「管理の『体系化』の要求の基礎に、管理の『科学化』への志向性が横たわっていた」[15]という意味で、科学的管理とシステマティック・マネジメントとの間には連続性以上に本質的な断絶はない。すなわち、科学的管理のマネジメント思想としての特質は、「管理への『科学』の適用ないし管理における『科学的』思考」「観察、実験、分析などを重んずる実証的精神」[16]の強調に求められるべきであり、この意味で、科学的管理は、システマティック・マネジメントから続く科学化への志向性の連続体の中に位置するにすぎない。「醸成されつつあった管理の『科学化』への意識を著しく覚醒させることによって、管理の『体系化』を本格化させる歴史的役割を演じた」[17]とはいえ、「管理についての思想的特質のうちに『科学的管理』を『体系的管理』から本質的・決定的に区別する要因は認めがたい」[18]のである。

　だがしかし、稲村氏はまた、科学的管理は「同時に『体系的管理』を超える何物かを含んでいた」[19]とも述べ、「両者の根本的差異を規定する要因」を科学的管理の「制度的特質」と稲村氏が呼ぶ「課業管理」に見いだすのである[20]。

　既述のように、稲村氏は、科学的管理とシステマティック・マネジメントとの関係を評価するに際して、「思想的特質」と「制度的特質」とを区別する。稲村氏の見解では、科学的管理がシステマティック・マネジメントの連続体中の発展物にすぎないとみなされるのは、両者の「思想的特質」、すなわち「管理の『科学化』への志向性」には質的差異がなく、課業管理という「制度的特質」にのみ差異があるからである。前者の評価軸が本質的なものであり、これに差異がみられないからである。

　しかしながら、稲村氏は、なぜ課業管理をマネジメントの制度（システム）、手段としてしか評価しないのであろうか。課業管理はたしかにマネジメントの制度ではあるが、それはまた同時に「管理の『科学化』への志向

性」を体現する思想ではないのか。すなわち、なぜ稲村氏は課業管理を制度としてのみとらえ、その思想的特質を評価しようとはしないのであろうか。すでにみたように、藻利重隆氏は、課業管理が生産の「組織的協働の全体に関する経営的合理化」の思想に基づく制度であり、それゆえマネジメントの科学の確立を約束するものであるとも述べていた。稲村氏もまた、課業管理が科学的管理の本質を規定するものであるとして、課業管理における計画化の意義を評価して、次のように述べている。

「課業管理はかかるテイラーの主観的意図〔これにより労働問題を解決して労使協調を実現し得るという意図——引用者〕とは別に、『科学的管理』に固有の新しい特質を付与した。すなわち、課業管理は管理の基礎に明確に設定された標準を据えることによって、管理における計画職能を初めて真に自立化させ、生産過程の計画性を著しく深化させた。計画は単に過去の経験と記録に頼る主観的なものから、時間研究という『科学的』・数量的な方法に基づく客観的なものに転化し、それによって計画は管理者の指揮・統制機能を律する命題として明確に自立化して現れるようになった」[21]

マネジメントの本質は、藻利氏のいう「組織的協働の全体に関する経営的合理化」であり、さまざまな表現が可能であろうが、より簡潔に述べれば、人間の活動システムとしての組織を秩序化し指揮することであり、科学的な計画化がその基礎をなす。それゆえ、課業管理の思想が科学的な計画化の意義を明確に認識し、システムを通じて経営合理化を図ろうとしたものであるならば、これをシステマティック・マネジメントの思想と同質の量的発展にすぎないものとみるのではなく、明確な質的発展であると評価すべきことになるであろう。

科学的管理とマネジメント理論

テイラーを起点とする 1910 年代初頭のマネジメント理論は、稲村氏によれば、理論になっていない。すなわち、「管理原則が単に蒸留された経験の羅列として述べられているに止まり、未だ体系的理論としての体裁を有するには至っていない。管理論はなお管理についての論議の域を出ず、管理理論にまで高められていない」[22] のである。

稲村氏は、テイラーの理論（稲村氏の言葉では、テイラーの「管理原則」）は自らの考案したマネジメントの制度を離れてマネジメント一般の原則を広く考察したものではない、という。テイラーは自らの蒸留された経験を羅列したにすぎないのであり、「管理職能の概念的・抽象的分析の展開」、「管理職能そのものの概念把握」、「管理概念の抽象的分析」、「管理職能論」を展開できなかったのである[23]。テイラーは「マネジメントとは何か」を問うに至らなかったのである。それゆえ、マネジメントの職能分析を展開できなかったのである。

稲村氏によれば、「管理概念の抽象的分析の初めての体系的展開」を行ったのは、チャーチ（A. H. Church）である[24]。したがって、マネジメント理論の創始者はチャーチだということになる。すなわち、テイラーは「管理原則論」の創始者ではあったが、「管理職能論」を展開していないのでマネジメント理論の創始者ではないのである。

ここで問題は、「管理原則論」の創始者であるとされたテイラーが、稲村氏の主張のように「管理者が順守すべき行動規則を追求する」「技術論」「方策論」を提示したにすぎず[25]、また彼がマネジメントの職能に自覚的でなかったのか否か、ということになる。すでに指摘したように、稲村氏は、制度あるいはシステムとしての科学的管理の意義を高く評価する。

「作業現場の諸職長に分散していた計画・統制機能を中央事務所に集中化することによって計画と執行の分離に基づく組織能率の追求ということが

『体系的管理』に見出される必然的志向性であったが、この分離をテイラー・システムにおけるように『計画部』の設置として明確に表現し体現した管理制度は他になかった」[26]

しかしながら、上記引用にあるように、「体系的管理」に共通する志向であり、科学的管理にその明確な制度的表現をみる「計画と執行の分離に基づく組織能率の追求」は、なぜマネジメントの理論的研究あるいは思想的特質ではないのであろうか。なぜ、これが「管理者が順守すべき行動規則を追求する」「技術論」「方策論」にすぎないのであろうか。筆者には了解しかねる。

マネジメントとは何か、あるいはマネジャーは何をすべきかという考え（思想）を持っているか否か、これがマネジメント理論であるか否かの判断基準である。この点で、稲村氏と筆者との考えに相違はない。稲村氏は、この判断基準を「管理職能論」であるとする。

「テイラーが最初に提唱した管理原則は、次のようであった。①日々の大きな課業、②標準的諸条件、③成功に対する高賃金、④失敗の場合には損失。……テイラーは『科学的管理の諸原則』（1911年）において、管理原則を改めて次のように定式化した。①真の科学の発展、②労働者の科学的選択、③労働者の科学的教育と育成、④管理者と労働者の間の親密な友好的協働。……テイラーの提唱した管理原則は、最初の場合も後の場合も、いずれも『課業管理』ないし『科学的管理』という自らの管理制度を離れて管理一般の諸原則を広く考察したものではなかった」[27]

以上の引用には、稲村氏によるテイラーのマネジメント概念についての評価が示されている。テイラーは、自らの制度すなわち課業管理の実施原則を示したにすぎず、「管理一般の諸原則を広く考察」していない、との主張である。はたして、この主張は正しいのであろうか。

引用文の前半に示された四つの「管理原則」についての稲村氏の解釈、すなわち「明確かつできるだけ達成困難な課業を労働者に課することを求める第1原則は、彼の管理制度の核心をなしており、他の諸原則はこの課業が労働者によって確実に達成されるようにするための諸条件を表している。……したがって、テイラーの提唱した4原則は、課業管理というひとつの管理制度に体現されたワンセットの諸原則であって、それぞれが自立的な意味をもつものとして提起されているわけではない」、との主張は正しいと思われる。なぜならば、これらの4原則は制度としての課業管理の実施原則であるがゆえに、制度と離れてその意義を見いだしえないからである。

しかしながら、後半に示された四つの「管理原則」について、「この新たな4原則もまた、テイラーが創案し実践した管理制度と不可分なものであるが、角度を変えて述べられている」[28]とし、「自らの管理制度を離れて管理一般の諸原則を広く考察したものではなかった」と評価するのは正しくない。それは次の理由からである。

既述のように、稲村氏は、テイラーの『科学的管理の諸原則』における管理原則を「①真の科学の発展、②労働者の科学的選択、③労働者の科学的教育と育成、④管理者と労働者の間の親密な友好的協働」の四つに分類し、「第1原則が基本であって、他の諸原則はこの原則の適用上の諸条件に属する」と述べる。はたして、この理解は正しいのであろうか。

テイラーは同書の別の箇所で、これらの原則について詳しく説明している。そこでの説明は、以下に示すように、稲村氏の指摘する上記四つの原則とは少し異なっている[29]。テイラーは、これらの原則を管理者が負うべき、「新たな負担、新たな義務、過去には決して考えられなかった責任」[30]と呼び、管理者の職能を明示しているのである。管理者の果たすべき職能の第1は目の子算的作業方法に替えて科学を発展させること、第2は労働者の選抜と能力開発を科学的に行うこと、第3は科学に基づいて仕事が行われるように労働者と心から協力すること、第4は労使間での仕事と責任のほぼ均等な分割である。ここでは、稲村氏の示す4原則の②と③を併せて第2、④を第

3とし、第4として「労使間での仕事と責任のほぼ均等な分割」という原則が提示されている。

以上の四つの原則、すなわち管理者の職能について一通り説明した後、テイラーは次のように述べる。

「これらの要素のうち三つは、たいていの場合『創意と刺激』の管理のもとでも、わずかながらであれ初歩的な方法で存在しているが、そこではほとんど重要性はない。しかしながら、これらは、科学的管理のもとではシステム全体にとってなくてはならないものなのである」[31]

「これらの要素のうち三つ」とは、第1から第3までの三つのことである点に注意すべきである[32]。これらの要素はマネジメントを科学化するという管理者の試みであり、科学的管理以前のシステマティック・マネジメントにも程度の差はあれ、存在していたものである。しかしながら、マネジメントの科学化が科学的管理以前にはほとんど重要でなく、科学的管理のもとでは不可欠なものとなる、とテイラーが強調する理由は何か。科学志向性を共有するも一方にとってはほとんど意味がなく、他方にとっては不可欠であるとはどういうことであろうか。この点について、テイラーは、「第4番目の『管理者と労働者との間での責任のほぼ均等な分割』という要素は、さらに説明を要する」[33]、と述べる。

この第4番目の要素は、上記三つの管理職能を意味する要素とは異なり、これらの職能を管理者が実行するための前提をなす要件なのである。すなわち、この要素は、「労働者と管理者との各々の仕事の明確な分化、すなわち作業職能と管理職能との明確な職能分化」によって、「管理者がいっさいの管理職能を完全に掌握し独占すること」を主張しているのである[34]。科学的管理以前には、管理者による管理職能の完全掌握という理念と実践がないからこそ、上記の三つの管理職能がほとんど意味をもち得なかったのである。

「要するに、『創意と刺激』のマネジメントのもとではすべての問題が事実上『労働者任せ』であるが、科学的管理のもとでは問題の半分は完全に『管理者の義務』なのである」[35]

以上に述べたように、科学の発展に責任を負うのは最終的に管理者側であるとの考えを明示したこの第4番目の要素は、その他の管理職能の前提となるものなのである[36]。

第3節　科学的管理とマネジメントの科学

テイラーの管理職能論の評価については、議論の分かれるところである。稲村氏のように「科学的管理の四原則」を課業管理の実施原則と同一のものととらえる見解もあれば、それについて詳細に吟味しながらも、「第四の要素、『管理者と労働者との間のほとんど均等な責任の分割』についてのテイラーの説明は、大体において第一の要素および第三の要素についてのこれまでの論述の反復であり、特別に新しい主張を全く見出すことはできない」[37]として、第4の要素の重要性を見逃す結果になっている見解などがある。以下では、あまり注目されることのなかったと思われるこの論点について、検討しておきたい。

既述の藻利説の矛盾を認識した上で、この見解をさらに精緻化しようとしているのが、向井武文氏である。藻利氏はテイラーの科学的管理は作業の科学であると同時にまた、マネジメントの科学でもあるとの矛盾した主張をしていたが、向井氏は、テイラーの意図、科学的管理の本質について次のように述べる。

「『科学的管理の四要素』（厳密には三要素）ないし『科学的管理の四原則』を通じてテイラーが科学的管理の本質として提示しようとしたことは、労働者の作業についての科学ならびに労働者の科学的な選択、教育お

よび訓練を発展させるとともに、この二つの要素を結合せしめること、すなわち科学の発展と発展せしめられた科学に合致してすべての作業が秩序的に行なわれるように経営的生産を計画し、統制する組織および制度を確立することのうちに存したと解さなければならない。換言すれば、科学の発展と科学の法則に従った経営的生産の組織的遂行の確保にあったといわなければならない」[38]

上記引用に明らかなように、向井氏は、テイラーの意図、科学的管理の本質が「経営的生産の組織的遂行の確保にあった」、と的確な理解を示している。向井氏によれば、テイラーの提唱する「第三の要素は第一および第二の要素のように生産諸力の要素的合理化〔作業の科学——引用者〕を志向するものではなくて、その究極においては結合的生産諸力の組織的合理化〔管理の科学——引用者〕、換言すれば全体としての経営の生産構造の合理的形成と維持をその中心的課題とするものと解さなければならない」[39] のである。それゆえ、「『管理の法則』の解明は実に第三の要素(第四原則)の具体的展開でなければならなかった筈である」が、テイラーのこの点についての説明は「内容的に極めて抽象的」なものに止まっており、したがって彼の理論はマネジメントの科学に到達することができなかったのである[40]。要するに、テイラーは「彼の経営合理化を基礎づける科学として『作業の科学』のほかに『管理の科学』の存在することを明確に意識しえなかった」[41] のである。

以上のことから明らかなように、藻利氏や向井氏に代表される「作業の科学」説と、稲村氏に代表される「マネジメント理論以前」説の科学的管理評価は、基本的に同一なのである。両説ともに、テイラーはマネジメントとは何かということを認識しておらず、それゆえマネジメントの理論的展開を行えなかった、との結論を下すのである。筆者は、このような結論は問題含みであると考える。

テイラーは、「マネジメントの技法 (art) は『人々のすべきことを正確に理解し、これを最善かつ最も経済的に行うようにすることだ』と定義されて

いる」と述べた後、その際にもっとも重要なのが「労使関係」であると述べている[42]。テイラーは、既述の第三の要素に示されているように、科学に基づいて仕事が行われるように管理者が労働者と心から協力することの重要性を強調しているのである。換言すれば、彼は、科学（計画といってもよい）に基づく労働者の指揮（指導といってもよい）の実現がマネジメントの本質であるとの考えを示しているのである。

　ファヨール（H. Fayol）の業績に学び、ある学者が「人びとをして物事をなさしめることである」とのマネジメントの定義を示したことは周知の事実である。この定義は「指揮」をもってマネジメントを代表させている。「指揮」概念の意義については、稲村氏の見解が含蓄に富む。稲村氏は、マネジメント・サイクルの基本機能を、計画・指揮・統制ととらえた上で、次のように述べる。

「計画および統制の機能は、ただ指揮機能を通じてのみ、作業労働と現実に結びつくことになる。決定された計画は指揮を通じて初めて実行に移されるし、統制機能によって発見された計画からの執行の逸脱は、統制機能からのフィードバックを受けた指揮機能の発動を通じてのみ矯正される……。指揮機能は社会的労働体の頭を個別的労働者の頭したがって社会的労働体の手と結びつけて、社会的労働体の運動を実際に生み出す媒介的機能なのである」[43]

マネジメントの本質を指揮機能においてとらえる立場はマルクス（K. Marx）によって典型的に示されているが、この点について稲村氏は次のように述べる。

「管理機能の規定にあたって、マルクスはほとんどもっぱら指揮機能を中心に説明しているが、指揮は計画および統制を当然に前提する機能であるという点からすれば、管理概念を指揮機能に代表させることは故なきこと

ではない」[44]

　以上のように指揮がマネジメントの本質を示すものであるならば、集団的労働を指揮することにマネジメントの本質をみたテイラーは、マネジメントとは何かを明確に理解していたことになる。テイラーは、「作業職能と管理職能との明確な職能分化」（計画と執行の分離）を指揮実現の不可欠の前提と考えているのであり、このような意味での作業と管理との職能分化を通じた組織的協働の達成が管理者の職能であると考えているのである。この点が、テイラーあるいは科学的管理とそれ以前のシステマティック・マネジメントとの質的相違なのである[45]。

　テイラーの科学的管理は、作業の科学に止まるものではなく、管理の科学の出発点に立つものである。なぜならば、科学的管理は生産という限定された場ではあれ、集団的労働の指揮という全体的視点に立っているからである。テイラーが科学的計画化に基づく指揮の実現のために管理職能を科学的管理の原則として提示したこと、以上で論じたとおりである。テイラーの理念と実践をマネジメントの理論（思想）という視点から再検討することが大切なのである。

　これまで、テイラーの科学的管理はあまりに制度（システム）と結びつけて理解される傾向があったように思われる。その一例が、「科学的管理法」という用語である。"Scientific Management" を、何ゆえ「科学的管理」ではなく「科学的管理法」と訳さねばならないのか。われわれは今一度、問い直す必要があるように思われる。テイラーは、マネジメントとは何かをはっきりと理解していたのである[46]。

　もちろん、テイラーの管理職能論は決して完全なものではない。テイラーには管理職能論がないとの見解は認めがたいが、藻利氏、向井氏、稲村氏が提示している論点は重要である。集団的労働の指揮の、言葉を換えれば人間協働の科学としてとらえた場合、テイラーのマネジメント理論（思想）がどのような位置にあるとすべきか、なお検討すべき課題は多く残されている。

本書は、この課題に応えようとする試みである[47]。

注
1 藻利重隆（1962）『経営学の基礎（改訂版）』森山書店、125-128頁。「経営管理」、「管理」という言葉は、本書において使用する「マネジメント」と同じ意味である。
2 同上、84頁。
3 同上、93頁。
4 同上、90頁。
5 同上、82頁。
6 同上、83-84頁。
7 同上、86-87頁。
8 同上、84-85頁。
9 この点について、三戸公氏は次のように的確な批判を行っている。「テーラーにおける"科学"を『作業の科学』のみに限定され、これと課業管理とをきりはなされる……しかしながら、テーラーにおける科学は、経営活動の遂行を経験や勘にたより成行にまかせることをやめて、調査・分析・研究に基づいてとらえられた知識を使っておこなうという意味における"科学的"なのである。その"科学的"態度・方法・作業はもちろんのこと、労働者の選択・訓練・職長制度・賃金制度・その他いっさいの経営諸活動に適用せられるのである。それを作業だけを特別のものとしてとりあげるということは、あやまっている」（三戸公（1966）『アメリカ経営思想批判』未来社、295頁）
10 本章で使用する「システマティック・マネジメント（Systematic Management）」という用語は、一般的には「体系的管理」と訳される。しかしながら、この概念は「科学的管理（Scientific Management）」のようにマネジメントのひとつの体系を意味するものではなく、マネジメントをシステム化（制度化、組織化）するという動きを総体的に概念化したものであり、何らかの体系的なマネジメント・システムを示すかのような「体系的管理」という訳語は、適切であるとは思えない。それゆえ、「システマティック・マネジメント」と表記し、「マネジメントのシステム化」を意味する。この点、西郷幸盛氏（中京大学教授当時）より私信でご教示いただいた。周知の事実であるが、この概念を明確化したのはリッテラーである。Litterer, Joseph A. (Winter, 1961), "Systematic Management: The Search for Order and Integration,"*Business History Review*, 35(4), pp. 461-476.
11 「経営管理論の生成は、以上のように19世紀末葉に産業界で広く展開されていた『体系的管理』の運動との深い係わりのなかで把握されねばならない。従来一般に、アメリカ経営学の生成を考える場合、F. W. テイラーをその始祖として位置づけ、彼が考案した管理制度である『科学的管理』（scientific management）＝テイラー・システムをめぐってテイラー自身が展開した工場管理論のうちに、管理論の始点を見出すことが定説として定着している。ところでその場合、『科学的管理』生成の時代的背景として上述のような『体系的管理』運動が十分に視野のなかに納められていたであろうか。私見によれば、その点は甚だ疑問であるとしなければならない。……そこでわれわれは、テイ

ラーの『科学的管理』を『体系的管理』運動という19世紀末葉に始まった産業基調のなかに据え直してみる必要がある。『科学的管理』と『体系的管理』とが、どのように関係し、どのような共通点をもち、どのような相違点をもつかを把握することによって、経営管理論の生成をより広い観点において捉え直し、そのなかでテイラーが果たした役割を改めてみつめ直してみることが必要なのである」(稲村毅(1985)『経営管理論史の根本問題』ミネルヴァ書房、187頁)

12 同上、170頁。独占形成と管理問題の関係を吟味しているのは、同書、150-170頁である。この問題は本章の課題の範囲を超えるので、ここでは立ち入らない。

13 同上、194頁。

14 同上、189頁。稲村氏は、システマティック・マネジメントを次のように理解される。「19世紀末葉における管理論生成への胎動が、企業活動全体の管理機構の創出に係わる管理研究と、作業現場=工場の管理機構の創出に係わる管理研究の両面において同時併存的に現れていたとしても、決して不思議ではないのである。……その場合、企業全体の全般的管理機構に関する研究方向も工場管理機構の研究方向も目指すところは本質的に共通したものであり、われわれはこれをJ. A.リッテラーの規定にしたがって『体系的管理』(systematic management)の創出として把握しうる。体系的管理の基本的特徴は、一定の標準化された手続きにしたがって管理を行う体制を作り上げることにあり、管理組織の確立によって企業諸活動の調整と統制を強化することにある」(同上、171頁)

15 同上、193頁。

16 同上、191頁。

17 同上、193頁。

18 同上、193-194頁。

19 同上、191頁。

20 同上、194-195頁。「課業管理は、この点〔計画機能を自立化させ、生産過程の計画性を著しく深化させたこと──引用者〕において『科学的管理』を『体系的管理』から根本的に区別する制度的特質をなすということができる」(同上、195頁)

21 同上。不思議なことだが、課業管理の意義をこれほど高く評価しながらも、稲村氏は、次のように述べて、そのマネジメント思想としての意義を評価しない。「ここでもわれわれは課業管理の成立そのものを『体系的管理』運動の一帰結として捉える視点を見失ってはならない」(同上)

22 同上、208頁。

23 同上、209頁。

24 同上、213頁。「J. A.リッテラーは、チャーチを『管理の機能を概念化してそれを抽象的方法で分析する最初の大きな試みの創出者』と規定した」(同上、218頁)

25 同上、208頁。

26 同上、190-191頁。

27 同上、205-206頁。

28 同上。

29 稲村氏が示している四つの原則は、同書最後の方の箇所における注記で箇条書きされ

たものであり、内容の説明もない。その表現が他の機会におけるテイラーの説明と異なりあいまいであるため、内容解釈が容易ではない。しかし、この箇所における説明を除けば、テイラーの説明は明快である。Taylor, Frederick Winslow (1911), *The Principles of Scientific Management*, in Taylor, Frederick Winslow (1947), *Scientific Management, Comprising Shop Management, The Principles of Scientific Management, Testimony before the Special House Committee* (New York and London: Harper & Brothers Publishers), p. 130.
30　*Ibid.*, p. 36.
31　*Ibid.*, p. 37.
32　テイラー全集の翻訳者である上野陽一氏の理解は次のようであるが、誤っている。「この四カ条の中あ゛と゛の゛三つは『精進と奨励』の管理法においても、多くの場合初歩的にはわずかながら存在している〔傍点――引用者〕」(上野陽一・訳・編 (1969)『科学的管理法＜新版＞』産業能率短期大学出版部、250頁)
33　Taylor, Frederick Winslow (1911), *The Principles of Scientific Management*, p. 37.
34　佐々木恒男 (June, 1969)「テイラー管理学説の研究―(二)――科学的管理法の基本原理――」『千葉商大論叢』、第11号－B (商経篇)、167頁。
35　Taylor, Frederick Winslow (1911), *The Principles of Scientific Management*, p. 38. またテイラーは、1903年に発表した*Shop Management*の中においても、この点について次のように述べている。「課業管理 (task management) の本質は、速度問題の統制 (control) が完全に使用者にあるということである。他方、タウン－ハルシー・システムは、使用者の干渉を受けずに労働者が速度問題をもっぱら決定するという事実にまったく依拠している。正反対の理由からではあるけれども、双方のシステムに共通するのは、統制は分割できない (undivided control) ということである。このことが、調和 (harmony) にとってまず必要な要素なのである」(Taylor, Frederick Winslow (1911), *Shop Management*, in Taylor, Frederick Winslow (1947), pp. 44-45) *Shop Management*の1903年版と1911版との記述内容の若干の相違については、次の文献を参照のこと。廣瀬幹好 (2005)『技師とマネジメント思想――アメリカにおけるマネジメント思想の生成, 1880年～1920年――』文眞堂、226-227頁。
36　これらの要素 (原則、原理) の理解について混乱が生じている原因は、テイラー自身にある。*Shop Management*において示された4原則は課業管理の実施原則であり、管理者の職能を示すものではないが、科学的管理の原則として示されたテイラーによる管理職能の説明にもあいまいな部分がある。既述の第4番目の要素は、*The Principles of Scientific Management*の最後の方の箇所では明示されず、第1から第3までの要素のみが示されているのである (Taylor, Frederick Winslow (1911), *The Principles of Scientific Management*, pp. 114-115, p. 130)。また、*Testimony before the Special House Committee*における説明では、これらの要素を管理者の「新たな負担や義務」として、本章で示すように四つに分類している (Taylor, Frederick Winslow (1912), *Testimony before the Special House Committee*, in Taylor, Frederick Winslow (1947), pp. 40-45)。しかしながら、説明を締めくくる部分では、第1から第3までの要素についての変更はないが、第4番目の要素を労使双方の「常に親しい協力」(*Ibid.*, p. 48)

と表現している。

　前者の点について。テイラーは第1から第3の要素を説明した後、「これらの新しい原理を適用する際、……労使は日々の任務遂行を各自ほぼ均等に分かち合う」(Taylor, Frederick Winslow (1911), *The Principles of Scientific Management*, p. 115)と述べ、これを第4の要素として区分せず、労使の職能分割が上記三つの要素の基礎にあることを示すに止まっている。また、後者の点について。労使双方の「常に親しい協力」が第4の要素であるとの表現は、その直前における四つの要素の説明をまとめたものである。その説明では、第4の要素は労使双方での責任の均等な分割とその結果としての労使協力を実現することとされている(Taylor, Frederick Winslow (1912), *Testimony before the Special House Committee*, pp. 44-45)。それゆえ、この表現をテイラーの考えの混乱だととらえるべきではなく、説明の不適切さであると解釈すべきであろう。さらに、ギルブレス(F. Gilbreth)によるレンガ積みの科学の成功を説明するところでも、成功は科学的管理の原則を適用したためだとして、その四つの原則をまとめているが、そこに示された第4の原則も、「労使間での仕事と責任のほぼ均等な分割」であり、労働者に全責任を押しつけてきた旧式のマネジメントに替えて、管理者は「以前には決してなかった新しい義務」を引き受け、「あらゆる点で労働者と心から協力する」ことの必要性を説いている(*Ibid.*, pp. 76-77)。

　以上要するに、テイラーの説明にあいまいさは残るものの、科学的管理の原則、すなわち管理者の職能は、既述のように第1から第3の要素までであり、管理者の権限を明示した第4の要素がその前提をなすのである。この点に関して、上野陽一氏の訳および見解には大きな欠陥がある(上野陽一・訳・編(1969)、313、325、365頁を参照のこと)。以上の点については、本書第3章で詳細に論じている。

37　向井武文(1970)『科学的管理の基本問題』森山書店、53頁。
38　同上、54頁。
39　同上、53頁。
40　同上、55頁。向井氏のいう「第三の要素(第四原則)」とは、本章で説明している第3番目の要素であり、稲村氏のいう第4原則のことである。
41　同上、117頁。
42　Taylor, Frederick Winslow (1911), *Shop Management*, p. 21.
43　稲村毅(1985)、46頁。
44　同上、50頁。
45　占部都美氏の言葉を借りれば、「旧式の管理方法の下では、計画職能もすべて作業者によって担当される。科学的管理方法の下では、職能の分割によって、経営者は新たに計画職能〔管理職能——引用者〕を、そして労務者は執行職能〔作業職能——引用者〕を担当する。かくしてはじめて、経営管理の科学化が可能となるのである」(占部都美(1957)『近代経営管理論』ダイヤモンド社、50頁)
46　この点について、三戸公氏は、的確に次のように述べている。「経営学ないし管理学が何よりもまず技術学であるとすれば、科学的管理をテイラー・システムという技術的体系として把握する研究者たちが後を絶たないのは当然であり……Scientific Managementを『科学的管理法』と邦訳する人は、科学的管理を技術的体系とイメー

ジしている人である」(三戸公 (February, 2002)「精神革命としての科学的管理――『テイラー証言』考――」『中京経営研究』、第11巻第2号、250-251頁)

47 本書は、筆者が先に執筆した『技師とマネジメント思想――アメリカにおけるマネジメント思想の生成,1880年～1920年――』(文眞堂、2005年)の続編である。同書第8章「技師とマネジメント思想」(193-230頁)において、筆者は、テイラーのマネジメント思想の科学性について、同時代人であるチャーチによるテイラー批判の吟味を通じて詳細に検討している。また、同書における筆者の主張の正確な理解のためには、次の文献を参照のこと。稲村毅 (February, 2006)「書評 廣瀬幹好著『技師とマネジメント思想』」『関西大学商学論集』、第50巻第6号、139-152頁。

　本書の意図は、そこで得た結論の妥当性を明示することである。

第2章
能率の福音

第1節 「科学的管理の原理」発表の経緯

　F. W. テイラーの「科学的管理の原理（The Principles of Scientific Management）」が初めて公表されたのは、*The American Magazine* 誌上3回にわたる連載においてであった[1]。周知のように、この論文には二様の単行本が存在する。ひとつは、ASME（The American Society of Mechanical Engineers）会員にテイラーが進呈した『科学的管理の原理』「特別版」であり、他のひとつは、市販用の「普及版」である。

　両者はともに1911年に出版され、本論の内容にはほとんどちがいはない。しかし、特別版の出版の背景には、「科学的管理の原理」発表の経緯における複雑な事情が関係している。そして、*The American Magazine* 誌に掲載されることになったのも、これらの事情からである。

　本章では、まず「科学的管理の原理」発表に至る事情を再確認し、次に *The American Magazine* 誌に発表された「科学的管理の原理」の内容を検討する[2]。というのは、周知のように特別版および普及版の「科学的管理の原理」は二つの章からなっているが、本文の大半を占める第2章には節の区分がない一方で、*The American Magazine* 誌の論文は、全体を通して細かく小見出しがつけられているからである。そしてまた、両者の内容構成にはいくぶんちがいがあるからでもある。「科学的管理の原理」の内容を明確化するためには、以上の点を明らかにする必要がある。

特別版の「まえがき」

　まず、周知のことではあるが、「科学的管理の原理」発表の経緯を確認しておこう。テイラーは、この論文の ASME での取り扱いをめぐる事情から、特別版に「まえがき（Foreword）」をつけた。そこには特別版を出版した経緯が、次のように述べられている。

　「本論文は、筆者が ASME に 1910 年 1 月に提出し、大会準備委員会（the Meetings Committee）の手にほぼ 1 年間とどめられてきたものである。過去数カ月間に沸き起こってきた科学的管理に対する一般的関心によって、多くの月刊誌の編集者が筆者を訪れ、科学的管理についての論文の材料や彼らの出版物での発表材料を得ようとしている。／筆者は当然に、科学的管理の基本原理をこれらの人々に説明しており、また本論文においても同様に、明らかにしようと努めている。それゆえ、今後出版する論文も、本論文と同じ論理や図を用いることもある。／過去に ASME はこの主題についての初期の論文をすべて受理し公刊してきており、本論文はマネジメントの基本原理を明らかにしようとするものであるので、一般の人々に公表する前に ASME の会員に供すべきであると考えている。／しかしながら現在のところ、この目的を達成する道は特別版の出版によってしかない。というのも、上記の雑誌論文での公表までに残された時間はほとんどなく、ASME 会報での発表可能性がないからである。それゆえ、筆者は、やむなく ASME の大会準備委員会から本論文を取り下げざるを得なかった。そこで、これを ASME 会員に進呈する。多くの会員諸氏が関心を示されることを期待している。

　　　　　　　　　　　　　　　　　　　　　　　　　　　Fred W. Taylor
Highland Station, Chestnut, Philadelphia
January 6, 1911　　　　　　　　　　　　　　　　　　　　　　　」[3]

詳細は語られていないが、テイラーは、次のようにいくつかの重要な点を指摘している。

第1に、本論文（特別版）の原稿をASMEの大会準備委員会に提出したが、ASME会報での掲載（大会での報告）許可あるいは不許可の決定がなく1年間が経過したこと（1910年1月から1911年1月まで）。

第2に、本論文の内容を一般の人びとに公表する前に、ASME会員に特別版を進呈すること[4]。ただし、「一般の人びとに公表する」ということが、雑誌論文での公表ということか[5]、普及版の出版であるのか[6]、この記述からは理解しかねる。

第3に、本論文のASME大会での発表を断念し、すでに提出していた論文を取り下げたということ[7]。

ASMEへの原稿提出と取り下げ

テイラーが論文の最初の原稿をASMEに提出してからこれを取り下げるまでに、いったいどのような事情があったのだろうか。

1909年11月、テイラーはASMEの大会準備委員会の一人に手紙を書き、彼の論文が受理されるか否かについて非公式に打診を行ったところ好感触を得たので、1910年1月に最初の草稿（first draft）をASMEに提出した[8]。

上記論文の提出後、大会準備委員会が論文取り扱いの決定を保留したのでいったん取り下げ、書き直しに努めた[9]。すなわち、「テイラーは原稿を取り下げてから、7月ころまで（手紙の内容から推測すると、おそらく9月ころまで）、論文が受理されることを疑わず、論文を書き直して練り上げることに専念していた」[10]のである。

しかし、最初の論文提出から1年近くが経過した1910年10月になっても、大会準備委員会からの返答がなかった[11]。なぜなら、ASMEの大会準備委員会の中にテイラーの論文受理に反対する者がいたからである。それゆえ、「この時期を境にして、PSM〔「科学的管理の原理」——引用者〕発表に向けてテイラーが解決しなければならない問題は、PSMの内容上のある

いは表現上の修正から、PSMを受理するよう大会準備会に働きかけること
に変化する」[12]。

　テイラーのASMEへの働きかけは11月末ごろまで続くが、「11月末か12
月初めにテイラーがライス（Calvin W. Rice）[13]に出したと考えられるPSM
受理に関する問い合わせを最後にして、テイラーのASMEへの働きかけは
ほぼ終ったといえる。これ以後のテイラーの主たる関心は、機械技師の本分
とPSM執筆の目的とに照らして今後PSMをどのような形で発表すべきか
ということにあった」[14]のである[15]。

「科学的管理の原理」の三様の発表形態

　中川誠士氏は、綿密な検討結果に基づき、次のように結論している。

「テイラーはPSMを先ず自費出版（the ASME edition of the PSM）して
ASME会員に配布し、次に*the American Magazine*に掲載し、そして最
後に本として出版した」[16]

　なお、1910年12月16日付のテイラーからクック（Morris L. Cooke）へ
の手紙の中で、テイラーが次のように述べていることにも留意しておかねば
ならない。

「勿論、*the American Magazine*が論文の最後の部分を掲載するまでは
〔1911年5月号の発売──引用者〕、いかなる本も販売されないことが出
版社との間で契約されねばならないことを、貴方は理解されるでしょう。
／また、*the American Magazine*の論文が現れるまでは、この本のいかな
る部分であれ引用したり公表したりすることは許されないことが、ASME
の会員に対して、はっきりと警告されることが必要であります。／……個
人的には、貴方が本文のために選んだ活字は大きすぎるように思えます。
それはきっと不格好な本にするでしょう。／ASME会報が印刷されてい

る活字はより狭い行間しかとらないので、我々の協会の会員に配布される最初の版については、これが特に正しいと思います。非常に大きな本を目の前にした時、それを出版することを拒否した点で大会準備委員会は全く正当であったと、彼らは言うでしょう」[17]

以上の引用に、「科学的管理の原理」の三様の発表形態の関連が示されている。テイラーは、普及版の出版を *The American Magazine* 誌の1911年5月号の発売以降に定め[18]、特別版を進呈したASME会員に対しても、その時までこの版の引用や公表を禁じたのである。そしてまた、テイラーがASME会報と同じように造本し、分量に関する大会準備委員会からの批判に対して多すぎるように見えないよう配慮して会員に進呈しようとしていることがわかる。その結果、特別版はASME会報の様式と同一であり、本文74頁と3頁の付録からなっている。ASME会報で120頁を費やしていた *Shop Management* と比べれば、はるかに少ない分量である。

第2節　能率の福音

「能率の福音」としての科学的管理の原理

　The American Magazine 誌に連載された論文、「能率の福音」の第1回目（3月号）は、雑誌社によるテイラーの簡単な紹介文「ビジネス・マネジメントの新しい科学」[19]、Ray Stannard Baker 執筆の「Frederick W. テイラー——ビジネス・マネジメントの科学者」、および「科学的管理の原理」から構成されている。
　「科学的管理の原理」の叙述スタイルは、特別版や普及版とは異なる。その主たる理由は、対象となる読者のちがいゆえであるといわれている[20]。以下は、本論文の構成である。

1911 年 3 月号：
「序」（570-574）[21]
「普通のマネジメント方法の最良のもの」（575-577）
「四つの基本要素」（577-579）
「労働者は適材を選ぶことができるのか」（579-580）
「人が 1 日に行うべき仕事」（580-581）

1911 年 4 月号：
「序」（785）
「ショベル作業の科学」（785-786）
「10 種のショベル」（786-787）
「労働者のエネルギーの節約」（787-788）
「労働者に与えた影響」（788-789）
「人は団体作業で十分な働きをするか」（789-790）
「ある団体がピッツバーグに移る」（790-791）
「レンガをどのようにして科学的に積むか」（791-793）

1911 年 5 月号
「序」（101-102）
「科学的管理の価値を示すテスト・ケース」（102）
「新しい科学の最重要かつ本質的な特質」（102-103）
「なぜ協力が必要なのか」（103）
「金属切削の新技法の物語」（103-104）
「3 万回を超える実験」（104）
「解決に 26 年を要した問題」（104-105）
「数学者たちを呼ぶ」（105-106）
「『経験則』はなぜ科学にかなわないのか」（106）
「労働者に仕事を課す」（106-107）

「いかにすれば労働者の賃金が増えるか」(107-108)
「いかにすればすべてのショップが学校になるのか」(108-109)
「科学的管理は自主性をだめにするのか」(109-110)
「注意すべきこと」(110-111)
「急いては事を仕損じる」(111-112)
「一度も労働者のストライキなし」(112)
「どこに価値があるか」(112-113)

「科学的管理の原理」3月号

　まず初めに、3月号の「序」に相当する部分は、見出しがないまま5頁にわたっている。単行本の短い「序」を少し書き直したうえで、単行本では第2章で述べていたテイラー自身のミッドベール・スチール社でのマネジメント改革とその成功経験の記述を挿入し、次の言葉でこの「序」を締めくくっている。

　「猜疑心に満ちた監視と公然たる敵対を特徴とする普通のマネジメントの方法とは異なり、〔科学的管理の下では――引用者〕常に管理者と人々との間に友好的な協力関係が存在する」[22]

　以上の引用部分は、単行本の第1章「科学的管理の根本（Fundamentals of Scientific Management）」の結論内容を示す部分である。すなわち、「管理者と人々との親密で信頼できる協力関係を築くこと、これが、近代科学的管理ないし課業管理の本質である」[23]ということである。テイラーは、この論文においていわゆる怠業を克服した自身の経験のまとめを示した上記の引用部分を除き、単行本では第1章として論じた怠業論のほぼすべてを省略している。

「普通のマネジメント方法の最良のもの」という項以下、本論文では、「創意と刺激（initiative and incentive）」のマネジメントの特徴と限界が科学的管理との比較で述べられている。「四つの基本要素」では、周知の4要素が簡単に説明された後[24]、単行本では詳しく論じていた第4の要素と課業理念の説明を省略し、古いマネジメントのやり方と科学的管理のちがいを読者に実例をもって納得してもらいたいとして、まず銑鉄運びの例が示されている。続く「労働者は適材を選ぶことができるのか」は半頁にも満たない項目だが、労働者には銑鉄を運ぶにふさわしい人を選ぶことができないこと、また銑鉄運びの科学を理解することができず、管理者の助けがなければそれにしたがって仕事をすることもできないとの主張がなされている。最後の項「人が1日に行うべき仕事」では、作業量についてのテイラーたちの実験の結果を説明しつつ、普通のマネジメント批判の結論として、次のように述べている。

「普通のマネジメントのやり方では、経験則に替えて科学を発展させること、人々を科学的に選抜すること、そして科学的原理に従って人々を働かせることが全く問題とならないことがわかるだろう。そして、このことは、全責任を労働者に課して結果が出るように強いるというマネジメントの古い考え方と、責任の大部分を管理者が引き受け、協力を求めるという新しい考え方の違いから生じるのである」[25]

連載第1回目の論文を全体としてみれば、「科学的管理の根本」や「科学的管理の原理」という小見出しはついておらず、実例を示すことによって科学的管理の考え方を理解させようとしていることがよくわかる。この点は、3回の連載を通して一貫している。管理者が担うべき新たな義務としての四つの要素に関する説明も、簡単である。すなわち、先に述べたように、第4番目の要素である「管理者と労働者との間での責任のほぼ均等な分割」はさらに説明を要するとして、単行本では詳しく説明されていた箇所も[26]、「近

代科学的管理のもっとも顕著な要素は、おそらく課業理念であろう」として説明されていた部分も[27]、ともに省略されているのである。

「科学的管理の原理」4月号

「序」に始まり「レンガをどのようにして科学的に積むか」に終る本論文は、ショベル作業とレンガ積み作業への科学の適用について論じている。仮に「序」とした部分は、独立した論文の序のようなものではなく、3月号での論述を受けて、「銑鉄運びの背後に科学があることを納得したと思われるが、ほかの種類の作業にも科学が存在することについてはなお疑いをもつ人もいることと思う。／たとえば、普通の人はショベル作業に科学があるかどうか疑いをもつだろう。……」[28]という文章で始まる短いものであり、単行本の文章とほとんど同じである。

本論文は、最終項「レンガをどのようにして科学的に積むか」において、「彼〔ギルブレス――引用者〕の成功は、科学的管理の本質をなす4要素を適用したからである」との文章で締めくくられているが、単行本にはこの文章に続いて4要素の説明が行われている。長文ではあるが、引用しておこう。

「第1、労働者でなく管理者によるレンガ積みの科学の発展。すべての人の各動作に対する厳密な規則の設定、すべての用具と作業条件の完全化と標準化。第2、レンガ職人の慎重な選抜と一流労働者への訓練。そして、最善の方法を受け入れない者や適応できない者をなくする。第3、一流のレンガ職人とレンガ積みの科学を結びつける。そのために、管理者のたえざる援助と監視、すばやく作業しやるべきことを行なう人に対しては、十分な額の賞与を毎日与える。第4、労働者と管理者との間での作業と責任のほぼ均等な分担。管理者は、終日労働者と共に働き、彼らを助け励まし、障害を取り除いてやる。……／これらの4要素のうち、第1のレンガ積み科学の発展はもっとも興味深く目をひきつけるものである。しかしな

がら、ほかの三つ要素も成功のためには欠くことができない」[29]

さらに、普及版ではレンガ積み作業の事例説明の後に、科学的管理の第2の要素である「労働者の科学的選抜」の事例として、自転車用玉軸受の玉の検査作業について説明がされている。しかし、この事例の説明は本論文にはなく、特別版にもみあたらないことから、普及版用に書き加えた事例であると考えられる。

「科学的管理の原理」5月号

本論文には、本論に先立ち、編集者による次のような要約文章が書き添えられている。

「前2号の論文で、テイラー氏は、マネジメントの新しい科学の原理がどのように発展してきたのかを明らかにし、そして、銑鉄運び、ショベル作業、レンガ積み作業などのさまざまな不熟練や熟練職種にそれを適用した事例を紹介している。本論文において、彼は、より高度な機械技法である機械ショップでの作業にも科学的管理が同じように適用できることを具体的に示している。……」[30]

テイラー自身も「序」において、「事実、科学的管理は、産業の根本的な理念であって、単に能率を上げるための手段ではなく、人を雇用するほとんどあらゆる形態に適用可能である」[31]、との文章を挿入している。単行本にはこの文章はない。彼は、この論文において、より高度な機械作業にも科学的管理が適用可能なことを例証し、あらゆる人間協働組織への科学的管理の適用が可能であることを主張しようとしているのである。

本論文には小刻みに小見出しがつけられているが、論述の内容は単行本と大きく変わるところはない。しかしながら、前の二つの論文と同じく本論文も、実例を用いて科学的管理の基本的な考え方を理解させる方法をとってい

るためか、抽象的原理に関する記述部分にかなりの省略がみられる。

すなわち、「『経験則』はなぜ科学にかなわないのか」という項は半頁ほどしかなく、単行本3頁ほどが省略されている。その主たる内容は、上で述べた原理に関するものである。科学的管理が「創意と刺激」のマネジメントと比べて大きな成果をあげえたのはマネジメントの根本原理を置き換えたからだとして、単行本では次のように述べている部分が、省略されている。

「(1) 労働者の個人的判断を科学と置き換える、(2) 労働者の科学的選抜と能力開発……、(3) 管理者と労働者の親密な協力によって、個々の労働者に問題解決を委ねるのでなく、科学的法則に従って両者が共に働く。これらの新しい原理を労働者に適用するに際し、旧来の個人的努力に替えて、両者が日々の課業遂行においてほぼ均等な責任を負う。すなわち、管理者と労働者双方が、自らに適した仕事を行なう」[32]

「注意すべきこと」という項においても、同様の内容が省略されている。ここでいう「注意すべきこと」とは、マネジメントの機構と本質すなわち基本理念とを混同してはいけない、というテイラーの主張のことである。周知のように、単行本ではマネジメントの機構 (mechanism of management) として時間研究を含め12の項目が列挙され[33]、そしてすぐ後に次のように述べられていたが、この部分も省略されているのである。

「しかしながら、これら〔12項目——引用者〕は、マネジメントの機構の要素ないし具体物に過ぎない。科学的管理の本質は、一定の考え方 (a certain philosophy) であり、前に述べたように、マネジメントの4大基本原理[34]を結合することにある」[35]

以上述べてきたことから、次のことが明らかになる。

特別版の執筆が *The American Magazine* 誌の論文の原稿執筆以前である

こと、この点はまちがいないであろう。というのは、テイラーは、ASMEの大会での報告を希望して「科学的管理の原理」を執筆していたからである。ASME大会での発表の可能性を追求しつつもことが順調に運ばず、その間に雑誌社から科学的管理の体系的な内容の執筆依頼があり、最終的にASME大会での発表が叶わぬと判断して、やむをえず*The American Magazine*誌に寄稿したのである。すでに述べたように、特別版の「まえがき」の日付は1911年1月6日、印刷は2月であり、ASME会員への頒布は1911年3月23日以後である。特別版の頒布時には、連載第1回目である*The American Magazine*誌の1911年3月号はすでに発売されていたにちがいない。さらに、連載第2回目である4月号も発売されていた可能性がある。

　ASME会員が特別版を手にしたときすでに、「科学的管理の原理」の概要は一般に公表されていたものと考えられる。テイラーの科学的管理についてのこれまでの彼の主張のまとめとなる特別版[36]がASME会員に届く前に、一般に公表するということが彼の本意であったとは思えないが、結果的にはそうなってしまったのである[37]。

　さて、*The American Magazine*誌連載の「科学的管理の原理」では、特別版や普及版とは違って理論あるいは原理に関する部分の説明がかなり省略されていることについては、すでに指摘した。銑鉄運び、ショベル作業、レンガ積み作業、金属切削の機械作業の事例を通して、古いマネジメントのやり方である創意と刺激のマネジメントと対比しながら、テイラーは、科学的管理の優位性を論じるという方法をとったのである。専門家ではない一般の読者にとっては、抽象的であると思われる科学的管理の4原理あるいは要素の説明をかなり省略した方が、より説得的であると考えたものと思われる。

　他方で、ASMEの会員は、製造業の所有者、経営者、管理者、機械工学の専門家たちである[38]。彼らに対しては、科学的管理の古いやり方に対する優位性を原理的に、明確に説明する必要がある。それゆえ、ASME会員に進呈した特別版においては、事例を示しながらも原理的な説明を注意深く

行ったのだと思われる。しかしながら、対象（読者）と説明方法にちがいはあるが、「科学的管理の原理」の本質的内容に不整合や相違はない、といってよい。

注
1 Taylor, Frederick W. (March, 1911), "The Gospel of Efficiency: The Principles of Scientific Management," *The American Magazine*, 71(5), pp. 570-581; Taylor, Frederick W. (April, 1911), "The Gospel of Efficiency: II. The Principles of Scientific Management," *The American Magazine*, 71(6), pp. 785-793; Taylor, Frederick W. (May, 1911), "The Gospel of Efficiency: III. The Principles of Scientific Management, " *The American Magazine*, 72(1), pp. 101-113. *The American Magazine* 誌5月号を第71巻第7号としている場合も見うけられるが、これは誤りであり、第72巻第1号が正しい。第71巻は11月号（第1号）から4月号（第6号）まで、第72巻は5月号（第1号）から10月号（第6号）までである（Hathi Trust Digital Library を参照のこと）。*The American Magazine* 誌2月号において、編集者たちは、「ビジネス・マネジメントの新しい科学」との題で2頁にわたり、次号以降に掲載されるテイラー論文のアナウンスを行っている。その副題には、「『科学的管理』についての最初の完全で権威ある説明。このシステムの創始者であるフィラデルフィアのフレデリックW.テイラーによる *The American Magazine* への寄稿」と書かれている。The editors (February, 1911), "A New Science of Business Management," *The American Magazine*, 71(4), pp. 479-480 を参照のこと。
2 第1の点に関しては、中川誠士氏の次の研究に多くを負っている。中川誠士（March, 1990）「1907～1911年におけるF. W.テイラーとM. L.クック間の書簡（Ⅰ）──『科学的管理法の原理』発表をめぐる諸問題──」『福岡大学商学論叢』、第34巻第4号、943-979頁、および中川誠士（July, 1990）「1907～1911年におけるF. W.テイラーとM. L.クック間の書簡（Ⅱ）──『科学的管理法の原理』発表をめぐる諸問題──」『福岡大学商学論叢』、第35巻第1号、239-275頁。*The American Magazine* 誌に掲載されたテイラーの論文の参照は、中川氏のご厚意による。さらにまた、C. C.ディーンの次の研究が有益である。Dean, Carol Carlson (1997), "The Principles of Scientific Management by Fred Taylor: Exposures in print beyond the private printing," *Journal of Management History*, 3(1), pp. 4-17.
3 Taylor, Frederick W. (1911), *The Principles of Scientific Management*, Special Edition (Mass: The Plimpton Press), p. 5. 書名、著者名に続き、「この特別版は、著者による贈呈としてASME会員に配布するために1911年2月に印刷された」、と記されている（関西大学図書館所蔵）。
4 特別版の発行は、1911年3月23日である。この点については、Dean, Carol Carlson (1997), p. 5 を参照のこと。
5 この引用文の文言からは、どの雑誌であるのかを読み取ることはできない。しかし、

The American Magazine 誌での公表を意味するのは明らかである。同雑誌での公表に決まった経緯は、テイラーとクックとの手紙のやりとりに示されている。この点については、中川誠士（July 1990）、255-267 頁を参照のこと。
6 普及版も ASME 会員進呈用の特別版と同じく 1911 年の出版だが、造本が異なっている。
7 コプリー（F. B. Copley）は、テイラーが正式に論文を取り下げた日を 1911 年 1 月 3 日であると記している（Copley, Frank B. (1969, originally published in 1923) *Frederick W. Taylor: Father of Scientific Management* (New York: Augustus M. Kelley Publishers), Vol. II, p. 381)。テイラーは、1911 年 1 月 3 日、大会準備委員会会長の Calvin W. Rice に論文を取り下げる旨の手紙を書いている（Dean, Carol Carlson (1997), p. 4, 12)。
8 この手紙には、ASME への論文提出に際してのテイラーの懸念が少なからず示されている。テイラーは次のように書いている。マネジメントの哲学に関して包括的に論じた論文はなく、したがってそのような論文の存在が必要であり、大多数の技師たちがこの問題に関心を持っていると思う。しかし、今回の論文には自分がこれまで発表してきた論文ですでに扱った内容を含んでいるので、大会準備委員会が受理を承認するかどうか心配している、と。この点については、Copley, Frank B. (1969), pp. 378-379 および、中川誠士（March, 1990）、952-953 頁を参照のこと。また、この時点では論文のタイトルは決まっておらず、翌 1910 年 1 月には「マネジメントの哲学（Philosophy of Management）」と題されていた（中川誠士（March, 1990）、951 頁、955-956 頁)。
9 Copley, Frank B. (1969), p. 379.
10 中川誠士（March, 1990）、955 頁。ここでいう「手紙」とは、テイラーとクックとの間の書簡（1910 年 1 月 7 日から 9 月 29 日まで）のことである。
11 Copley, Frank B. (1969), p. 379.
12 中川誠士（March, 1990）、961 頁。
13 ライスは、1906 年～1934 年まで ASME の事務局長（secretary）を務めた人物である。
14 中川誠士（March, 1990）、971 頁。
15 この点に関して、テイラーは 1910 年 10 月 6 日付のクックへの手紙の中で次のように述べている。「ASME によってこの論文が受理されようと却下されようと、私は協会のあらゆる会員にこの論文を、ASME がこれを出版する場合とまったく同じような良好な形で、配布すべきだと思います。……他の私の研究論文は ASME に提出されてきましたので、それらの全体を要約するこの論文もまた同じ協会に公式に提出されるべきであるということが、私には適切であるばかりか至当であるように思えます」（同上、966 頁）
16 同上、971 頁。しかし、筆者には判然としない点がある。特別版の印刷は 2 月だが、ASME 会員の手に渡ったのが 3 月 23 日以降だとすると（本章、注 4 を参照のこと）、*The American Magazine* 誌上の論文の連載終了（5 月号の発行）以前には会員の手に渡ったものと推測しうる。しかし、特別版の発行は 3 月下旬であるから、少なくとも *The American Magazine* 誌 3 月号の発行よりは後になったことになる。さらには、4

月号の発行の後になったかもしれない。それゆえ、中川氏の見解に同意しかねるのである。なお、「自費出版（the ASME edition of the PSM）」とは、本章記載の特別版のことである。また、「最後に本として出版した」とは普及版のことであると思われるが、特別版も本として出版されていることを指摘しておきたい（印刷所は The Plimpton Press、出版社は Harper & Brothers Publishers である）。

17 同上、975-976頁。なお、次の文献は、「科学的管理の原理」の内容へのクックの重要な貢献を指摘している。Wrege, Charles D. and Greenwood, Ronald G. (1991), *Frederick W. Taylor, the Father of Scientific Management: Myth and Reality* (Illinois: Business One Irwin), pp. 175-190 を参照のこと。詳細は省くが、この点については、「クックが『原理』の章や節を実際に書いているとしても、テイラーの科学的管理のシステムに基づいて書いたのは間違いない」(Dean, Carol Carlson (1997), p. 12) との指摘や、「穏当な結論としては、クックは『科学的管理の原理』に貢献したとしても、これを創造したのではない、ということである」(Wren, Daniel A. (2005), *The History of Management Thought*, 5th Edition (NJ: John Wiley & Sons, Inc.), p. 181) との指摘もある。

18 普及版の出版は、1911年6月だったようである（*Ibid.*）。
19 編集者によるこの紹介文は、2月号のものと同じ題名がつけられている（本章、注1を参照のこと）。しかし、同一内容ではなく、より簡略化したものである。
20 Dean, Carol Carlson (1997), pp. 6-8 を参照のこと。
21 括弧内の数字は、頁数である。なお、小見出しなく論述が開始されているが、この部分を「序」と記す。4月号、5月号についても、同様。
22 Taylor, Frederick W. (March, 1911), p. 574; Taylor, Frederick W. (1911), Special Edition, p. 16.
23 Taylor, Frederick W. (1911), Special Edition, p. 16.
24 「第1、管理者は、人の作業の各要素に対して、経験則に替えて科学を発展させる。第2、管理者は、労働者を科学的に選抜し訓練する。過去には、労働者が自分のできる範囲で仕事を選び、自ら訓練を行った。第3、管理者は、人々と心から協力し、すべての仕事が科学の原理にしたがって行われるようにする。第4、管理者と労働者との間で作業と責任をほぼ均等に分担し、管理者は、労働者よりも自分たちに適した仕事を引き受ける。しかし、過去には、ほぼすべての仕事とほとんどの責任が人々に任されていた。／管理者が行う新しい仕事と労働者の創意とを結びつけることによって、科学的管理は、古いやり方よりもはるかに能率的になる。これらの要素のうちの三つは、たいていの場合、『創意と刺激』の管理のもとでも初歩的にわずかながら存在しているが、そこでは重要な意義をもつものではない。他方、科学的管理のもとでは、これらはシステム全体の本質をなすのである」(Taylor, Frederick W. (March, 1911), p. 577) なお、「これらの要素のうちの三つ」とは、第1から第3までの要素のことである。
25 *Ibid.*, p. 581.
26 Taylor, Frederick W. (1911), Special Edition, pp. 22-23.
27 *Ibid.*, p. 23.
28 Taylor, Frederick W. (April, 1911), p. 785; Taylor, Frederick W. (1911), Special

Edition, p. 38.
29 Taylor, Frederick W. (1911), Special Edition, pp. 49-50.
30 Taylor, Frederick W. (May, 1911), p. 101.
31 *Ibid*.
32 Taylor, Frederick W. (1911), Special Edition, p. 60.
33 「適切な用具と方法を用いた時間研究／旧式の単独職長制に優る職能的ないし分担職長制度／各職業で用いる工具や用具および各種労働者の行動や動作の標準化／可能ならば計画室ないし計画部門の設置／マネジメントにおける『例外原理』／計算尺およびこれと同様な時間節約の用具／労働者に対する指導票／マネジメントにおける課業理念に基づく課業達成に対する多額の賞与／『異率出来高』／製造された製品と使用する用具の対する記憶式分類制度／工程制度／近代原価制度、等々」(*Ibid.*, p. 68)
34 単行本では4大基本原理の説明として、「第1、科学の発展。第2、労働者の科学的選抜。第3、労働者の科学的教育と能力開発。第4、管理者と人々との親密で友好的な協力」(*Ibid.*, p. 69) という注記が加えられている。周知のように、この4原理の表現、とくに第3と第4原理の表現は、他のところでのテイラーの説明と大きく異なっているようにみえる。この引用からこの文章の真意を推し量ることは困難であるが、彼がなぜこのような表現をし、しかも注記しているのか、という疑問は残る。
35 *Ibid.*, pp. 68-69.
36 「科学的管理の原理」は、テイラーがASMEに提出してきた他の論文の「全体を要約する」ものである。この点については、1910年10月6日付のテイラーからクックへの手紙（本章、注15）を参照のこと。
37 *The American Magazine* 誌への原稿提出についていえば、1911年2月号で編集者が、次号からテイラーが論文を連載する旨の予告と簡単な内容紹介をしていることからすれば、1月の遅くない時期であったとも考えられる。編集者は次のように記している。「3月号と4月号でのテイラー氏の論文は、とても明快でおもしろく、主題の全容が示されている。出版物にみられる断片的な報告では、おおげさな主張だと思われてきたことが、ここではシステムを実際に機能させてきた実例を通して詳しく説明される」(The editors (February, 1911), p. 480)
38 1907年時点でのASMEの会員構成については、次の文献を参照のこと。廣瀬幹好 (2005)『技師とマネジメント思想――アメリカにおけるマネジメント思想の生成、1880年～1920年――』文眞堂、42-45頁。

第 3 章
科学的管理とその原理

第1節 『科学的管理の原理』における原理

　F. W. テイラーのマネジメント・システムは、科学的管理（法）として広く知られている。しかし、彼のマネジメント・システムの基礎をなす思想、すなわちテイラーのマネジメント思想については、未だ定まった評価が存在するようには思われない。その理由の一端は、テイラーのマネジメント・システム（テイラー・システム）と彼のマネジメント思想を区別して論じるという志向があまり存在しなかったことにあるように思われる。

　本章では、テイラーのマネジメント思想をそのシステムと区別するという視点から、まずはテイラーがマネジメントについてどのように考えていたのか、素朴なアプローチながら、振り返ってみることにしたい。

　テイラー最高の業績である *Shop Management*（1903年）に示されたマネジメント思想とそれ以降、とりわけ *The Principles of Scientific Management*（1911年）以後の思想との一貫性を問うことは、重要な課題をなす。もちろん、テイラーのマネジメント実践と彼の思想に一貫しているのがマネジメントへの科学的アプローチの適用であることは周知のことがらであるが、「マネジメントへの科学的アプローチの適用」ということの解釈をめぐっては、種々の見解がある。これらの見解では、テイラーの科学的アプローチはマネジメントの科学あるいは思想ではないとされる場合が多い[1]。しかしながら、テイラー自身はマネジメントについて多くを語り、自らのマネジメントについての思想を科学的管理の「原理（principles）」[2] として説明している。少なくとも、1911年以後の著述や講演などではそうである。

筆者は、テイラーのマネジメント思想を正しく評価するためには、この「原理」の何たるかを正確に理解することがことのほか重要であると考える。そこで本章では、1911年以降のテイラーの著作や講演等においてこの「原理」がどのように説明されているかということについて、検討する。まず、科学的管理の「原理」の解釈において絶えず取りあげられてきた*Principles*[3]と「テイラー証言」[4]でのテイラーによる「原理」の説明を検討する。次に、*Principles*出版前後に行われたテイラーの講演における「原理」の説明を検討し、最後に、科学的管理における「原理」の意味について考察する。

　まず、*Principles*において、科学的管理の「原理」がどのように説明されているのか、正確に理解することを試みる。「原理」を解釈する上で、わが国においては上野陽一氏によるテイラーの業績の翻訳書が大きな影響力を持ってきたと思われる。だが、この翻訳書にはいくつかの誤りがある。テイラーのマネジメント思想を正確に理解しようとする上で、障害となる部分も存在する[5]。以下、この点に留意しながら、テイラーの説明の順序にしたがってみてゆくことにする。

　（A）　まず、最初にテイラーは「原理」について、次のように説明する。

「旧式管理法においては、工員が精進してくれるか否かによって、成功と失敗とが決まるのである。しかし彼らに精進させることはほとんど望みがない。ところが科学的管理法においては、旧制度にくらべて工員の精進がたやすくえられる。工員は一生懸命に好意をもって器用に働くようになること請合いである。このように、科学的管理法においては工員の側に大きな改善が行なわれるとともに、管理者にはかつて夢にも思わなかった新しい重荷と義務と責任とが負わされることになる。たとえば従来工員がもっていたいい伝えの知識を集めて一団となし、この知識を分類し集計して規則、法則、方式となし、これをもって工員の日々の仕事を助けてやるよう

第1節 『科学的管理の原理』における原理　39

にすることが管理者の任務になった。だから管理者は科学を発展させるほかに自ら三つの義務を遂行しなければならない。これは管理者にとって新しい重い任務である。

　この新しい任務は四カ条にわけることができる。
(1) 工員の仕事の各要素について、科学を発展させ、旧式の目分量のやり方をやめる。
(2) 昔は工員が自分で仕事を選択し、自分でできるかぎり勉強したものであるが、これからは科学的に工員を選び、これを訓練し、教育し、かつ発達させなければならない。
(3) 発展させた科学の原理に合わせてすべての仕事をやらせるように管理者は工員と心から協働することを要する。
(4) 仕事と責任が管理者と工員との間にほとんど均等に区分される。工員よりは管理者のほうに適した仕事は管理者の方で引き受ける。これまで仕事の大部分の責任は工員の上になげかけられていたのである。

　科学的管理法が旧式管理法にくらべてはるかに能率的なわけは、工員の精進と管理者の新たに引き受けた仕事とが結びついている点にある。この四カ条の中あとの三つ［傍点――引用者］は『精進と奨励』の管理法においても、多くの場合初歩的にはわずかながら存在している。しかし旧式の管理法においてはたいした位置をしめていない。ところが科学的管理法においてはこれが全制度の根本をなしているのである」[6]

　上の引用文中、上野訳の傍点部分に重大な誤訳がみられる。原文には「あとの三つ」とは書かれてはいない。"Three of these elements" と書かれているだけだが、これを「あとの三つ」と訳すのは誤りである。四つの原理のうち、第1から第3までの原理は、科学を発展させこれに従うように労働者を指揮するという管理者の職能の重要性を示したものであり、志向としては、テイラーが批判してやまない成り行き管理にも存在していた[7]。だから、テイラーは「『精進と奨励』の管理法においても、多くの場合初歩的にはわず

かながら存在している」、と述べているのである。だが、成り行き管理のもとでこれらが「たいした位置をしめていない」のは、成り行き管理には第4の原理が存在しないからである。第4の原理なくしては、他の原理の実効性はない。この原理の存在によって、第1、第2、第3の原理が「全制度の根本をなしている」ようになるのである。

この点について、テイラーは Shop Management においても、すでに次のように述べていた。

「課業管理の本質は、速度問題の統制が完全に使用者にあるということである。他方、タウン－ハルシー・システムは、使用者の干渉を受けずに労働者が速度問題をもっぱら決定するという事実にまったく依拠している。正反対の理由からではあるが、双方のシステムに共通しているのは、統制は分割できない（undivided control）ということである。このことが、調和（harmony）にとってまず必要な要素なのである。……普通のマネジメント・システム（この種の最良のものであるタウン－ハルシー・システムを含め）すべてに共通する欠陥は、出発点すなわち土台が欺瞞に基づいているということ、そして労使双方にとって最も重要な一つの要素、すなわち仕事を行なう速度が、知的に指揮され統制されるのではなく、成り行きに任されているということである」[8]

上記引用において、テイラーは、成り行き管理のもとでは「速度問題の統制」、すなわち計画ないし決定することが管理者の職能となっていない、と批判しているのである。それゆえ、先の三つの原理が「たいした位置をしめていない」のである。管理者による計画抜きのマネジメントが有効なものとなりえないからである。

第4原理は、計画職能と執行ないし作業職能をそれぞれ管理者と労働者との間で相応に分担すること、すなわち、計画職能を担うのは管理者であるとの主張を意味しており、テイラーは、この点が有効なマネジメントにとって

決定的に重要であると述べているのである。当然ながら、この第4原理の重要性に多くの人々は気づいていないので、先の引用箇所に続けて、彼は、「第四条すなわち『責任が管理者と工具との間にほとんど均等に区分される』ことについては、なお少し説明を要する」として、さらに説明を加え、「要するに『精進と奨励』の管理法においては、ほとんど全問題が工具まかせになっているが、科学的管理法においては問題の優に半分は管理者の役目になっているのである」と述べるのである[9]。

(B) ズク運び作業の例示において、テイラーは次のように述べている。

「以上科学的管理法の本質をなす四つの要素の中、第1に労働者を忠実に選ぶこと、第2および第3にまず労働者に科学的方法に従って仕事することを承知させ、つぎにこれを訓練し援助してやることを簡単に述べたが、ズク運びの科学については、まだ少しも説き及ばなかった。しかしながらこの実例の説明を終るに臨み、ズク運びの科学の存在することは確かにわかったことと思う。それからこの科学はかなりむずかしいものであって、ズク運びに適する人間は、おそらくこの科学を理解しえないこと、およびだれか上からこれを助けるものがなければ、この科学の法則に従って仕事をすることさえむずかしいことは、諸君も定めしわかったことと考える」[10]

上の引用文中の第1が労働者の科学的選抜、すなわち科学的管理の第2原理であることは、明らかである。しかしながら、第2および第3の説明、「まず労働者に科学的方法に従って仕事することを承知させ、つぎにこれを訓練し援助してやること」が先のどの原理を意味しているのか、いくぶんわかりにくい。ここでは二つの原理ではなく科学に従って労働者に仕事をさせることという第3原理のみを説明しているように思われるが、テイラーは二つの原理について述べたといっている。上記引用の少し前に、原理が四つあると明確に述べていることから、ここでテイラーの考えが混乱しているとは

考えにくい。テイラーの説明は不明確ではあるが、ズク運びの科学の研究がかなりむずかしいので、管理者側がこの責任を担って労働者と協力しなければ第3原理の実現がむずかしい、と上記引用の最後の文章において述べていることから判断すれば、第2と第3の説明は、前段が第3原理、後段が第4原理を意味するものであろう。

というのも、同じズク運び作業の説明の最後に、テイラーはまた次のように述べ、第4原理の意義を明確に示しているからである。

「『精進と奨励』式管理法においては、管理者は『仕事を工具にまかせる』態度をとっている。……してみると、普通の管理法においては、目分量をやめて科学的知識を発達させることも〔第1原理——引用者〕、工具を科学的に選択することも〔第2原理——引用者〕、あるいはまた科学的原理に従って仕事をするように、その工具を指導することも〔第3原理——引用者〕、何一つできない、全然問題外であることがわかる。これは新管理法の考え方においては、責任の大部分を管理者が引き受ける〔第4原理——引用者〕に反して旧式管理法の考え方では全責任を工具にかぶせてしまうからである」[11]

上の引用文において、テイラーは、第4原理が原因でありその他は結果、第4の原理がなければ第1から第3の原理が存在しえないと述べているのである。それゆえ、第4こそが科学的管理にとってのもっとも本質的な特徴であることは、上の引用に明らかであろう。したがって、先述の"Three of these elements"に対する正しい訳は、「あとの三つ」ではなく、「先の三つ」でなければならないのである。第4原理が成り行き管理においても少しでも存在すると解釈することになる上野氏の訳は、誤っている。

（C）　レンガ積み作業におけるギルブレス（Frank Gilbreth）の成功は科学的管理の本質をなす四つの原理を適用したからだとして、テイラーは次の

ように述べている。

「(1) 職人ではなく管理者がレンガ積みの科学を完成し、各職人の各動作について、厳重な規則を設け、すべての道具と労働条件とを完全にし、標準化したこと。(2) 職人の選択を厳重にし、採用後はこれを訓練して、一流の職人たらしめ、この最良の方法に従うことを拒むもの、または従いえないものはやめさせてしまうこと。(3) 管理者側はたえず援助と監視とを怠らず、言われたとおりの方法で早く仕事をすることに対しては、日々のボーナスをじゅうぶんだして一流のレンガ積み職工とレンガ積みの科学とを結びつけること。(4) 工員と管理者との間に、仕事と責任とをほぼ均等に分配すること。管理者は終日工員と共に働き、これを助け励まし、路をひらいてやるようにしなければならない。今までは彼らから離れて、少しも助けてやろうとはせず、方法や道具やスピードや協調に関する全責任を彼らに負わせていたのである。／以上の4要素の中、最も興味ありかつはなばなしいのは、第1のレンガ積み科学の発達である。しかし他の三つも最後の成績をあげるためには欠くことのできないものである」[12]

(D) 次の引用文は、科学的管理が「精進と奨励」式管理法と比べてもたらす成果が大きいのは、手法がすぐれているからではなく根本にある思想がすぐれているからだとして、テイラーがこの思想について説明している箇所である。既述の四つの「原理」の説明だが、上野氏はこれを次のように訳している。

「(1) 工員の個人的判断に任せず科学を採用したこと。
 (2) 工員が自ら仕事を選択したり、いきあたりばったりに修行したりすることをやめ、まず各工員を研究し、教育し、訓練しいわば実験した上で工員を科学的に選択し発展せしめたこと。
 (3) 管理者が工員と親しく協調し、各問題の解決を個々の工員の手に任

せず、研究によって得た科学的法則にしたがって、相共に仕事をするようにしたためであること。
(4) 昔流に各個人が個々に努力することを止めてこの新しい原理を応用するようになると、各課業を日々完了するにあたり、管理者と工員とは共同の責任をもち、管理者側は自分に最も適した仕事を受けもち、残りを工員が引き受けることになる」[13]

この引用文の原文において、テイラーは第4という区分を行っておらず、第1から第3までの説明を終えた上で、続けて彼は、上野訳の第4のように述べている。しかし、この部分の訳文を丹念に読めば、問題含みであることがわかる。すなわち、「この新しい原理を応用するようになると……引き受けることになる」という訳文が、問題なのである。「この新しい原理」とは、第1から第3までの原理のことである。上野訳では、これらの原理を応用あるいは適用すれば、その結果として労使間での職能分担が生じるとの解釈になる。すでに述べたように、正しい解釈は逆である。テイラーは、「これらの新しい原理を適用するに際しては、昔流に各個人が個々に努力することを止めて、各課業を日々完了するにあたり、両者はほぼ均等に責任をもち、管理者側は自分に最も適した仕事を受けもち、残りを工員が引き受ける」、と述べているのである[14]。

先に述べたように、テイラーのこの部分の説明が第4原理の説明であることは明らかだが、上記引用箇所において、第1から第3までの原理と第4原理は並立しているのではなく、また上野訳のように第4の原理がその他の原理の帰結であると解釈するのは誤りであろう。

(E)　さらに、テイラーは、科学的管理の本質がマネジメントの機構ではなく思想にあると述べている本文に、次のように短い注を付している。上野氏は、これを次のように訳している。

「しかしこれらのものは管理上に用いられる手法を、詳しく列挙したものにすぎない。科学的管理の根本は一種の考え方である。この考え方は前に述べたように、管理法の四大原理の結合したものにほかならないのである。(四大原理とは　1. 真の科学を発達せしめること。2. 工員の科学的選択とその科学的教育及び発達。3. 労使間の友誼的協調。4. 管理者と工員とはほぼ均等の職責を分担すること)」[15]

上記引用文中の括弧内の文章は、原文では注記されている部分である。上野訳では注記に替えて括弧内にこの注記部分を示しているが、この注記部分の翻訳が原文に忠実ではないのである。原文では、「1. 真の科学を発展させること。2. 労働者の科学的選抜。3. 労働者の科学的教育及び能力開発。4. 労使間の友好的協力」[16] となっている。上野氏による注記部分の訳文は、本章でこれまで検討してきたテイラーの「原理」についての上野氏の解釈を示したものであるが、原文とは異なる。テイラーがなぜそれ以前の説明と異なるかのような箇条書きでの注をつけたのかは不明であるが、ここでの上野氏の解釈が不適切であることはまちがいない。

第2節　「テイラー証言」における原理

テイラーは下院特別委員会での証言に立ち、科学的管理が成り行き管理よりも勝っている点を二つあげ、より重要な利点は管理者が管理者本来の義務を新たに引き受けることにあると述べている。

「科学的管理法が『精進と奨励の管理』よりもまさっている点はどこにあるか。(1) 科学的管理法においては、工員の意気込み——すなわち骨折りと好意と知恵と——は必ず平均に得られることである。旧式の管理においては、不規則的に、突発的にしか得られない。(2) 次にこの利益よりも、いま一つの大きな利益がある。それは科学的管理法においては、管理側が

新たに非常に大きな重荷と義務とを引き受けることにしたためである。／この新しい重荷と義務とは、非常に重大、かつ、なみなみならぬもので、旧式な管理を行なっている人には、ほとんど理解しかねるくらいである。この管理側で新たに引き受けた仕事を四つに分ける。つまりこれが科学的管理法の原理と呼ばれるものである」[17]

さらに、テイラーは続ける。各原理それぞれかなり長い説明なので、一部省略の上、以下に引用する。

「その第1は、今まで言い伝えられていた知識を全部管理者側に集めてしまうことである。この知識は今まで工員の頭の中にあった。または、多年の経験によって得たことの熟練とコツの中に潜んでいたのである。それを一つところに集めて、これを記録し、これを図示し、多くの場合には、最後にこれを法則または規則として、さらに数学的な方式にすることが、新たに科学的管理者の義務になったのである。……／科学的管理法において、新たに管理側において引きうけた新しい義務の第2は、工員を科学的に選択し、これを訓練して進歩させることである。各工員の性格と性質と動作を研究し、一方においては、その能力の限度を明らかにし、他の一方においては（もっと大切なことであるが）発達の見込みのあるなしを調べなければならない。それからこれらの工員に対して、進んで系統的な訓練と援助と教育とを施し、できれば、これに昇進の機会を与えれば、結局、自分のもって生まれた性質に最も合致した仕事、その会社で彼のために待っているところの仕事の中で最も高級であり、おもしろくもあり、利益もあるものをするようになるであろう。工員の科学的採用とその訓練とは一時の仕事ではない。幾年にもわたって管理側において、たえず研究しなければならないものである。／第3は科学的に選んで訓練した工員と科学とを一緒にすることである。……／第4は最もむずかしい原理である。一般の人々には理解しにくいかもしれない。それは、工場内の実務を、工

員と管理側とで等分に分けることである。旧式の管理法では、何でもかんでもすべて工員によって行なわれていたが、新管理法においては、これを二大部門に分け、その一方を管理側の仕事に定めたのである。……」[18]

以上の引用に続き、テイラーは科学的管理を適用した成功事例の説明を行っているが、事例の説明に入る直前に4原理についての以上の説明を次のように要約している。

「(1) 科学を発達させること、過去には工員の頭の中にしまってあったすべての知識を管理側に集めてしまうこと。(2) 工員を科学的に選択して、これを進歩、発達させること。(3) このようにして選んだうえに、訓練した工員と科学とを一緒にすること。(4) 管理者と工員とが、常に親しく協働すること」[19]

この引用箇所に対して、上野氏は注記して二つの点を指摘している。より重要であると思われるのは次の指摘である。

「四つの任務のあげかたも、『原理』の本文とは違っている、本文には
　○ 仕事の科学を完成すること
　○ 従業員の選択および訓練
　○ 管理者と従業員とが心から協力するようにすること
　○ 両者は均等に職務と責任とを分担すること
とあり、少し前の陳述〔本章、注18の引用文――引用者〕にもこの四つがあげられている。ところが『原理』の終りに近いページの脚注〔本章、注16の引用文――引用者〕には第2項が二分されて第2項、第3項となり、第4項はぬけてしまっている。その誤りがこの陳述においても繰り返されている。／このことは世界中の誰も気づいていないことなので、特にここにつけくわえておく」[20]

上野氏の注記にある「その誤りがこの陳述においても繰り返されている」との指摘は、厳密にいえば正確性を欠いている。上野氏によれば、『科学的管理の原理』の終りに近い本文の脚注で、テイラーが「原理」を「1. 真の科学を発展させること。2. 労働者の科学的選抜。3. 労働者の科学的教育及び能力開発。4. 労使間の友好的協力」と記し、労使間での職務と責任の均等な分担という原理を落とすという「誤り」が、本章注19の引用文においても「繰り返されている」のである。

『科学的管理の原理』の本文の脚注をA、ここで上野氏が問題にしている説明をBとして、両者を比較してみよう。

	A	B
1	真の科学を発展させること	科学を発達させること、過去には工具の頭の中にしまってあったすべての知識を管理側に集めてしまうこと
2	労働者の科学的選抜	工具を科学的に選択して、これを進歩、発達させること
3	労働者の科学的教育及び能力開発	このようにして選んだうえに、訓練した工具と科学とを一緒にすること
4	労使間の友好的協力	管理者と工具とが、常に親しく協働すること

Aに関するテイラーの説明がまったくないために、第2および第3のAとBにおける対応関係を解釈するのは困難である。一方、第1の科学の発展と第4の労使の協調については、AとBに共通している。また、AとBのどちらにも、労使間での職務と責任の均等な分担という表現はない。それゆえ、上野氏は、テイラーが第4の項目を落とすという「誤り」を犯したと述べたのである。上野氏は、本章の注20の引用文でみたように、『科学的管理の原理』本文の第3項を「管理者と従業員とが心から協力するようにすること」と解釈し、AとBにおける第4項目がこれに相当すると理解する。

この理解に従えば、テイラーは、労使間での職務と責任の均等な分担という原理の説明を、AのみならずBにおいても落としていることになる。上野氏の理解に立つ場合、Bの第3項目をどのように位置づけるべきであろうか。「このようにして選んだうえに、訓練した工員と科学とを一緒にすること」というBの第3項目は、テイラーがほぼ一貫して（Aにおける場合を除いて）科学と労働者の結合として論じてきた内容、すなわち科学的管理の第3原理である。

　既述のように、テイラーが第3原理の説明において労使協調の重要性について述べているのはたしかだが、この原理におけるテイラーの主眼は、労働者が自分勝手に仕事をするのではなく、科学にしたがって労働者に仕事をさせるということにあり、その際に労使は協力し合っていかねばならないと述べているのである。それゆえ、この原理を上野氏のように「管理者と従業員とが心から協力するようにすること」と理解して労使の協力を強調するのではなく、科学と労働者との結合として理解すべきなのである。

　それでは、テイラーはなぜBにおいて第4項目（第4原理）として「管理者と工員とが、常に親しく協働すること」と述べたのであろうか。このように述べる直前に、第4項目が労使間での職務と責任の均等な分担であるとはっきりと述べており、その説明をまとめたにすぎないこの箇所で。証言であるため、表現の不適切さという問題はあるかもしれないが、テイラーの考えが混乱していたとは考えられない。テイラーは、労使間での職務と責任の分担を協調的分業ととらえているのである。先に引用した第4項目の説明の中で（本章、注18の引用文に続く部分）、彼は次のように述べている。

「新管理法を行なう機械工場では工員の行なう仕事は、どんなにちょっとしたことでも、まず管理側の方で、何かしてから後に、渡したものばかりである。朝から晩まで、各工員の仕事は、管理側の仕事とあり継ぎのように組合っていく。工員が何かすると、管理側の人が何かする、つぎに管理側が何かすると、工員が何かする。というように、双方が親しく個人的に

協力していくのであるから、激しい争いを起こすというようなことは、事実上、できないのである。……ゆえに科学的管理法は不和よりも、むしろ、協調をもって主義とする管理法であると考える」[21]

　この引用からは、労使双方での仕事の分担が協調を生むとのテイラーの考えが読み取れる。以前は、すべてが労働者任せであった。これでは労働者の負担が重過ぎるし、系統だったマネジメントも行うことはできない。そこで、双方の側で相応しい仕事と責任を分担し合えば双方が協力し合える、すなわち、分担＝協調（協力）、とテイラーは考えているのである。それゆえ、以上の説明を要約したにすぎないＢの第4項目の「管理者と工具とが、常に親しく協働すること」との説明は、彼の説明が不十分であるとしても、労使双方が均等に職務と責任を分担し、協力し合うことを意味すると解釈すべきであろう[22]。

　さらに、証言の中でテイラーはもう一度、科学的管理の原理について述べている。1912年1月26日（金）午前、ギルブレスのレンガ積み作業の成功の要因が科学的管理の四つの原理を適用した結果であるとの説明を行っている箇所である。ここにおいても、第4原理は労使双方が均等に職務と責任を分担し協力し合うことであることがわかる。そして、テイラーの「原理」は、『科学的管理の原理』本文に述べられている四つの原理からなることが、ここからも明らかであろう。

「1　レンガ積みの科学を発達させること。各人の各作業について厳重な規則を設ける。そしてすべての用具と作業の条件とを完全にし、かつこれを標準化する。ただしこれは管理側の責任であって工具の責任ではない。
2　注意して職人を選び、これを訓練して一流の職人にしたて、最良の方法を採用しえないもの、またはこれが採用を拒むものを除くこと。
3　一流の職人とレンガ積みの科学とをいっしょにすること。それには管理側がたえず、これを助けて注意することを要し、かつ命ぜられたことを

速く仕上げて、毎日多くの割り増しが得られるようにすることを要する。

4　職人と管理側とは仕事と責任とをほとんど等分して引受け、終日管理側は職人と相並んで働き、職人を助け、励まし、かつ彼らのために道を開いてやるようにする。従来、管理側は孤立していて、ほとんど職人を助けるということなく、方法、用具、速さおよび両者の協調に関する全責任は全部職人に負わされていたのである」[23]

第3節　テイラーの講演（1911年）

テイラーは、『科学的管理の原理』出版の前後に三つの講演を行っている。以下では、これらの講演においてテイラーが科学的管理の「原理」についてどのような説明をしているのか、検討する。

シティ・クラブ昼食会

1911年1月14日（土）、フィラデルフィアのCity Club昼食会において、Link Belt Companyのドッジ（James Mapes Dodge）およびテイラーは、「人的努力の節約」とのタイトルのもと、それぞれ短い講演を行った[24]。この講演において、テイラーは、いくつかの事例を取りあげつつ科学的管理の原理について簡潔に説明し、科学的管理の伝統的なマネジメントに対する優位性を強調している。「科学的管理は労働者の創意（initiative）を発展させる」との小見出しのもとに、テイラーは、伝統的なマネジメントのやり方と比較しながら科学的管理の第1原理について、次のように述べる。

「科学的管理のもとでは、管理者が過去には想像もしなかった義務を引き受ける。たとえば、職業についての伝統的知識を意識的に集めるという義務を引き受ける。管理者側は、労働者が持っていた知識のすべてを手に入れる。それから、記録し、表にまとめ、作業規則、原則や数値に一般化し、これを労働者の日々の作業を大いに助けるように利用する。このよう

にして、過去には目の子算的知識しかなかった所で科学を発展させるという義務が管理者の義務となる。／すべての労働者のあらゆる動きが、科学的管理のもとでは科学的研究と分析、法則への還元の対象となる。これが科学的原理のもとで管理者が引き受ける四つの重要な責務の第1のものである」

続く小見出し「労働者の選抜と訓練」のもとで、テイラーは残りの三つの原理について、次のように説明する。

「管理者が引き受ける第2の責務は、各労働者を最高に能率化し繁栄させるように科学的に選抜し能力開発を行なうことである。労働者たちに教えること、彼らを選抜することは管理者の責任である。まず、彼らにもっとも相応しい仕事を見つけ、それから彼らの能率が最高になるように計画的に訓練する。これは管理者が引き受けるべき新たな義務である。／管理者の第3の義務は、発展させた科学と科学的に教育訓練された労働者を結びつけることである。労働者が法則や原理に従って働くか否かを決定するのは労働者ではなく、管理者の義務であり、管理者は気配りや説得を通じて両者を結びつけるのである。／第4の、そしてもっとも重要な義務は、管理者自らが以前には労働者が行なっていた膨大な仕事を行なうということ、実際に仕事を引き継ぎこれを行なうということである。それゆえ、機械ショップでは、機械工のすべての活動に先立って管理者側でのこれに対応する活動が行なわれるといってもよいだろう。このことはまさに真実である」[25]

以上のように、テイラーは科学的管理の四つの原理を説明し、これらを「第1に過去に存在した目の子算的知識の科学的知識への置き換え、第2に労働者の科学的選抜、第3に科学的に選抜し能力開発した労働者と科学の原理の結合、第4に管理者側と労働者側でのすべての仕事のほぼ均等な分担」[26]

第3節　テイラーの講演（1911年）　53

と要約した後、これら原理を適用した実例（レンガ積み作業、自転車のベアリング剛球検査作業、ショベル作業）を紹介している。

とくにレンガ積み作業の話の中で、「管理者が科学を発展させる」、「古い考え方と新しい考え方とのちがい」と題された小見出しの部分は第4原理の重要性を明示したものであり、とくに重要であると思われる。それぞれの箇所において、テイラーは次のように述べている。

「管理者は労働者と協調しなければならないだけでなく、為すべきことを完全に指揮しなければならない。管理者は労働者を選抜する完全な権限を持たねばならず、労働者自らがそうしてはいけない。このことが第1に重要な要素である。管理者は新しい方法の採用を拒否する労働者を排除できなければならない。管理者は、科学を発展させ、これにしたがって働く労働者を選抜する力を持つ唯一の人物である」

「古い考え方では、仕事は労働者に委ねられねばならなかった。労働者たちは仕事の仕方を知っており、管理者は彼らに適切な誘因を与えて正しく処遇しさえすればよく、仕事の原理は彼らが決定するとの考えがあった。だが、新しい考え方では、科学の発展、労働者の選抜、訓練と教育を含むすべての問題は、われわれ管理者のものであり、労働者はわれわれと協調するにすぎない、すなわち、われわれは自らの役割を果たし、労働者は彼らの役割を果たすことになる。この点が古い考え方と新しい考え方の決定的な違いである」[27]

ニューヨーク・シビック・フォーラム

「科学的管理の原理と方法」と題されたこの講演は、1911年4月28日にニューヨーク市のCivic Forumにおいて行なわれた[28]。テイラーは、生産を増加させるためには労働者の創意（initiative）を獲得することがもっとも大切であり、古いタイプのマネジメントではこれを実現できないが、科学的管

理にはこれを可能にするという利点があると述べている[29]。さらに、テイラーによれば、労働者の創意の獲得は科学的管理の第1の利点だが、「さらに大きな利点（still a greater advantage）」[30]がある。すなわち、「科学的管理のもとでは、管理者自らが、過去には決して考えられなかった新しい責務、新しい義務、新しい責任を引き受ける。管理者が引き受ける新しい義務は、労働者から得られる創意以上に考慮に値する。そして、これらの新しい義務は四つのグループに分かれる」[31]のである。

テイラーは「新しい義務は四つのグループに分かれる」と述べたすぐ後で、順次説明を加えている[32]。

「これらの義務の第1は、この大量の伝統的知識を蓄積することである。過去において、この知識は労働者の頭、筋力、体の中に、『技』や『継承』、ほとんど無意識にものごとを行なう素早い方法という形で存在した。過去には労働者の財産であったこの膨大な伝統的知識は、管理者の手に集められた後に記録、分類され、最終的には法則や規則が作られる。多くの場合、数学の公式となる。これらは、生産を増加する上で管理者と労働者との間で協調を作り出すという重要な計画の極めて大きな助けとなる。それゆえ、科学的管理のもとでの第1の責務は科学の発展である。過去においては単に目の子算があったにすぎない」

「科学的管理のもとで管理者が負う第2の義務は、労働者の入念な科学的選抜と、労働者が自分に適した最高最善の仕事を行なえるような絶えざる能力開発を行なうことである。管理者は慎重に労働者の選抜を行ない、そして徐々に科学的な能力開発を行なう。科学的管理のもとでは、すべての労働者は管理者の特別な研究対象、管理者が特別な注意を払う対象となる。この注意は、労働者に必要以上に仕事をすることを強いようとするのではなく、各人をもっとも能率的で優れた労働者に発展させようとすることに向けられる」

「科学的管理のもとで管理者が引き受ける三つの〔原文のまま──引用

者〕重要な責務のうちの第3は、科学的に選抜した労働者と科学を結合することであり、本質的にかなりの重責である。科学を発展させ、労働者を選抜し訓練したとしても、労働者が科学的管理の法則にしたがって働こうとする意思を引き出すに十分な協調関係がなければ、労働者は自分勝手に働くだろう。これを可能にする秘訣は、科学的管理のもとでは、普通に労働者が行なう仕事のほとんど大部分は管理者側に移され、そして、以前には労働者が行なっていた仕事のかなりの部分を管理者が実際に行なうということにある。労働者側と管理者側で、仕事のより均等な分担が行なわれるのである。科学的管理のもとで一度たりともストライキが起こらなかったのは、他のどの要因よりもこの要因〔労使間での仕事の均等な分担——引用者〕のおかげである。互いに助け合う二組の人々の意見が相違していることはありえない。もし両者に激しい争いが起こった場合、彼らは別れることになるか、仲間になるだろう。これが科学的管理の非常に優れた点であり、労働者と使用者は敵でなく、仲間になるのである」

この引用文において、テイラーは、科学にしたがって労働者を働かせるという第3原理の実現のためには、労使間での仕事の均等な分担(第4原理)が行われることが不可欠であると述べている。テイラーは、第4という言葉を使っていないけれども、労使間での仕事の均等な分担が第3原理の実現を「可能にする秘訣」であるとはっきりと述べている[33]。

以上のように「原理」の説明をした上で、テイラーは、講演の後半でこの原理の理解を助けるために実例を取りあげている。それらの実例は、レンガ積み作業と自転車のベアリング剛球検査作業の二つであり、前者は第1の義務である科学の発展、後者は第2の義務である労働者の科学的選抜の事例として説明が行われたのである。

ダートマス・カレッジ会議

1911年10月12日から3日間、ニューハンプシャー州にあるダートマス・

カレッジにおいて、科学的管理に関する会議が開催された[34]。この会議は、科学的管理について世間で多くの関心が寄せられていながらその本質については十分な理解が得られていない状況に対して、科学的管理を提唱し実践している当事者たちから直に話を聞き、徹底的に研究するために行なわれたものである[35]。テイラーは、会議初日、午後8時から行なわれた最初のセッションにおいて、自らの著書と同一の「科学的管理の原理」というタイトルで報告した。この日の報告者は彼一人であり、会議の口火を切る報告者として登壇したのである。テイラーは、労働者たちがなぜ生産を制限するのかということから話を始めた。彼は、生産制限は労働者たちが生産が増加すると自分たちが職を失うという誤った考えを持っていることに原因の一つがあるが、それ以上に「われわれ自身の非能率なマネジメント・システムにある」[36]と述べる。

科学的管理は非能率なマネジメント・システムと比べ、労働者の創意を確実に確保できるという利点があると述べた上で、この利点よりも重要な利点として、管理者の新たな責務の重要性を強調する。

「しかしながら、これは〔労働者の創意を確実に確保できること——引用者〕科学的管理のもっとも大きな利点ではない。これは二つある利点のうち、重要性が劣る。より大きな利点は、管理者が引き受ける新たな前例のない責務と義務、以前には管理者が決して行なうことのなかった義務から生じる。これらの新たな義務は大きく四種類に分かれ、適切であるかどうかは別にして、『科学的管理の4原理』と呼ばれている」[37]

これに続けて、テイラーは四つの義務について、次のように説明する[38]。

「管理者が引き受けるこれらの四つの重要な義務の第1は、目の子算的知識のすべてを意識的に蓄積することである。企業で働く20種類の職人がこの知識を保持しており、決して記録されることもなく、才能、熟練、器

用さとして彼らの頭、手、体の中にあったのである。この知識を蓄積し、分類し、表にまとめ、そしてほとんどの場合法則や規則化し、また多くの場合には数式化し、管理者が労働者と協調するためにこれを利用すれば、労働者の生産は非常に増加するだろう。労働者の古い目の子算的知識に替わる科学の発展、これが科学的管理の四つの重要な原理の第 1 である」

「管理者が引き受ける新たな義務の第 2 は、労働者を科学的に選抜し、その後も絶えず能力開発することである。労働者が研究される。これはばかげたことのように思われるかもしれないが、機械が過去において研究され、現在はもっと研究されているのと同じように、労働者が研究されるのである。過去において、われわれは機械については膨大な研究を行なってきたが、労働者の研究はほとんどしてこなかった。だが、科学的管理のもとでは、これまで機械がそうであった以上に、労働者がはるかに意識的で正確な研究の対象になる。労働者を研究して能力を理解した後、われわれは一人の友人として、われわれが雇用しているすべての労働者の能力を高めようと試みるのである。そうすることにより、労働者の最高の能力を引き出し、それまで労働者が行なってきたよりも高度で、面白みがありまた有益な仕事を行なえるように訓練するのである。これが科学的管理の第 2 の原理である」

「第 3 の義務は、科学的に選抜した労働者と科学を結びつけることである。それらは結びつけられ（be brought）なければならない。そうしなければ、両者は結びつかない。……誰かが科学と労働者を結びつけなければ、労働者は同じ古いやり方にもどるのは確実であり、それよりもよい科学的方法を行なわないだろう。科学の法則にしたがって労働者に仕事をさせる、と私が述べるとき、恣意的な意味でさせる（make）と言っているのではない。……管理者は非常に頑固であり、労働者よりも彼らのやり方を変えさせるのははるかに難しい。そこで、させるという言葉を修正したい。させるという言葉にはかなり厳しい響きがある。変化を起こすためには、誰かが労働者を奮起させ（inspire）なければならない。ただ待ってい

れば、2ヶ月で起こるべきところが10年でも起こらないだろう。誰かがそれをやらねばならない。」

「科学的管理の第4原理を明らかにするのは、他の原理よりも少し難しい。科学的管理のもとに組織されたわれわれの会社を見るまでは、一般の人に対してこの原理の意味するところを説明するのはほとんど不可能である。／第4原理は、以前には労働者が行なっていた仕事を入念に二つの部分に分割することであり、この一方は管理者に引き渡されるのである。以前には労働者のものであった膨大な新たな義務が、管理者に投げかけられる。以前には管理者が引き受けるものとは決して考えられなかった義務を引き受けることにより、管理者と労働者との協調が欠かせないものとなる。このことは科学的管理のもとでは一度もストライキがないという事実のなによりの説明である。もしあなた方と私が一緒に仕事をしており、お互いに依存し合っているのが分かっていれば、争いが起こることはあり得ない。最初の数日は言い争うことがあるかもしれない。協調することが難しいと考える者もいる。だが、ひとたび彼らが仕事に就き両者の繁栄が各自の役割を果たすことに依存していることを理解するならば、ストライキが起こるだろうか。彼らは、自分を助けてくれている友人に対してストライキはできないと悟る。これが助力というものである。私は、科学的管理のもとでは労働者以上に管理者が奉仕者（servants）である、といっても嘘ではないと思う。義務感は労働者の側よりも管理者側の方が大きいということができると思う。管理者は自らの役割を果たさなければならず、常にその用意ができていなければならない。このような意識が、科学的管理のもとにいる管理者にはある」

以上のように科学的管理の四つの原理について説明した後、テイラーは、4原理を「目の子算に換えて科学を発展させること、労働者の科学的選抜ならびに絶えざる教育と能力開発、科学的に選抜した労働者と科学との結合、管理者と労働者との間での仕事のほぼ均等な分担」[39]として要約し、ショベ

ル作業と金属切削作業という二つの実例を通じて、科学的管理の原理の説明を続けている[40]。

第4節　科学的管理における「原理」

第4原理とその他の原理

　科学的管理の「原理」の意味について詳細かつ厳密に検討し、テイラーのマネジメント思想におけるその意義を明らかにしようとしている研究が少なからずある[41]。

　島弘氏は、「この原理は、その説明を要約すれば、まず真の科学の発展、すなわち、ここでの真の科学とは作業に関する科学であることは明らかであるから、例えば、金属切削の研究、時間研究等による作業の執行方法に関する科学を発展させ（第1原理）、つぎには、この仕事に適する労務者を選択し訓練し教育し（第2原理）、この両者をむすびつけるような制度をつくり出し（第3原理）、この制度を効果あらしめるためには、この制度の中で管理者と労務者が仕事を分割し、相互に依存させ、協力させるようにする（第4原理）という構成になるであろう」[42]と述べる。

　第3原理についていくつかの文献を比較検討した上で、島氏はテイラー自身の考えが混乱しているという。

　「この第3の原理については、テイラーはその説明が発表された論文によって異なっており、はなはだしいばあいには、同じ論文の中ででも異なっている。すなわち、先に本文において引用した『科学的管理の原理』のはじめの部分〔本章、第1節の（A）における第3原理——引用者〕では「科学を適用することに対する管理者と労働者の協力」と「協力」に強調点があり、注（10）において示した「同書」の後半部分〔本章、第1節の（E）に示したテイラーの脚注における第3原理——引用者〕では「労

働者の科学的教育と啓発」となっている。ところがそれ以後に発表されたものでは、本文のようになっているし、また他の3原理との関連においては、ここでの説明の方が論理的にみて正しいと思う」[43]

　以上要するに、島氏はこの引用文において、第3原理についてのテイラーの説明は混乱しており、「本文のように」あるいは「ここでの説明」と記しているように、この第3原理を正しく解釈すれば「科学と、科学的に選択され訓練された労務者を結合させること」[44] になる、と述べているのである。本章においてすでに検討したように、島氏のこの理解は正しいと思われる。
　第4原理について、島氏は次のように述べる。

　「この第4原理も、テイラーの説明の個所によって異なっている。『科学的管理の原理』の前半〔本章、第1節の（A）における第4原理——引用者〕では、「仕事の分割」が、後半〔本章、第1節の（E）に示したテイラーの脚注における第4原理——引用者〕では「協力」が強調されている。ところが、現在よっているテイラーの「証言」では、説明の個所〔本章、注18の引用文——引用者〕では「仕事の分割」があとでの要約〔本章、注19の引用文——引用者〕では「協力」が強調されている。この第4原理の相違は第3原理のばあいと異なって、その原理の具体的構成と、その結果＝目的とがどちらが強調されるかによって異なるものである。だから、本文においてわたくしが述べたような形になるものであり、第3原理における相違とは本質的に異なるものと思う」[45]

　上記引用における「本文においてわたくしが述べたような形になるもの」とは、島氏が「第4の原理は、経営者と労務者との間において、経営の現実の仕事をほとんど平等に分割することによって、管理者と労務者との間で常にかわらない親密な協力をおこなうことである」[46] と述べている部分に相当する。島氏は、第4原理についてのテイラーの説明が第4原理の「具体的構

成と、その結果＝目的とがどちらが強調されるかによって異なる」と述べているが、この場合、「具体的構成」とは労使間での仕事と責任の分担のことであり、「結果＝目的」とは労使の協力（協調）を意味するものと思われる。それゆえ、島氏によれば、テイラーの説明が異なっているのは第3原理の場合のようにテイラー自身の考えが混乱しているのではなく、説明の場所によって強調点が異なっているからである。

　そして、第1原理から第3原理までは、「経営者が、従来のような素朴な経験による管理ではなく、科学的調査にもとづいて、仕事の科学を発展させ、労働者を科学的に選択し、訓練し、この両者を結びつけることを『管理者の義務』とし、それの『実践への指針』としているもの」であり、第4原理は、「このような経営者側の管理制度の発展にともなう『管理者の仕事』を明確にするとともに、労働問題に対応する『労使協調』の原理であり、両者を結合させたものであることは明らかであろう」との理解を示している[47]。

　島氏の見解の特徴は、第4原理をその他の三つの原理と区別していることにある。第4原理は、他の3原理の実効性を保証する原理として位置づけられているのである。

前提か結果か

　他方、向井武文氏は、「第4の要素、『管理者と労働者との間のほとんど均等な責任の分割』についてのテイラーの説明は、大体において第1の要素および第3の要素についてのこれまでの論述の反覆であり、特別に新しい主張を全く見出すことはできない」[48]との見解を示し、次のように続ける。

「なぜなら、これまで評述してきた科学的管理の三つの要素を実際に工場実践に適用した場合にその結果として成立する事態が管理者と労働者の間の均等な責任の分割に他ならないのであって、われわれはその意義が管理機能と作業機能の分化のうちに存することを注意しなければならない。テ

イラーの強調する管理における計画および統制の機能の制度的確立こそまさにこのような機能分化を実現するものにほかならないのである。この意味において、われわれは第4の要素をあえて独立させる必要性を承認しえないものであって、本書〔『科学的管理の原理』——引用者〕においてテイラーが科学的管理の本質を構成する要素として提示したものは、第1、第2および第3の要素であったと解せざるをえない。このことの正当性は、彼が本書の結論部分において再び科学的管理の本質に論及し、『科学的管理の本質が、既に述べたように、管理の四つの基本原則の結合を結果として招来するある根本原理から成り立つ』と述べ、その脚注において次のように『科学的管理の4原則』を要約していることからも明瞭である。……」[49]

向井氏は、この「脚注」に「管理者と労働者との間のほとんど均等な責任の分割」という項目がないことを第4の要素（原理、原則）をあえて独立させる必要性のないことの根拠にしているが、この点についてはすでにみたように、「脚注」についてのテイラーの説明がないので、十分な根拠にはなりえない。さらに、上記引用文中に示されているように、向井氏は、第4の要素、すなわち労使間での作業と管理の機能分化がその他の要素を適用した「結果として成立する」ものであると述べ、先にみた島氏とは正反対の見解を示している。

しかしながら、向井氏自身、「第3の要素は、管理と労働の機能的分化を前提とする管理者と労働者の機能的協力のための精密な組織および制度の確立を提唱するものであり、組織の確立を媒介とする科学の法則に依拠した管理者と労働者の間の『科学的協力』(scientific cooperation) を志向するものと考えうるであろう」[50]と述べ、管理と労働との機能分化を提唱する第4の要素が「前提」であることを認めており、なぜ第4の要素が他の要素を適用した「結果」であるのか、筆者には了解しかねる。

第4 原理の意義

　第4原理を他の原理と区別する島氏、この原理を他の原理のくり返しで不要だとする向井氏、両者の見解はまったく異なるが、第4原理が他の原理とは違って理解しづらいことはまちがいない。テイラーが科学的管理の「原理」において管理者の義務(あるいは任務)として主張しようとしたことは、向井氏が正しく述べているように、「労働者の作業についての科学ならびに労働者の科学的な選択、教育および訓練を発展させるとともに、この二つの要素を結合せしめること、すなわち科学の発展と発展せしめられた科学に合致してすべての作業が秩序的に行われるように経営的生産を計画し、統制する組織および制度を確立することのうちに存したと解さなければならない。換言すれば、科学の発展と科学の法則に従った経営的生産の組織的遂行の確保にあった」[51]のである。

　では、以上に述べられたような目的、すなわち管理者の義務はいかにして実現されるのか。第4の原理なくしてその実現は不可能である。それゆえ、すでに本章第1節の(A)において詳細に検討したように、テイラーは、科学的管理における第4原理の意義をとくに強調しているのである。労使間での責任の分担とは、計画と執行あるいは作業の機能的分割であり、計画機能を管理者が担うということである。管理する権限はまず管理者にあるという当然だと思われることを、テイラーは明確に示しているのである。

　ところで、テイラーはこの第4原理を労使間での責任の分担として説明する一方で、それはまた労使協調のことであるとも説明しているように、彼は、分担と協調を同一のものと理解しているように思われる。もちろん、テイラーは協調が大切であるとの単なる願望を述べているのではなく、労使がそれぞれに相応しい仕事と責任を分かち合う、すなわち分担すれば、相互依存関係が密になり、その結果として労使の協調が不可欠のものとならざるをえないとの考え、見通しを示しているのである。第4原理は、管理者が何よりも自らの本来の役割を果たさなければならない、すなわち計画機能を担わ

なければならないとの主張であると考えられる。その意味で、この原理は、管理者が自らの義務を正しく自覚しなければならないと述べているのである。

　第1原理から第3原理までは、向井氏の言葉を借りれば、「科学の発展と科学の法則に従った経営的生産の組織的遂行の確保」、換言すれば、計画し指揮するという管理者の職能を提示したものであり、これを実現するために、管理者は自らの義務を自覚しなければならないということが、科学的管理の「原理」の意味するところなのである。

　以上において、『科学的管理の原理』出版の前後におけるテイラーのマネジメント思想の核心をなす科学的管理の「原理」の意味する内容について、検討してきた。四つの原理についての時折表現を変えるテイラーの説明を、できるかぎり彼の意図に忠実に解釈することを試みた。第1原理から第3原理までは、管理者の義務、管理者の職能を示したものとして、理解はさほど困難ではない。これらは、管理者が何をすべきか、マネジメントとは何かについてのテイラーの考えを明示したものである。

　しかしながら、第4原理は、これとは性格を異にする。すでに検討したように、島氏は、この原理を「『管理者の仕事』を明確にするとともに、労働問題に対応する『労使協調』の原理であり、両者を結合させたものである」と述べるが、「管理者の仕事」を明確化した原理であると同時に「労使協調」の原理でもあるとして二つの内容を併記するのみで、両者の関係を明らかにしていない。さらに言えば、島氏の力点はこの原理の「労使協調」的側面に置かれているように思われる。一方で、向井氏は、この原理の意義自体を認めていない。

　筆者は、科学的管理の「原理」の第4原理がその他の原理のくり返しにすぎないとの考えは誤っていると思う。島氏が正しく指摘しているように、この原理を管理者の義務を意味する他の三つの原理とは区別して理解すべきであると考える。さらに、筆者は、この原理を提唱したテイラーの主張の重点が二つの内容の並列あるいは「労使協調」にあるとはみなさない。たしか

に、テイラーが労使の責任の分担を強調しつつ労使協調も説いていること、分担と協調がテイラーの頭の中では一体的なものとして理解していることは、すでにみてきたとおりである。しかしながら、この原理の本質は、労使の職能分担、計画あるいは決定するということが管理者の職能であることを明示したことにあるのである。

テイラーがくり返し主張しているように、第4原理は科学的管理の根本原理であり、管理者の義務（職能）を意味するその他の原理を実現する前提、これなくしては他の原理が存在しえないものである。それゆえ、テイラーはこの原理を最後に置いたと思うのである。厳密にいえば、この原理は管理者の義務（職能）を意味するものではない。しかしながら、管理者に自らの義務（職能）を自覚させているという意味では、この第4原理は、科学的管理の根本をなす原理であり、四つの原理のうちもっとも重要な原理であろう。

注

1 本書の第1章を参照のこと。
2 テイラーはこの「原理」について、"burdens" "duties" "responsibilities" "elements" などのさまざまな言葉で表現しているが、同一の内容を示すものとして使用されている。
3 *The Principles of Scientific Management*（『科学的管理の原理』）がいつ出版されたのか、正確にはわかっていない。『原理』にはASME（The American Society of Mechanical Engineers）会員向けの特別版と市販向けの普及版があり、前者が先に出版された（1911年3月）こと、普及版も1911年の出版であることは知られている。また、テイラーが市販向け出版の前に雑誌にその内容を掲載したことも明らかである。*the American Magazine*誌がその雑誌であり、1911年3月、4月、5月の各号に分割掲載されているが、各号の正確な出版月について、筆者には不明である。普通に考えれば、テイラーの論文掲載雑誌は、同年5月以前には3号ともすべて発行されていると思われる（5月号が6月以降に出版されるとは思えないので）。したがって、『原理』の一般向けの版も同年5月あるいは6月ころから12月までの間に刊行されたはずである。その際、『原理』特別版が雑誌論文連載終了よりも前にASME会員諸氏に配布されたのはまちがいないと思われるが、原稿執筆についてどちらが先であったかは、明らかではない。本書の第2章で述べたように、筆者は特別版のほうが先に執筆されたと考えるが、これはあくまで推測である。『原理』特別版と普及版にはかなりの内容的連続性があり、雑誌論文は両者といくぶん異なっていることを考えれば、推測の域を出ないが、雑誌論文の原稿が『原理』特別版原稿の完成（「はしがき」には1911年1月6日と記載

されている）以前に出版社に送られていた可能性もある。以上の事実について明らかにすることが必要であると思われるが、さしあたり次の文献を参照のこと。中川誠士（1992）『テイラー主義生成史論』、森山書店、第7章「『科学的管理法の原理』発表をめぐる諸問題——1907～1911年におけるF. W.テイラーとM. L.クック間の書簡——」、189-229頁。また、本書の第2章を参照のこと。

4 「テイラー証言」("Taylor's Testimony Before the Special House Committee," *Hearings Before Social Committee of the House of Representatives to Investigate the Taylor and Other Systems of Shop Management Under the Authority of House Resolution 90*）とは、テイラー・システムの導入をめぐって政府兵器廠で生じたストライキ（1911年8月）を契機に下院が設置した特別委員会の公聴会（*Hearings*）におけるテイラーの証言のことである。公聴会は1911年10月に始まり、1912年2月に終了した。テイラーは、1912年1月25日、1月26日、1月27日、1月30日の4日間証言に立った。本書の第6章を参照のこと。

5 F・W・テーラー著、上野陽一訳・編（1969）『科学的管理法＜新版＞』、産業能率短期大学出版部（Taylor, Frederick Winslow (1911), *The Principles of Scientific Management*, in Taylor, Frederick Winslow (1947), *Scientific Management, Comprising Shop Management, The Principles of Scientific Management, Testimony before the Special House Committee* (New York and London: Harper & Brothers Publishers))。本章において、上野氏の翻訳書を示す場合には、上野訳どおりに引用する。なお、引用文中、テイラーの原文になく上野氏が独自につけている小見出しは省略した。以下、同様。

6 同上、249-250頁（*Ibid.*, pp. 35-37）。

7 「『精進と奨励』の管理法」、すなわち成り行き管理における科学志向性の存在については、次の文献を参照のこと。稲村毅（1985）『経営管理論史の根本問題』、ミネルヴァ書房、187-193頁。なお、いわゆる「体系的管理（systematic management）」と科学的管理の関連を論じている稲村氏は、当時のマネジメント実践および思想についてのテイラー自身の評価を示す成り行き管理という言葉を使用しているわけではなく、また両者の連続性を強調することに力点を置いている。だが、「体系的管理」は広義には科学的管理を含む言葉であるが、狭義に解釈すれば科学的管理と区別され、テイラーのいう成り行き管理と同義であるとみなしてもよいであろう。「成り行き（drifting）」という言葉にはまったくの無秩序という響きがあるが、テイラーは科学的管理と対比してこの言葉を使用しているのであり、マネジメントのシステム化を志向しながらも科学的足りえないと彼が考える、伝統的なマネジメントの最良のものを批判するために、この表現を使用していることに留意が必要である。マネジメントのタイプについての周知の分類にしたがえば、成り行き管理とは「システム化されていない管理（unsystematized management）」および「システム化された管理（systematized management）」を意味するが、テイラーが比較対象として取りあげているのは後者であり、これは狭義の「体系的管理」のことである。「体系的管理」についてはLitterer, Joseph A. (Winter, 1961), "Systematic Management: The Search for Order and Integration," *Business History Review*, 35(4), pp. 461-476を、マネジメントのタイプの分類については、Kendall,

Henry P. (October 13, 1911), "Unsystematized, Systematized, and Scientific Management," reprinted in Dartmouth College (1985), *Dartmouth College Conferences. First Tuck School Conference: Addresses and Discussions at the Conference on Scientific Management Held October 12, 13, 14, 1911*, pp. 112-141 を参照のこと。
8 Taylor, Frederick Winslow (1911), *Shop Management*, in Taylor, Frederick Winslow (1947), *Scientific Management, Comprising Shop Management, The Principles of Scientific Management, Testimony before the Special House Committee* (New York and London: Harper & Brothers Publishers), pp. 44-45.
9 F・W・テーラー著、上野陽一訳・編 (1969)、251 頁 (Taylor, Frederick Winslow (1911), *The Principles of Scientific Management*, in Taylor, Frederick Winslow (1947), pp. 37-38)。「半分」とは計画と執行ないし作業との役割の二分を意味し、「優に半分」とは計画が執行ないし作業に優先するということを意味するものであると思われる。
10 同上、259-260 頁 (*Ibid.*, pp. 47-48)。
11 同上、270-271 頁 (*Ibid.*, pp. 62-64)。
12 同上、288-289 頁 (*Ibid.*, p. 85)。
13 同上、313 頁 (*Ibid.*, pp.114-115)。
14 同上 (*Ibid.*, p. 115)。ここでの引用文は、引用者が原文に忠実に訳し直した。
15 同上、325 頁 (*Ibid.*, p. 130)。
16 *Ibid.*
17 同上、360 頁 (Taylor, Frederick Winslow (1912), "Taylor's Testimony Before the Special house Committee," *Hearings Before Social Committee of the House of Representatives to Investigate the Taylor and Other Systems of Shop Management Under the Authority of House Resolution 90*, in Taylor, Frederick Winslow (1947), pp. 39-40)。
18 同上、360-364 頁 (*Ibid.*, pp. 40-45)。
19 同上、365 頁 (*Ibid.*, p. 48)。
20 同上。「このことは世界中の誰も気づいていない」というのは、言い過ぎであろう。テイラーの伝記の中で、コプリーも指摘しているからである。Copley, Frank B. (1969, originally published in 1923), *Frederick Winslow Taylor, Father of Scientific Management* (New York: Augustus M. Kelley Publishers), Vol. 1, pp. 18-19. どちらが先に気づいたのか、あるいは他の誰かが逸早く気づいていたのかどうかということは、不明である。
21 F・W・テーラー著、上野陽一訳・編 (1969)、363-364 頁 (Taylor, Frederick Winslow (1911), "Taylor's Testimony Before the Special House Committee," *Hearings Before Social Committee of the House of Representatives to Investigate the Taylor and Other Systems of Shop Management Under the Authority of House Resolution 90*, in Taylor, Frederick Winslow (1947), pp. 44-45)。
22 テイラーは、"this immense share of the work" "this actual sharing of the work between the two sides" という表現を用いている (*Ibid.*, p. 44)。ただし、A の第 4 項目「労使間の友好的協力」の意味が B の第 4 項目と同一内容であるかどうかは、先に述べ

23 F・W・テーラー著、上野陽一訳・編 (1969)、387頁 (*Ibid.*, p. 77)。なお、1912年1月30日午後のテイラー証言の中で、議長のウイルソン (William B. Wilson) が科学的管理の四つの原理について、次のようにテイラーに確認し、質問をしている。「いつぞや、あなたは科学的管理法の4大原則としてつぎのような定義を下したと思います。1. 従来の知識を集めてこれを記録し総括してこれを法則にまとめる。2. 工員を科学的に選択し、これを教育する。3. 科学的に訓練した工員と科学とを合体させる。4. 工員の仕事と管理者の仕事とをほとんど等量にわける。このうちの第3に、科学的に訓練した工員と科学とを合体させるというのがあります。科学と科学的工員とが合体すると、工員には指図を与えてそれを絶対的に守らせるというのが科学的管理法の目的ではないのですか。すなわち仕事の仕方について命令が与えられ、工員はその指図どおりにしなければならないというのでしょう」(同上、472-473頁 (*Ibid.*, pp. 195-196))

24 Taylor, F. Winslow and Dodge, James M. (January 18, 1911), "The Conservation of Human Effort. Address by Mr. James Mapes Dodge and Mr. Frederick W. Taylor of Philadelphia," *City Club Bulletin*, 4 (2), pp. 22-37. Reprinted in Sasaki, Tsuneo and Wren, Daniel A. (2002), *Intellectual Legacy of Management Theory*, ser. 2, pt. 1, vol. 2, pp. 241-258. さまざまな職業に従事する200人(正確な数字であるかどうかは分からないが)の聴衆がいた、と記されている (*Ibid.*, pp. 257-258)。

25 *Ibid.*, p. 249.

26 *Ibid.*, p. 250.

27 *Ibid.*, p. 252.

28 Taylor, Frederick Winslow (June, 1911), "Principles and Methods of Scientific Management," *Journal of Accountancy*, 12 (2), pp. 117-124; Taylor, Frederick Winslow (July, 1911), "Principles and Methods of Scientific Management: Part II," *Journal of Accountancy* 12 (3), pp. 181-188. ただし、二分割掲載されたこの講演は、「下原稿なし、あるいは即席 (extemporaneous)」のものであり、テイラーが原稿を校正したものではないとの注記が付されている (Taylor, Frederick Winslow (June, 1911), p. 118)。それ以外の講演者のものについてはこのような注記はない。

29 *Ibid.*, pp. 121-122.

30 *Ibid.*, p. 122.

31 *Ibid.*, p. 123.

32 *Ibid.*, pp. 123-124.

33 テイラーの説明では、労働者と管理者との間での仕事の均等な分担という義務について述べた部分に番号が付けられておらず、第3の義務を説明している段落の中で改行されることなく述べられている。なぜこのようになっているのか不明だが、この講演内容の記録はテイラーの校正した文章ではないとの注記 (*Ibid.*, p. 118) から推測すれば、テイラーがこの第4の義務を説明したときに「第4」という言葉を使わず話を続けたために、講演記録者が第3の義務の説明文と区別しなかったとも考えられる。また、第3の義務の説明冒頭で「科学的管理のもとで管理者が引き受ける三つの重要な責務のうちの第3は」(*Ibid.*, p. 123) と述べているように、テイラー自身、管理者が引き受ける責

務が「三つ」であると「誤って」述べていることから、記録者は第4の義務と第3の義務を区別しなかったのかもしれない。ついでに述べれば、この「三つ」という記述自体が、記録者の記録の誤りかもしれない。このように詮索するとまだまだ疑問は尽きないが、テイラーの説明文の内容を正確に解釈すれば、管理者が引き受けるべき新しい義務は四つである、と解釈するのが妥当かと思われる。さらにいえば、「四つ」という言葉は講演の中で2度登場しており (Ibid.; Taylor, Frederick Winslow (July, 1911), p. 181)、記録者が2度まちがうとは考えられないので、義務は四つであると解釈すべきであろう。

34　Taylor, Frederick W. (October 12, 1911), "The Principles of Scientific Management." Reprinted in Dartmouth College (1985), *Dartmouth College Conferences. First Tuck School Conference: Addresses and Discussions at the Conference on Scientific Management Held October 12, 13, 14, 1911*, pp. 22-55.

35　The Journal of Accountancy (June, 1911), "Conference on Scientific Management," *Journal of Accountancy*, 12 (2), pp. 134-135. この記事は2頁の会議紹介文であるが、最初の頁に会議の案内文の紹介があり、次の頁には会議のプログラムが示されている。実際の会議はほぼ予告されたプログラムどおりに実施されたが、最終日午前に行われた最後のセッションだけは完全に変更されている。その理由は不明である。

36　Taylor, Frederick W. (October 12, 1911), p. 26.
37　*Ibid.*, p. 32.
38　*Ibid.*, pp. 32-35.
39　*Ibid.*, p. 35.
40　*Ibid.*, pp. 36-52.
41　島弘 (1963)『科学的管理法の研究』、有斐閣、224-242頁、および向井武文 (1970)『科学的管理の基本問題』、森山書店、47-58頁を参照のこと。なお、島氏は科学的管理の「原理」の吟味にあたり、『科学的管理の原理』(普及版)、「ニューヨーク・シビック・フォーラム」での講演、および「テイラー証言」でのテイラーの説明を比較検討している。向井氏が検討しているのは『科学的管理の原理』(普及版)である。瑣末なことながら、『科学的管理の原理』の特別版と普及版との区別は、利用者の引用頁から容易に判断できる。また、「原理」の説明内容については同一なので、どちらを利用しようとも問題はない。
42　島弘 (1963)、232-233頁。
43　同上、233-234頁。
44　同上、232頁。
45　同上、234頁。
46　同上、232頁。
47　同上、240-241頁。
48　向井武文 (1970)、53頁。
49　同上、53-54頁。
50　同上、52-53頁。
51　同上、54頁。

第 4 章
賃金制度改革とショップ・マネジメント

第 1 節 「出来高払制度」の構成

　科学的管理の父として知られる F. W. テイラーのマネジメント思想の検討には、何よりもテイラー自身の著作の正確な理解が欠かせない。なかでも、「出来高払制度（A Piece Rate System, Being a Step toward Partial Solution of the Labor Problem）」[1]、「ショップ・マネジメント（Shop Management）」[2]、「科学的管理の原理（The Principles of Scientific Management）」[3]の 3 著作には、発表時点でのテイラーのマネジメントについての考え方が体系的に示されている。そして、これらの著作を全体としてみれば、彼のマネジメント思想の進化を読みとることができる。

　テイラーのマネジメント思想の進化の過程を跡づけることに焦点を合わせた研究も少なくない。そこでは、「出来高払制度」と後の 2 著作との間にテイラーのマネジメント思想に大きな進展があることは、ほぼ了解されていると思われる。とりわけ「ショップ・マネジメント」においてはじめて、テイラーのマネジメント思想の核心をなす課業理念（task idea）に基づくマネジメントの制度（システム）としての課業管理、科学的管理の思想がはっきりと示されているからである。

　本章では、「出来高払制度」におけるテイラーのマネジメント思想を、「ショップ・マネジメント」との比較において検討する。これらの著作を含めて、彼の著作のほとんどには目次や章節の区分などがない。とりわけ、主著である「ショップ・マネジメント」の原文には段落番号がつけられているだけで論述が続き、論文の全体的な構成と内容の理解は容易ではない。その

ため指針として、有益で定評のある上野陽一氏の翻訳書[4]を利用する向きも多いと思われる。その際、周知のことではあるが、上野訳には原文にはない独自の章節区分と小見出しが付されていること、そして、必ずしも適切な内容理解がなされていない場合もあることに留意しなければならない。

　そこで本章では、マネジメントに関するテイラーの主著のうち、1895年発表の「出来高払制度」と1903年発表の「ショップ・マネジメント」について、上野翻訳書で示された構成を検討し、筆者なりの見解を示すことにする。そのことにより、前者では課業理念が示されておらず、マネジメントにおける賃金支払制度の役割を過度に強調しているということ、後者では課業管理としてのマネジメントの理念提唱の意図が明示されていることが明らかになるであろう。なお、「ショップ・マネジメント」において提示された課業管理の理念の検討それ自体、ならびに「科学的管理の原理」に示されたテイラーのマネジメント思想と課業管理の理念との関係については、次章で検討する。

　1895年にASMEの会合で発表された「出来高払制度」は、「序（Introduction）」に始まり、「見出し（Index）」、本文と続いているが、本文には段落番号が付されているのみである。論文の内容を検討する上で、テイラーの主張の要点を詳細に示した「見出し」は有益な材料であると思われるので、以下に「見出し」全体を示しておく[5]。

・人を管理する制度（system）と方法の必要（1-9）
・日給で働く人を管理する制度
・個人的長所でなく地位に応じて人に支払う普通の制度（10）
・この制度の悪影響（11, 12）
・日給で働く人の適切な対処方法は、各人を研究し、集団ごとに支払うのではなく個人の長所に応じて単価を設定することである（13-15, 84-87）
・人を管理する係の必要（14, 15）
・もっとも良好なものでさえ日給には欠陥がある（16, 17）

- 出来高賃金を設定する方法
- 賃率設定の普通の方法（41, 42）
- 要素的賃率設定（39-43）
- 要素的賃率設定部門の設置と発展（44-48）
- 要素的賃率設定の例示（48）
- 賃率設定部門の規模と範囲（69, 70）
- 直接的利点と同じくらい大きな、要素的賃率設定の間接的利点（74-76）
- 各種作業を行う速度についての手引書がとくに必要である（67, 68）
- 一般に使用されている出来高払制度
- 普通の出来高払制度（19）
- この制度の欠陥（20-24）
- 普通の出来高払制度における若干の改善（26）
- 「分益」プラン（27, 29）
- 「労賃支払いの割増プラン」（28, 29）
- 両制度の利点と欠陥（30）
- 他のマネジメント制度と労働組合の関係（92）
- 協同あるいは利益分配（31-34）
- すべての普通の出来高払制度における使用者と労働者との利害対立（35）
- 労働者と使用者との平和的協同の基盤（36, 37, 53-55, 59, 61, 65）
- 両者の平和的協同にとって克服すべき障害（38, 39, 49）
- 真の協同を生み出す原理（53-55, 59, 61, 65）
- 異率出来高払制度（50-52）
- この制度の利点（53-65）
- この制度適用によってえた最初の成果（71, 79-82）
- この制度の修正（72, 73）
- 人と機械の日々の産出高の増加の可能性の例示（78, 79）
- 要素的賃率設定部門と異率出来高払制度の重要性の比較（66）
- 異率出来高払制度のもとではストライキが起きたことがない（83）

・各種出来高払制度の人々に対する道徳的影響（20-24）
・普通の制度、異率出来高払制度（88）
・この制度の将来的可能性（89-91）

　この見出しから、テイラーは、現状のマネジメント制度の課題が賃率設定方法ならびに出来高払制度の改善にあること、また、異率出来高払制度の役割を強調していることがわかる。しかし、段落番号から明らかなように、論述の流れに沿った見出しとなっておらず、本論文の論旨が理解しづらい。
　さて次に、上野訳では「序」は「諸論」と題され、原文につけられていた見出しは省略されて、次のような独自の構成が示されている。

　　諸論
 1．製造工業における危険（1-3）
 2．制度の必要（4-6）
 3．管理制度の選定（7-9）
 4．普通の日給制度とその欠陥（10-12）
 5．日給制度の欠陥を改める方法（13-15）
 6．日給制ではどんなに管理が行き届いていてもなお欠陥がある（16-17）
 7．普通の出来高払制度（18-20）
 8．普通の出来高払制度が工具に及ぼす道徳的影響（21-24）
 9．やや改良された出来高払制度（25-29）
10．所得分配制および割増金制の利害（30）
11．協同すなわち所得分配（31-34）
12．労使協調は可能か不可能か（35-37）
13．労使協調のために取り除かねばならない障害物（38-41）
14．普通の単価決定法（42-43）
15．基本的単価決定法の由来と発達の経路（44-48）
16．基本的単価決定法の例（48）

17. 正確な単価の決定は最大生産の第一歩である（49）
18. 率を異にする出来高払制度の説明（50-52）
19. 工具取扱い上の原則（53-56）
20. 低率および高率賃金の定め方（57-60）
21. 賃金計算の単位（61-62）
22. 率を異にする出来高払制度による利益（63-65）
23. 基本的単価決定法と率を異にする出来高払制度といずれがより重要であるか（66）
24. ハンドブック（67-68）
25. 単価決定部の組織と目的（69-73）
26. 基本的単価決定法の間接的利益（74-77）
27. 機械および工具の生産高を増す可能性の実例（78-79）
28. 率を異にする単価の最初の適用とその効果（80-83）
29. 工具の取扱い方に関する一般的注意（84-87）
30. この制度の及ぼす道徳的効果（88）
31. この制度の将来発展の可能性（89-93）

　上野訳は論述の流れに沿って小見出しをつけているので、論旨を推測しやすくなっている。テイラーが、普通の出来高払制度を批判して彼の単価（賃率）決定方法を示すと同時に、異率出来高払制度の効果について述べていることが理解できる。しかし、区分けが詳細にすぎて、テイラーの主張の要点がどこにあるのかがわかりにくい。そこで、上記の見出しおよび上野訳を参考にした筆者なりの解釈は、次のようになる。目次全体をまず示し、続いて各項目の内容を以下に示す。

　　序
　第1節　人を管理する制度と方法の必要性（1-9）
　第2節　一般に使用されている管理法の欠陥（10-39）

1. 日給制度（10-17）
   2. 普通の出来高払制度（18-24）
   3. 改良された出来高払制度（25-34）
   4. 労使協調の実現と一般に用いられている管理法の欠陥（35-39）
第3節　賃率設定部門と異率出来高払制度（40-88）
   1. 賃率設定部門の設置（40-48）
   2. 標準作業の実施：異率出来高払制度（49-65）
   3. 賃率設定部門の重要性と成果（66-76）
   4. 異率出来高払制度の適用と成果（77-88）
結び　新たなマネジメント制度の可能性（89-93）

「序」

　普通の出来高払制度では良好な労使関係を永遠に築くことができないが、自ら考案した制度ならば、労使の利害対立をなくして高い生産性を確保できると主張し、以下の本文において、テイラーが導入し、過去10年間フィラデルフィアのMidvale Steel社の工場で満足な成果をもたらしているマネジメント制度について説明すると述べている。テイラーによれば、このマネジメント制度は主に三つの要素からなる。第1は要素別賃率設定部門（an elementary rate-fixing department）、第2は異率出来高払制度（the differential rate system of piece work）、第3は日給制度で働く人びとを管理する最善の方法、すなわち地位に支払うのではなく人に支払うということである。

　以上のマネジメント制度の効果を列挙した上で、そこから得られる主たる利点のひとつは、労使の間で親しい感情が生まれてストライキが不要になるということ、すなわち労使の良好な関係が確立されることである、と述べている[6]。

第1節「人を管理する制度と方法の必要性」（1-9）

ここでテイラーは、製造業の危機的現状の指摘と、それを改善する制度ならびに方法の必要性を強調する。すなわち、製造事業（manufacturing business）の危険の内で、もっとも大きいものは、とくに生産部門（productive department）の管理が悪いことによるものである。購買、販売、財務部門とちがい、製造（manufacturing）部門は、人びとの管理や工場設備の取り扱いが監督や職長任せになっている状態である。このようにマネジメントの制度（system）と方法（method）の欠陥が製造業においては最大の危険となっているとして、次にテイラーは、一般に用いられている管理法を批判する[7]。

第2節「一般に使用されている管理法の欠陥」（10-39）

本節は、「1. 日給制度」、「2. 普通の出来高払制度」、「3. 改良された出来高払制度」をそれぞれ批判した部分、および総括的に一般に用いられている管理法の欠陥を批判した部分である「4. 労使協調の実現と一般に用いられている管理法の欠陥」からなる。

テイラーは、次のように指摘する。普通の出来高払制度を改善した最良のものは、タウン（Henry R. Towne）が1886年に考案した「分益プラン」（gain sharing plan）であり、これをさらに改善したものにハルシー（F. A. Halsey）が1891年にASMEで発表した「労賃支払いの割増プラン」（The Premium Plan of Paying for Labor）がある。両プランでは、一定時点で職務に要した費用を記録する（recording）ことが出発点となっている。それゆえ、この両プランでもその他の出来高払制度と同じ欠陥をもっている。すなわち、「最初の単価を決める出発点が不平等で不当である」[8]。それゆえ、労使双方それぞれが持つ利害を一致させられない。すなわち、労働者側には、「労働時間に対してできるかぎり多くの賃金を受け取りたいという普遍的な欲求」があり、使用者側には、「賃金支払いに対してできるかぎり多くの労働成果を受け取りたいという欲求」があるが、一般に使用されている管理法ではこの両者を満足させえないのである。

しかしながら、労使協調は実現可能であるとして、テイラーは次のように述べる。この問題を解決できないのは、生産量が原価に及ぼす影響について、多くの製造業者が理解していないからである。製造間接費は労務費以上に多く、これは生産量が多くても少なくてもほぼ一定である。それゆえ、生産量を増やせば、製品1個あたりの間接費の減少は大きく、労働者の賃金を増やしても1個あたりの原価は低下する。それゆえ、解決すべき最大の問題は、労使ともに利益を得る生産量の増加方法を見いだしていないこと、すなわち、人びとと管理者の側、とくに管理者の側が、各作業に必要な最短時間 (the quickest time in which each piece of work can be done)、要するに作業の正確な時間表を持っていないということである。

第3節「賃率設定部門と異率出来高払制度」(40-88)
そこでテイラーは、一般に使用されている管理法のもつ問題を解決するには、すべての工場 (factory) に適切な賃率設定部門 (a proper rate-fixing department) を設け、推量に基づくこれまでの普通の制度をやめて賃率設定の研究をすべきであると主張する。この部分が「1. 賃率設定部門の設置」である。

「この問題の解決策は、適切な賃率設定部門を工場に設けることである。この部門は技術部門や管理部門と同等の権威をもち、敬意を払われるべきであり、科学的かつ実践的に組織され運営されるべきである」[9]

「2. 標準作業の実施:異率出来高払制度」は、異率出来高払制度の意義および概要の説明である。作業の最短時間についての正確な知識を得ることは、最大生産のための重要な第一歩である。しかし、1日にどれくらい多くの作業を行いうるのかを知ることと、たとえ最良の人であっても彼らを最速あるいはそれに近いスピードで作業させることとは、まったく別のことである。異率出来高払制度がこれを可能にする。すなわち、この制度は、ショッ

プで最大生産高をあげ、その結果として労使双方の正当な欲求を満たすことのできるもっとも効果的な手段なのである。テイラーは、異率出来高払制度の最大の利点は、適正な単価決定部門とあいまって「労使双方の側の互いに好ましい精神的態度」[10] を生みだすことにあると述べている。

さて、「3. 賃率設定部門の重要性と成果」において、テイラーは、科学的賃率設定部門と異率出来高払制度のどちらがより重要かという問題を提起する。そして、前者の方がはるかに重要であることを強調した上で[11]、続く「4. 異率出来高払制度の適用と成果」では、異率出来高払制度を適用することによって生産性の増加と良好な労使関係の確立という成果が得られることを述べている。

結び 「新たなマネジメント制度の可能性」(89-93)

最後にテイラーは、要素別賃率設定と異率出来高払制度からなる、彼の提唱する新たなマネジメント制度（this system of management）が労働問題を解決する可能性について論じる。彼のマネジメント制度がすぐに多くの企業に導入されることはないだろう。なぜなら、この制度がうまく機能するためには最高の生産性を得るための組織や機械の整備といった厄介な問題を解決しなければならず、多くの製造業者は、必要に迫られない限りこのような問題に取り組まないからである。しかし、じょじょにではあれこの制度の効果が発揮されてくれば労使の対立が不要となるので、そのようにして労使ともに繁栄する道を歩むことを期待すると述べ、論文を結んでいる。

第2節 「ショップ・マネジメント」と索引

「出来高払制度」では提示されなかった課業理念が明示され、課業管理として知られる科学的管理の思想が確立するのは、1903年発表の「ショップ・マネジメント」においてであると考えられる。それゆえ、テイラーのマネジメント思想を理解する上で、これの正確な内容把握は欠かせない。そこでま

ず、1903年出版の「ショップ・マネジメント」の内容構成を詳細に検討することから始めたい。この論文では、冒頭の「以下は本論文で扱う課題の索引である」との文言に続き、4頁にわたる索引がつけられている[12]。この索引は八つの部分からなり、「はじめに」に相当する部分には見出しはついていないが、便宜上、「はじめに」とすれば次のような構成となる。

はじめに
1. 『怠業』という害悪
2. 正確な科学的時間研究
3. マネジメントにおける課業理念
4. 課業理念の適用がもたらす結果の事例
5. 標準
6. 計画部門
7. 普通のマネジメントを最善のものに替える際にとるべき手立て

詳細は以下のとおりである。内容理解にきわめて有益であると思われるので、索引に沿って順番にみていこう[13]。

「はじめに」
・「本論文執筆の主目的は、『仕事をするのに要する時間』の正確な研究、すなわち、最良のマネジメントの土台をなす科学的時間研究の大切さを提唱することである」（92, 93, 133, 135, 140, 260, 261, 325, 331, 391, 393）
・「本論文執筆の他の重要な目的は、使用者の低労務費と労働者の高賃金を結びつけることを提唱していることである」（21）
・「マネジメントの不均等性」（2, 3）
・「よいショップ・マネジメントと配当支払との間に明確な関係はない」（2-7）

- 「よいショップ・マネジメントの最良の指標は何か」(13, 20, 42)
- 「高賃金を支払い、さらに低労務費であることができるのはなぜか」(26)
- 「第一級の労働者と平均的な労働者との大きな差異」(26)
- 「高賃金と低労務費の達成を妨げる主要な障害」(44)

1. 「『怠業』という害悪」
   - 「怠業の原因。すべての労働者に一様な賃金の支払うこと」(49)
   - 「主たる原因は、いかに仕事を早く行えるかということを使用者がわからないようにすることである」(57)
   - 「怠業の部分的改善策」(64)
       「日給制の最良のタイプ」(63)
       「請負制」(64)
       「タウン‐ハルシー・プラン」(78)
   - 「怠業を改善する唯一真の方策」(92, 93, 133-135)
       「正確な時間研究」(140)
   - 「普通のショップ・マネジメントの方法と正確な時間研究を土台とするマネジメントとの比較」(135)
   - 「請負制」(66)
   - 「協力(調)の実現は成功しない」(73)
   - 「タウン‐ハルシー・プラン」(78)
   - 「タウン‐ハルシー・プランを含む普通のシステムすべてに対する大いなる異議。いかにすばやく仕事を行うことができるかについての知識の欠如」(84, 92, 93)

2. 「正確な科学的時間研究」
   - 「正確な科学的時間研究がもたらす利点。本論文執筆の主目的。正確な時間研究がもたらすものについての事例。ベスレヘム・スチール社での屋外労働」(93, 95, 133)
   - 「怠業を改善する唯一真の方策」(92, 93, 133-135, 140)

・「計画部門の職能ないしは管轄の一つであるべきだ」(260)
　　・「最善のスピードと送りを示す計算尺を作るべく工作機械でする作業の研究」(261, 393)
　　・「科学的時間研究の詳細」(325)
　　・「最善の方法と用具」(331)
　　・「ガント氏の賞与付課業制度」(168, 170, 171)
　　・「異率出来高払制度」(162, 168, 170, 171, 178)
　　・「組織の変化が行われるときに生じる多くの失敗の理由」(141)
　　・「組織に変化を起こす前に、会社の管理者が入念に考慮すべき事実」(142-290)
　　・「最良の組織をもつことの重要性」(146)
　　・「著者は決してストライキに直面したことはない」(158-410)
3. 「マネジメントにおける課業理念」
　　・「マネジメントの主目的、すなわち、高賃金と低労務費の最良の達成は、マネジメントの領域すべてに『日々の課業』という理念が浸透することによって得られる」(149-152)
　　・「マネジメントにおける課業理念の利点」(159)
　　・「課業理念は、日給制度、出来高払制度、賞与付課業制度や異率出来高払制度のもとでもうまく適用できる。これら制度のそれぞれは相応しい特定の領域をもっており、すべての制度が利用可能である。しかし、土台に正確な時間研究がなければ決してうまくいかない」(162-177)
　　・「各制度が用いられる特定の場合。日給制度」(164)
　　　　「出来高払制度」(166-170)
　　　　「異率出来高払制度」(168-171)
　　・「ガント氏の制度。賞与付課業制度。課業達成の時間をできるだけ短くするのが望ましい」(171, 188, 201)
4. 「課業理念の適用がもたらす結果の事例」

- 「プロビデンス・スクリュー社の工場での日給制」(165)
- 「ベスレヘム・スチール社の工場での屋外労働の純粋『出来高払制度』」(95)
- 「マサチューセッツ州フィッチバーグのシモンズ・ローリング・マシーン社の工場での自転車軸受け玉検査における出来高払制度」(195)
- 「フィラデルフィアのミッドベール・スチール社での異率出来高払制度」(180, 194)
- 「シモンズ・ローリング・マシーン社での異率出来高払制度」(201)

5. 「標準」
   - 「標準を採用することの必要性およびそれによって得られる経済性」(284)
   - 「課業理念は詳細な標準がなければうまく適用できない」(169)
   - 「計画部門の職能の一つは標準を系統的に維持することである」(269, 298)

6. 「計画部門」
   - 「課業理念の採用には（少なくとも複雑な仕事を行う企業の場合には）、個人的なマネジメントを放棄し、マネジメントに関するあらゆる仕事を計画部門で置き換えることが必要である」(154, 257)
   - 「計画部門の設置には、追加的な仕事や費用はともなわず、単に計画・頭脳労働を一箇所に集めるだけである」(155, 279)
   - 「近代工学の方法とマネジメントの方法と間の類似」(156)
   - 「計画部門および職能別職長制の利点」(318)
   - 「計画部門で遂行される職能」(233, 256)
   - 「ベスレヘム・スチール社での屋外労働——正確な時間研究による成果」(95)
   - 「組作業と比べた個人別出来高制の望ましさ」(113)
   - 「事業の性質によって必要とされる組織タイプのちがい」(211)
   - 「普通の、すなわち軍隊式組織とも呼ばれる組織のもとで、有能な職

第2節 「ショップ・マネジメント」と索引

　　長を得ることがほとんど不可能である理由」(214)
・「有能な職長に要求される任務と資質についての一般的分析」(216, 222)
・「軍隊式に替えて職能別マネジメントが行われるべきである」(233)
・「職能別マネジメントの定義」(234)
・「4種類の職能別職長は、ショップにおいて労働者を直接に援助すべきである――組長、速度長、検査担当者、修繕長――彼らの任務の概要」(235)
・「4人の職長は、労働者に対して計画部門から指示を与えるべきである。彼らの任務の概要」(240)
・「複雑な仕事を行う場合、計画という仕事および頭脳労働と肉体労働をできるかぎり分離するときに、生産原価は低下する」(280)
・「この点についての大規模な実例」(281)
・「マネジメントにおける『例外』原理。その重要性」(288)
・「労働者は各自、計画部門が必要とする確実な情報を毎日書くべきである。労働にこれを実行するようにさせる方法」(289)
・「マネジメントの技法にとっての指図書は、工学における図面のようなものである」(242, 405)

7.「普通のマネジメントを最良のものに替える際にとるべき手立て」(290, 295)
・「新しいマネジメント・システムに全責任を負う有能な人を得ることの重要性」(296)
・「どこからマネジメントの変化を起こすべきか」(297, 313)
・「変化が望ましいことを労働者に確信させるのに絶対必要な教訓的実例」(294, 304)
・「職長や工場長から始める」(304, 305)
・「指導的地位に立つ人の選抜」(306)
・「有能な人を不要にするようなシステムは存在しない」(322)

・「労使の人的関係が維持されるべきである」(410)
・「労働組合」(422, 129)
・「労働者を規律づける方法」(439)
・「博愛および温情主義的施策のマネジメントに対する適切な関係」(452)

　以上に明らかなように、論文の目的を示した「はじめに」に続く七つの項目は、テイラーが論じるべきと考えた重要項目である。「科学的時間研究 (scientific time study)」、「課業理念 (task idea)」、「標準 (standards)」、「計画部門 (planning department)」など、重要なキーワードが示されている。これらの項目は叙述の順序どおりにはなっていないので、完全な目次であるとみなすことはむずかしいが、この索引は、テイラーの主張を理解するうえでの重要な指針となる。

　一見して明らかなように、本論文執筆の目的が科学的な時間研究によって労使の対立をなくするマネジメント制度の提唱であることが示されている。そして、異率出来高払制度の位置づけは大きく後退し、課業理念、計画部の重要性が強調されている。「出来高払制度」報告時からすれば、テイラーの思考が大きく進歩していることがはっきりと示されている。

第3節　「ショップ・マネジメント」の構成

　さて、1911年出版の「ショップ・マネジメント」には、1903年版にあった索引が省かれて末尾に事項索引が付けられているだけで、章の区分もない。そして、1911年版には内容的な加筆が一部にみられる。1903年版は、報告論文に加えて、報告時に行われた討論部分がすべて収録されている。他方、1911年版には、この討論部分はそのままの形では収録されず、討論の中でテイラーが重要であると判断した部分が、本文に組み入れられ、加筆されているのである。ただし、両者の内容は基本的に変わるところはなく、

1911年版の方がよりいっそうテイラーの主張が明確になっているということである。

　すなわち、テイラーが成り行き制度を批判している所、1903年版の第90段落と第91段落の間に、1911年版で3頁半ほどの成り行き（drifting）を批判する説明を挿入しているのである。その内容は、報告についての討論におけるハルシーのテイラー批判に対するテイラーの反批判の内容を少し組み替えたものである。1903年版の第92段落におけるタウンやハルシーの制度（Towne-Halsey system）に対するテイラーによる批判の結論部分をより明確化するために、すなわちこれらの成り行き任せの制度とテイラーの課業制度の理念との根本的相違を明確にするために、組み入れられたものであると考えられる。テイラーのマネジメント思想において、課業理念はきわめて重要な概念であるからである[14]。

　既述のように、1911年版には目次がなく、章の区分もない。テイラーがなぜそのようにしたのかはわからないが、内容理解が容易でないことは明らかである。そのためか、わが国における本書の定訳ともいうべき上野陽一氏の邦訳書では、次の5章構成が上野氏自身の内容解釈にしたがって示されている[15]。

第1章「総論」（1-44）
第2章「各種の賃金支払制度について」（45-210）
　1. 日給制について（45-63）
　2. その他の賃金支払制度について（64-140）[16]
　3. 各種の賃金支払制度に課業の思想をおりこむ方法（141-177）
　4. 異率出来高払の価値（178-210）
第3章「工場の組織について」（211-322）
　1. 職長制度の改革（211-255）
　2. 計画部の任務（256-289）
　3. 新組織実施上の注意（290-322）

第4章「単位時間の研究」（323-408）
  1. 時間研究の準備（323-335）
  2. 時間研究の方法（336-380）
  3. 時間研究の結果の利用（381-408）
第5章「労使関係と管理法の中心問題」（409-464）
  1. 労働組合との関係について（409-438）
  2. 標準の維持と工員の訓練（439-464）

上野訳は、内容理解の指針として有益ではあるが、あくまで指針としてのみ利用すべきであろう。一見して明らかなように、この目次の最大の欠陥は、テイラーのマネジメント思想の核心をなす課業理念の重要性が理解できないということである。そこで、1903年版の索引を参考としつつ上野訳の構成を筆者なりに修正すれば、次のようになる。上野訳よりも、より正確な内容把握が可能になると思われる。以下に、その理由を述べる。

序　章（1-44）
第1章「労使関係の現状と成り行き管理」（45-92）
  1. 怠業と成り行き管理（45-77）
  2. タウン-ハルシー・プラン（78-92）
第2章「課業理念に基づくマネジメント」（93-210）
  1. 時間研究と課業決定（93-132）
  2. 近代マネジメントの土台としての単位時間研究（133-140）
  3. 時間研究と組織の変革（141-153）
  4. 計画部と課業管理（154-177）
  5. 課業理念の実施と異率出来高払制度（178-210）
第3章「工場組織の変革」（211-322）
  1. 大規模組織の現状（211-231）
  2. 軍隊式組織の廃止と職能式組織の導入（232-255）

第 3 節 「ショップ・マネジメント」の構成　87

　　3．計画部の設置（256-289）
　　4．新組織導入上の要点（290-322）
　第 4 章「単位時間の研究」（323-408）
　　1．単位時間研究の意義と困難（323-329）
　　2．時間研究の例示（330-380）
　　3．時間研究の結果の利用（381-392）
　　4．工作機械の時間研究（393-408）
　終　章　マネジメントの中心問題としての労使関係（409-464）
　　1．労使の利害は一致する（409-438）
　　2．新たなマネジメント制度の実施と労働者（439-464）

　上野訳の第 1 章「総論」（1-44）部分は、筆者の区分では「序章」にあたり、それ以後に論じる本書の課題を示した部分である。この課題について、テイラーは次のように説明している。

　「本書執筆の主な目的は、『高賃金（high wages）』と『低労務費（low labor cost）』の実現が最良のマネジメントの土台であることを主張し、もっとも厳しい環境のもとにあってもこのような状況を維持することを可能にする一般原理を明らかにし、そして、欠陥のあるマネジメント制度からより良いマネジメントに変化する際に取るべき順序を指摘することである」[17]

　上野訳第 2 章のタイトルは、「各種の賃金支払制度について」となっており、四つある節もすべて賃金問題に関するタイトルがつけられている。すなわち、「1．日給制について」、「2．その他の賃金支払制度について」、「3．各種の賃金支払制度に課業の思想をおりこむ方法」、「4．異率出来高払の価値」となっている。「……課業の思想をおりこむ方法」という節の中に「課業の思想」という文言はあるが、「各種の賃金支払制度について」という章

タイトルでは、本章が賃金問題を主題として論じている、とりわけテイラー考案の「異率出来高払の価値」が強調されているとの誤解を生みかねないと思われる。第2章とされている部分の主題が、次に示すように賃金制度ではない、にもかかわらず。

　ここでテイラーが述べている内容は、二つの部分から成る。第1は、労使関係を改善するうえでの最大の障害である怠業をこれまでのマネジメント制度では除去することができないという主張、すなわち成り行き管理の批判を行っている部分である。この内容が、第45段落から第92段落まで論じられている。先に述べたように、第90段落と第91段落の間に成り行き管理を批判する内容を挿入して自らの主張を強調していることからも、この部分でテイラーの論じたい内容は、賃金支払制度そのものを批判することではない、ということが明らかであろう。第2は、成り行き管理とまったく考え方を異にする、課業思想に基づくマネジメントの重要性を強調している、第93段落から第210段落までの部分である。

　そこで、テイラーの主張をより明確にするためには、上野訳の第2章を二つの章に区分し、第1章「労使関係の現状と成り行き管理」および第2章「課業理念に基づくマネジメント」とした。なお、上野訳第1章「総論」を「序章」とし、続く章を第1章とする。

第1章「労使関係の現状と成り行き管理」（45-92）
　1．怠業と成り行き管理（45-77）
　2．タウン‐ハルシー・プラン（78-92）
第2章「課業理念に基づくマネジメント」（93-210）
　1．時間研究と課業設定（93-132）
　2．近代マネジメントの土台としての単位時間研究（133-140）
　3．時間研究と組織の変革（141-153）
　4．計画部と課業管理（154-177）
　5．課業理念の実施と異率出来高払制度（178-210）

第3節　「ショップ・マネジメント」の構成　89

　第2章「5. 課業思想の実施と異率出来高払制度」の冒頭で、この段落より前では課業理念に基づくマネジメントがいかに重要であるかを論じてきた、とテイラーは述べている。

　「マネジメントにおける『日々の課業（Daily Task）』の重要性を強調してきた内容を終える前に、『異率出来高払制度』の価値……を例示しておくのが望ましいと思う」[18]

　以上の第1章と第2章において、テイラーは、課業理念に基づくマネジメントの重要性を強調するために成り行き管理を批判している。それゆえ、両章は内容的には対をなしており、課業理念に基づく管理の意義を述べているのでひとつにしてもよい。しかし、内容把握を明確にするために、上のように二つの章に区分することにした。
　第2章の第2節から第4節において、テイラーは、近代工学（modern engineering）と対比しながら近代マネジメントのあり方についての自らの考えを展開する。その際にテイラーは、'modern management' という言葉を頻繁に使用している。また、1903年版の第144段落では、「近代的、科学的管理」'modern and scientific management' という言葉を使っている[19]。さらに、1903年版で 'modern management' としていたところを2ヵ所、1911年版では、'scientific management' に変えている[20]。1903年には「科学的管理」という言葉をほとんど使わず「近代マネジメント」という言葉でマネジメントについての自らの考えを示しているが、1911年には「近代マネジメント」と並んで「科学的管理」という言葉を意識的に使用していることがわかる。このように、テイラーは、課業理念に基づくマネジメントを「近代マネジメント」あるいは「科学的管理」として提唱しているのである。
　次に、上野訳第3章は、ほぼ内容を正確に表現していると思われるが、第1節「職長制度の改革」を二分割して内容をより明確にすると、次のようになる。この章でテイラーは、課業管理にとって決定的に重要な計画部門の意

義と内容について、詳しく論じている。

第3章「工場組織の変革」（211-322）
1. 大規模組織の現状（211-231）
2. 軍隊式組織の廃止と職能式組織の導入（232-255）
3. 計画部の設置（256-289）
4. 新組織導入上の要点（290-322）

上野訳第4章は「単位時間の研究」と題され、三つの節からなる。本章は、テイラー自身が述べているように、彼のマネジメント制度を成功に導くうえでもっとも重要な要素である「単位時間研究」について、その内容の概要を示した部分である。内容をいっそう明確に示すために、上野訳を少し修正して、次のような構成に組みかえる。

第4章「単位時間の研究」[21]
1. 単位時間研究の意義と困難（323-329）
2. 時間研究の例示（330-380）
3. 時間研究の結果の利用（381-392）
4. 工作機械の時間研究（393-408）

さて、最後の部分は労使関係についての叙述である。上野訳第5章のタイトルが「労使関係と管理法の中心問題」となっていることから明らかなように、この部分は「終章」に相当する。そこで、次のような構成に変更する。

終章　マネジメントの中心問題としての労使関係（409-464）
1. 労使の利害は一致する（409-438）
2. 新たなマネジメント制度の実施と労働者（439-464）

ここでテイラーは、労使の利害が一致するという彼の確信に対する労使双方の「無理解」を批判している。とりわけ、労働組合の考え方の「誤り」を指摘することによって、労働組合加盟労働者の意識を変えようと試みるとともに、実際に新しいマネジメント制度のもとで彼らをいかにして働かせるのかということについて論じている。

　後者の点については、1903年版では「人びとを規律づけること」(disciplining the men)の重要性を示しながら、罰金を科すことと福利厚生の副次的意義について述べていただけであったが、1911年版においては労働者、とくに組合加盟労働者にテイラーのマネジメント制度を効果的に適用する具体的内容が新たに挿入されている[22]。そして最後に、マネジメントを学ぶ学校がないとしながらも、新たなシステムを実施している模範とすべき会社の事例をあげ、本書を閉じている。

第4節　「出来高払制度」とマネジメント思想

　以上の説明から、「ショップ・マネジメント」におけるテイラーの意図が課業理念に基づくマネジメントの提唱にあったことは明らかであろう。他方、「出来高払制度」という論文で示されたマネジメントの思想はどのようなものであろうか。テイラーのいう「一般に使用されている管理法」と比較して、どこが違うのか。また課業管理と比較して、「出来高払制度」をどのように評価すべきであろうか。「ショップ・マネジメント」において明示された課業理念は、計画部門を司令塔とした課業の科学的設定と実施によるマネジメントの制度、すなわち課業管理の土台をなすものである。

　しかし、「出来高払制度」を発表した時点でのテイラーには、課業理念を明確に意識したマネジメントの構想はない、というべきである。彼がこの論文で課業という言葉を使っていないことにも、そのことが示されている。彼が提唱したのは、労働者の賃率の科学的な決定、すなわち労使が納得すると彼が考える出来高賃率の科学的な決定である。そして、これに基づく賃金支

払方法の考案、異率出来高払制度の提唱である。それは、賃率の設定に時間研究という科学的アプローチをとっている点で、経験を記録するに止まる一般の管理法とはまったく異なるものであり、マネジメント改革の大きな一歩であると評価できる。

　しかしながら、論文タイトルにも示されているように、この段階のテイラーのマネジメントについての考えは、科学的賃率設定に基づく賃金支払制度としてのマネジメント構想に止まっている。いわば作業遂行の意思決定を労働者に委ねているのである。もちろん、テイラーの提示する賃率、すなわち一定の出来高を達成できなければ低賃金しか得ることができないので、労働者の作業遂行を強制する仕組みにはなっている。だが、賃率設定と賃金支払の制度が接ぎ木されてはいるが、一体的なものにはなっていないといわざるをえない。なすべき課業の設定とその実施を一体のものとするマネジメント制度の考案というまでに至っていないのである。この点について、向井武文氏の次の指摘は有益であろう。

　「われわれはこの要素的賃率決定のうちにテイラーの時間研究の特質をなす要素的方式（the elementary system）の萌芽をはっきりと看取しうるであろう。テイラーは、やがてこのような標準作業時間についての科学的研究が単に賃率を合理的に設定する手段として役立つばかりでなしに、さらに進んで『労働者の公正な一日の作業量』（a fair day's work）すなわち課業を合理的に設定する手段としても大いに役立つことに想到し、課業管理の基礎としての要素時間研究（elementary time study）ないし時間研究の意義を積極的に唱導するようになった。……時間研究の萌芽は、これを要素的賃率決定のうちに見出すことができるのであるが……課業観念の萌芽は要素的賃率決定のうちにこれを発見することはできないのである」[23]

　テイラーは、作業の最短時間の研究を行う科学的賃率設定部門が異率出来

高払制度よりもはるかに重要である旨主張した。しかし、討論に参加した会員が彼の意図を十分に理解しなかったのは残念であったとの感想を、討論の最後で次のように述べている。

「要素的賃率設定が討論で関心を引かなかったことに非常に驚き、また失望している。わが国の製造業者たちと密接な関係にある工学協会の会員のわずかに一人がこの問題に少し触れたのみであり、13人の技師たちがどのような種類の出来高払制度を用いるかという重要性の劣る問題を詳しく議論したということに、作業時間の決定と賃率の設定の技法が現在置かれている未熟な状態を示している。／しかしながら、私は、科学的賃率設定の問題が将来的には製造業者たちの関心をますます集めるにちがいないということを固く信じている。競争がそうした事態をもたらすだろう」[24]

なぜ、テイラーの意図はASME会員の多くにほとんど通じなかったのであろうか。「ショップ・マネジメント」において回想しているように、彼の説明の仕方が悪かったからなのであろうか。異率出来高払制度の説明をしなければ、「誤解」されなかったのであろうか。答えは、否であろう。作業の最短時間の研究が課業の設定という志向に至らず、賃率設定のための時間研究に止まっているのであれば、テイラーの言とは裏腹に、決められた作業の実施策としての異率出来高払制度の方に人びとの関心が向くのも当然のことであろう。ほとんどの会員の関心は、いかにして労働者に働く誘因を提供するかということ、すなわち労働者に対する刺激賃金支払制度の改善にあったからである。テイラー自身の発言からも、この点が読み取れる。

「作業を行なう最短時間についての正確な知識が賃率設定部門によって得られ、標準として人々に受け入れられることは、企業の生産を最大にするためのもっとも重要な一歩だが、1日にどれくらいの仕事を行なうことができるかを知ることと、最速あるいはそれに近い速度で人々に仕事をさせ

るかということは、まったく別のことである。／ショップで最大生産をあげるのに最も有効なものとして著者が考案し、労使双方の正当な要求を満足させるものと私が信じる手段は、『異率出来高払制度』である」[25]

　本論文段階でのテイラーは、明らかに異率出来高払制度の役割を過大視している。すでに指摘したように、労働者の作業遂行の確保を、刺激としての賃金支払制度に委ねており、行うべき課業としての作業標準と実効策を考案することの重要性が、明示されていないのである。その意味で、要素別賃率設定部門は、「ショップ・マネジメント」における計画部門の位置にはなく、すでに述べたように科学的作業時間、賃率を設定するという役割に止まっているのである。

　テイラーの報告を聴いた多くの会員は、刺激賃金制度の改善という意味において、彼の制度を評価したのだと思われる。テイラーは、科学的賃率設定部門が設定した作業と賃率は労働者が標準として当然に受け入れるべき絶対的基準であると考えた。それゆえ、怠惰な労働者にとっては厳しい異率出来高払制度を提案したのである。標準に達しない労働者に罰として、絶対額が低く差別的な賃金支払を提示したのも、彼の考えからすれば当然であった。彼の提示する賃率は科学的に設定したものであり、だれもが当然受け入れるべき最善であったからである。このように考えれば、本論文に課業理念の萌芽を見いだすことも可能かもしれない。次のテイラーの指摘にみられるように、「各ショップ運営上のこまごまとしたことをすべて綿密に体系化」するのは、「ショップ・マネジメント」における計画部門の任務である。それゆえ、彼は、計画部門を通じたマネジメントの構想、すなわち課業管理の構想の一歩手前まで来ているのである。

　「賃率設定部門の活動を通じて、各ショップ運営上のこまごまとしたことをすべて綿密に体系化（systematizing）する必要性があることが明らかになった。……これらのこまごまとしたことは、ふつうにはあまり重要で

第4節　「出来高払制度」とマネジメント思想　95

ないと考えられており、また職長や労働者個人の判断に任されている。しかし、最大生産を確保する上で極めて重要であり、そして、作業の均一性と各労働者に公平で平等な機会を保証するためには、これらについてのもっとも注意深く体系的な研究が必要となる。この予備的研究やこまごまとしたことの体系化が行なわれなければ、異率出来高払制度を適用しても成功することはできない」[26]

この引用に明らかなように、賃率設定部門が作業時間や賃率を設定するにとどまらない重要性をもつことをテイラーが十分に意識していたことはまちがいない。しかしながら、計画部門は、マネジメント制度の中心にあって計画の設定と実施の、すなわち課業管理の司令塔としての役割を担っているが、本論文でのテイラーのマネジメントについての考えは、この思想に至っていないといわざるをえないのである。

テイラーの論文タイトルは「出来高払制度――労働問題の部分的解決への一歩」であった。彼はなぜこのようなタイトルをつけたのであろうか。出来高払制度、すなわち賃金支払制度をいくら工夫したとしても労働問題を根本的に解決することはできないという意味で、「部分的解決」という表現を用いたのであろうか。賃金支払制度によるマネジメントでは労働問題を解決することはできないということ、すなわちこれまでのマネジメント制度を批判することを前面に押し出す意図を示したのであろうか。それとも、彼の提唱する出来高払制度であれば労働問題の解決に部分的にであれ貢献できるとの、控えめな意思表示なのであろうか。

もし後者であれば、タイトルに示された'A Piece Rate System'は異率出来高払制度を意味することになる。同時に、彼の主張は異率出来高払制度という賃金支払制度の提案であったということになり、「異率出来高払制度は二義的重要性をもつにすぎない」との言と矛盾する。テイラー自身がいうように、要素的賃率設定がマネジメント改革にとってきわめて重要であることを示すことに彼の意図があったことはまちがいない。テイラーと同時代の多

くの人びとは、これまでこのことに気づいていないからである。しかしながら、計画と実施は別のことだと主張し、事実上、実施の方に重きを置き、また実施の役割を賃金支払制度である異率出来高払制度に委ねた点で、成り行き管理論者の土俵を去ることができなかったと評価せざるをえないのである。

「出来高払制度」というタイトルでなく、「合理的な賃率設定はいかにあるべきか」、あるいは「賃率設定の科学的根拠」という課題を正面から提起すれば、人びとの反応は違っていたかもしれない。しかしながら、このような論題を提示したとしても、「なすべき課業の科学的設定と実施」、すなわち「課業理念に基づくマネジメント」という思想には至っていない以上、結果は同じであったのではないか。問題とすべきは賃率設定の科学的根拠それ自体の意義を強調するだけではなく、なすべき課業の科学的設定と実施体制の意義を明確化することであったと思われる。それゆえ、「ショップ・マネジメント」の登場は必然であった。

注

1　Taylor, F. W. (1895), "A Piece Rate System, Being a Step toward Partial Solution of the Labor Problem," in Thompson, C. B. (1972, originally 1914), *Scientific Management* (Easton, Pennsylvania: Hive Publishing Company), pp. 636-665.
2　'Shop Management' という論文は、1903 年にアメリカ機械技師協会（The American Society of Mechanical Engineers: ASME）の会合で発表され、同年に ASME から単行本として出版されている。その後、1911 年に普及版の *Shop Management* が出版された。同書では、1903 年の論文および単行本とは内容の一部が少し異なり、若干の加筆が施されている。本章においてはこれらすべてを「ショップ・マネジメント」と記し、1903 年版、1911 年版としてそれぞれを区別する。1903 年の論文と単行本は内容がまったく同一であるので、1903 年版と呼ぶことにする。なお、'shop' は、工場全体を指す 'works' を構成する各種作業単位であり「工場」という表現は正しくない。そこで本章では、「ショップ」と表記している。
3　Taylor, F. W. (1911), *The Principles of Scientific Management*, Special Edition (New York and London: Harper & Brothers Publishers).
4　F・W・テーラー著、上野陽一訳・編（1969）『科学的管理法＜新版＞』産業能率短期大学出版部。
5　以下で括弧内に示した数字は、段落番号である。

6 「この制度がもたらす上記の効果から得られる主たる利点の一つは、人々と使用者との間に非常に親密な関係を生みだし、労働組合やストライキを不要にするということである。／異率出来高払制度のもとでは一度もストライキがなかった。鉄鋼事業においてはこの10年間、どの産業よりもストライキと労働問題に悩まされていたにもかかわらず」(Taylor, F. W. (1895), p. 638)

7 「さて、一般に使用されている管理法もたしかに多様である。そこで、『異率出来高払』制度を説明する前に、その他の重要なものについて少し検討しておきたい」(*Ibid.*, p. 641)

8 "the starting-point from which the first rate is fixed is unequal and unjust," *Ibid.*, p. 646.

9 *Ibid.*, p. 649.

10 "the proper mental attitude on the part of the men and the management toward each other" (*Ibid.*, p. 657)

11 「異率出来高払制度は、はじめには極めて重要である。よく働けば割増を支払うことを管理者側が熱心に考えているということを労働者に納得させる手段として。また、最高の生産高を維持する最良の手段でもある。しかし、これを適用した結果、労使が円満協力の利益を認め、互いの権利を尊重するようになれば、この制度は絶対に必要なものではなくなる。他方、賃率設定部門は、多様な作業を行なう企業にとって、絶対になくすことができない。この部門が機能するようになればなるほど、必要性が高まるのである」(*Ibid.*)

12 Taylor, F. W. (1903), "Shop Management," *Transactions of the American Society of Mechanical Engineers*, 24, pp. 1337-1340.

13 以下では括弧内に示した数字は、1903年版に付された段落番号である。

14 廣瀬幹好(2005)『技師とマネジメント思想』文眞堂、226-227頁を参照のこと。「課業制度(task system)の確立と維持とは、テイラー・システムの最初にして、かつ最後の課題をなしている」(藻利重隆(1965)『経営管理総論(第二新訂版)』千倉書房、51頁)

15 F・W・テーラー著、上野陽一訳・編(1969)、目次。本書は、1911年版 *Shop Management* の翻訳であると思われる。Taylor, Frederick Winslow (1911), *Shop Management*, in Taylor, Frederick Winslow (1947), *Scientific Management, Comprising Shop Management, The Principles of Scientific Management, Testimony before the Special House Committee* (New York and London: Harper & Brothers Publishers). ただし、括弧内の数字は、1903年版の段落番号である。すでに述べたように、1911年版では1903年版に加筆されているため、両者の段落番号は少し異なっている。しかしながら、前者には段落番号がつけられていないので、説明の便宜上、本章では後者の段落番号を用いることにしている。また同様の理由から、引用についても、断らない限り1903年版から行った。内容の理解には差しさわりがないと考えられる。

16 すでに述べたように、第90段落と第91段落の間に挿入がある。

17 Taylor, F. W. (1903), "Shop Management," pp. 1343-1344.

18 *Ibid.*, p. 1379.

19　*Ibid.*, p. 1366.
20　*Ibid.*, p. 1369, 1371 および Taylor, F. W. (1911), *Shop Management*, p. 65, 68 を参照のこと。
21　この章でも一カ所、1903年版では 'modern management' となっている表現が、1911年版においては 'scientific management' に変更されている。それぞれ、Taylor, F. W. (1903), "Shop Management,"p. 1443 と Taylor, F. W. (1911), *Shop Management*, p. 178 を参照のこと。
22　1903年版第438段落と第439段落の間（Taylor, F. W. (1903), "Shop Management,"p. 1451）および *Shop Management*, pp. 191-195 を参照のこと。
23　向井武文（1970）『科学的管理の基本問題』森山書店、32-33頁。また、藻利重隆（1965）、48頁、52-53頁も参照のこと。
24　Taylor, F. W. (1895), p. 683. この点については、後年、「ショップ・マネジメント」においても次のように回顧している。「1895年、私はこの協会（ASME ──引用者）で"A Piece Rate System"という報告を行った。この論文の主要目的は、よいマネジメントの基礎として『単位時間（unit times）』の研究をすることを提唱することにあった。その際、私が Midvale Steel Works に導入した『異率』出来高払制度の説明を同時に行なったのは適切ではなかった。異率出来高払制度は二義的重要性をもつにすぎないということに注意を促したのだけれど、これが国内外のジャーナルで広く議論される一方、『単位時間』の研究については実際何も語られなかった。13名の協会会員が出来高払制度について詳細な議論を行ない、わずか二人が『単位時間』の研究に触れただけであった」（Taylor, F. W. (1903), "Shop Management,"p. 1364）
25　Taylor, F. W. (1895), p. 653.
26　*Ibid.*, pp. 659-660.

第5章
課業理念の生成と確立

第1節 「ショップ・マネジメント」と課業理念

　前章において、F. W. テイラーのマネジメント思想の進化過程において、「出来高払制度（A Piece Rate System）」の段階では科学的賃率設定に基づく賃金支払制度としてのマネジメント構想に止まっていること、すなわち課業理念に基づくマネジメントという思想にテイラーが至っていないことを確認した。そして同時に、計画部を核とした課業の科学的設定と実施という課業管理のシステムと思想がはっきりと示されるのは「ショップ・マネジメント（Shop Management）」[1]においてであることも、指摘しておいた。

　しかしながら、課業管理の思想それ自体がどのようなものかについては、未だ詳細には検討していない。そこで、この点を以下で詳しくみていきたい。その上で、課業管理の思想を体系的に示した「ショップ・マネジメント」と「科学的管理の原理（The Principles of Scientific Management）」との関係を明らかにする。すなわち、「ショップ・マネジメント」での主張に加え、テイラーは、さらに何を「科学的管理の原理」において述べようとしたのか。以上の点を明らかにするのが、本章の課題である。

最良のマネジメントとは

　まず、「ショップ・マネジメント」の構成をみておこう[2]。

序　章（1-44）
第1章「労使関係の現状と成り行き管理」（45-92）

1. 怠業と成り行き管理（45-77）
2. タウン - ハルシー・プラン（78-92）

第2章「課業理念に基づくマネジメント」（93-210）

1. 時間研究と課業決定（93-132）
2. 近代マネジメントの土台としての単位時間研究（133-140）
3. 時間研究と組織の変革（141-153）
4. 計画部と課業管理（154-177）
5. 課業理念の実施と異率出来高払制度（178-210）

第3章「工場組織の変革」（211-322）

1. 大規模組織の現状（211-231）
2. 軍隊式組織の廃止と職能式組織の導入（232-255）
3. 計画部の設置（256-289）
4. 新組織導入上の要点（290-322）

第4章「単位時間の研究」（323-408）

1. 単位時間研究の意義と困難（323-329）
2. 時間研究の例示（330-380）
3. 時間研究の結果の利用（381-392）
4. 工作機械の時間研究（393-408）

終　章　マネジメントの中心問題としての労使関係（409-464）

1. 労使の利害は一致する（409-438）
2. 新たなマネジメント制度の実施と労働者（439-464）

テイラーによれば、「ショップ・マネジメント」（1903年版）執筆の目的は二つある。

「本論文執筆の主目的は、『仕事をするのに要する時間』の正確な研究、すなわち、最良のマネジメントの土台をなす科学的時間研究の大切さを提唱することである。／本論文執筆の他の重要な目的は、労働者の高賃金を使

用者の低労務費と結びつけることを提唱することである〔傍点——引用者〕」³

上記引用に明らかなように、「ショップ・マネジメント」執筆の目的のひとつは科学的時間研究の大切さを示すこと、もうひとつは高賃金と低労務費の結合が可能なことを提唱することである。マネジメントについての次のテイラーの主張のなかに、両者の関係が示されている。

「マネジメントの技法（art）は『管理者が、労働者にやってもらいたいことを正確に理解し、そして、労働者がそれを最善かつ最も安価に行なうようにすること（As knowing exactly what you want men to do, and then seeing that they do it in the best and cheapest way）』と定義されている。この技法を完全に説明できる簡明な定義はないが、労使の関係が疑いなく最も重要な部分をなしている。それゆえ、この問題〔マネジメントの技法——引用者〕を考えるに際して、労使関係について十分に議論した後、その他の議論をしてもよいだろう」⁴

マネジメントの実践にとって、「労使の関係が疑いなく最も重要な部分をなしている」ということは、労使双方が満足をえること、すなわち「労働者の高賃金を使用者の低労務費と結びつけること」、そしてその結果として労使協調を確保することの重要性を意味している。労使協調なくして、「管理者が、労働者にやってもらいたいことを正確に理解し、そして、労働者がそれを最善かつ最も安価に行なうようにすること」、すなわちすぐれたマネジメント実践は不可能である、というのがテイラーの考えなのである。

「労使双方に最終的に満足を与えず、労使双方の最高の利害が共通していることを明らかにせず、そして対立でなく労使双方が協調できるような完全に心からの協力を実現しないようなマネジメントのシステムや計画は、

考慮に値しないといって間違いない」[5]

　では、最良のマネジメントの実践に不可欠な労使双方の最大満足は、いったいどのようにして可能になるのか。テイラーは、科学的時間研究がそれを可能とすると考える。そこで彼は、既述のように、「本論文執筆の主目的は、『仕事をするのに要する時間』の正確な研究、すなわち、最良のマネジメントの土台をなす科学的時間研究の大切さを提唱することである」と述べたのである。

　ここには、テイラーが最良のマネジメントとはどのようなものであるかを探究していることが、はっきりと示されている。すなわち、彼は、経験主義を排し、マネジメントを技法（art）としてとらえるべきであると主張しているのである。非能率が生じるのは、テイラーによれば、次の理由からである。

　「この主な理由は、マネジメントが、注意深い思考と研究が要求される工学の根本原理のように厳密で明快に定義された法則をもつ技法としては未だみなされておらず、人の問題、すなわち、適材を得れば方法はその人に任せばうまく行くという古い考え方があるからである」[6]

　マネジメントが技法とみなされていないから非能率が生じるのであり、この状態を改善するにはマネジメントを技法にしなければならない、というのがテイラーの考えである。後に『科学的管理の原理』の「序」において、彼が「過去においては、人が第一であった。将来は、システムが第一となるにちがいない」[7]と述べているのは、この意味においてである。

成り行きシステムと労使対立

　古い考え方（経験主義）、テイラーのいう成り行きシステムのもとでは、なぜマネジメントのもっとも重要な部分をなす労使の協調が得られないの

第1節 「ショップ・マネジメント」と課業理念

か。先述の労使関係の問題について述べた最後の部分、1903年版の第92段落（第1章「労使関係の現状と成り行き管理」、「2. タウン－ハルシー・プラン」、最終段落）において、テイラーは次のようにその理由をはっきりと述べている。

「それゆえ、普通のマネジメント・システム（この種の最良のものであるタウン－ハルシー・システムを含め）すべてに共通する欠陥は、出発点すなわち土台が無知と欺瞞に基づいているということ、そして労使双方にとって最も重要な一つの要素、すなわち仕事を行なう速度が、知的に指揮され統制されるのではなく、成り行きに任されているということである」[8]

　成り行き管理のもとでは労使協調は成功しない。テイラーは、労使協調の失敗を「怠業（soldiering）」の存在に見る。怠業がなぜ生じるのか、どのようにすればこれを克服できるのか。テイラーの答えは、上の引用に明らかなように、マネジメントが経験主義を排し、仕事を行う速度を知的に指揮し統制することである。彼自身の考えをはっきりと示すために、テイラーは、各種のマネジメント・システム、とくに現行の最良のマネジメントと彼が評価するタウン－ハルシー・システムを徹底的に批判する。

　1903年版において、普通のマネジメント・システムと怠業の関係についてテイラーが論じているのは、第45段落から上記引用に示した第92段落まで（第1章「労使関係の現状と成り行き管理」）である[9]。その内、とくにタウン－ハルシー・システムに対する批判を、第78段落から第90段落で行っている[10]。そして、第91段落と上に引用した第92段落、とくに後者において、テイラーは、彼以外のマネジメント・システムを総括的に批判しているのである。

　1911年版では、1903年版の第90段落と第91段落の間に、後者の頁数で2頁あまりの挿入がなされている。これは、論文報告後に行われた討論で、テイラーの批判に対するハルシー（Frederick A. Halsey）の反論にテイラー

が応えた部分を挿入したものである。彼は、自身のマネジメント・システム、思想とタウン‐ハルシーのものとのちがいをはっきりとさせようとしたのである。その結論は、上の引用に尽きているが、いま少し詳しくみておこう。

テイラーによれば、タウン‐ハルシー・システムと彼のものに共通しているのは、「労働者というものは、追加的な支払いがなければさらに一生懸命働こうとはしないという最も重要な事実を認識していること」[11]である。しかし、この共通性（支払方法の考案）に人びとは両システムの本質があると考えがちであるがそうではなく、より重要なことは、両者の原理が根本的に異なっていることにある。テイラーはこのように述べる。

他方、ハルシーは、賃率設定についてはテイラーほど詳細な分析方法をとっていないとはいえ、見積もり時間（the estimated time）を用いているので両者に基本的な差異はなく、両者のちがいは支払方法にある、とテイラーを批判する。

「テイラー氏のプランと私のものとの主たる相違は、テイラー氏が、期待された成果をいかに達成するかを指図票によって労働者に告げるのに対して、私のプランは労働者の創意に依存するということである」[12]
「テイラー氏のプランは、最大産出量を決定するだけでなく、いかにしてそれを実現するかということを計画的に労働者に告げるものであるということに注目すべきである……労働者がこれをやり遂げたとき、なぜ彼にボーナスが支払われなければならないのか。彼は単に命令に従い、期待された成果を生み出したにすぎない……私のプランは、労働者の機転や知性の報酬として割増を支払うのである」[13]

両者の考えのちがいは、この引用に明らかであろう。ハルシーは、労働者の創意に対して追加的支払を行うことによって、すなわち労働者を奨励することによって生産性を高めるという基本的考えに立っている。テイラーは、

第1節 「ショップ・マネジメント」と課業理念

期待された成果の達成でなく労働者の創意を重視するというハルシーのこのような考えを、人任せ、成り行きと批判したのである。一見すれば、ハルシーの方が人間的である。しかしながら、彼は、何に対して支払うのかということを論じているのみであり、支払の根拠が妥当なものかどうかを問題にしていない。支払の前提をなす作業の計画と、これを達成するうえでの指揮が管理者に属するべきことの重要性、すなわちマネジメントにおける計画および指揮の意義を見逃しているのである。この点について、テイラーは、ハルシーの批判に対して次のように応えた。

「二つの異なる立場の人々が協力して行なわなければならない仕事の場合、仕事の指揮について両者が等しい力や発言力を持っているとき、ほとんど間違いなくささいな争い、口論、指揮の揺れが生じ、その結果、事業の成功は困難となる。しかしながら、どちらか一方が完全な指揮権を持っているならば、たとえ不適切な側が指揮権を持ったとしても、事業は継続的に、おそらく順調に進むかもしれない。／……私のシステムが Midvale Steel Works に導入される以前、古いマネジメント・システムのもとにあった労働者と管理者は、仕事の速さを決定するうえでほぼ等しい力を持っていたといってもよい。各職務が行なわれた最速時間と多少如才ない推測を示したショップ記録が、管理者が労働者と交渉し彼らを抑え込むのに利用する手段であった。そして、管理者に誤った情報を伝えるための計画的な怠業が、自己防衛として労働者が用いる武器であった。[それゆえ──引用者]古いシステムのもとでは、仕事のスピードを上げるべく労働者を管理者と心から協力する気にさせるのに必要な刺激が、まったく欠けていた。古いシステムのもとで労使間に起こるささいな争い、口論、しばしば生じる敵対感情の主たる原因は、仕事を行なうスピードを決める権限が分割されていることにある」[14]

以上のように述べた後、続けてテイラーは次のように結論づける。

「私のシステムの本質は、速度問題の統制は完全に管理者が行なうということにある。他方、タウン‐ハルシー・プランの真の拠り所は、スピード問題が管理者側の干渉なく完全に労働者によって決定されるということにある。かくして、正反対の理由からではあるけれども、双方の場合に共通していることは、統制は分割できないということである。このことが、調和にとってまず必要な要素なのである」[15]

ハルシーは作業の計画職能が労働者の側にあることを暗に前提とし、他方、テイラーはこれが管理者側の職能でなければならないと考えた。テイラーが主張するように、正に両者の考え方は正反対なのである。「管理者が、労働者にやってもらいたいことを正確に理解し、そして、労働者がそれを最善かつもっとも安価に行うようにすること」がマネジメントの技法であるとすれば、ハルシーのような考え方では、テイラーの意図するマネジメントの技法を確立することができないのは当然である。

科学的時間研究と近代マネジメントの基本思想

テイラーは、成り行きシステムを批判する中で示したように、労使協調を確保するには「スピード問題の統制」を管理者が行うこと、すなわち管理者が科学的時間研究を行うことが不可欠であると考える。成り行きシステムを総括的に批判した既述の1903年版の第92段落に続く第93段落から第210段落まで（第2章「課業理念に基づくマネジメント」）において、テイラーは、科学的時間研究とこれに基づくマネジメント、近代マネジメントの基本思想を提示している。

「私が特に強調したいのは、このシステム全体が『単位時間（unit times）』の正確な科学的研究に基づいているということであり、これは近代マネジメント（modern management）においてきわめて重要な要素なのである。『単位時間』の正確な科学的研究を行なわなければ、どんなに

精巧なシステムを用いても良好で永続的成果は達成できない。だが、これを行なえば、普通の日給制や出来高制のもとであってもより良好で永続的成果を達成しうるのである」[16]

上の引用文に続けてテイラーは、1895年の「出来高払制度」発表の意図は、良いマネジメントの基礎に「単位時間」の研究がなければならないということを主張することであった、と述べている。しかしながら、当時は彼の意図が十分に理解されず、労働者に対する支払いの方法（異率出来高払制度）に大方の注意が向けられたことを反省して、科学的時間研究の意義を再度強調するのである。

科学的時間研究に基づく課業設定、これがテイラーのいうマネジメントを技法（art）としてとらえるということの意味であり、「計画部（planning department）」がこれを担うのである。テイラーは次のように述べている。

「近代工学の方法とこの種のマネジメントは極めて類似している。いま工学が製図室を中心とするのと同様に、近代マネジメントの中心は計画部にある。……／現在では、製図室を持つことが経済的であることを疑う人はいない。20年後には単位時間研究と計画部の経済性および必要性を疑う人はいないだろう、と私は予測している」[17]

テイラーにとって、計画部で行う科学的時間研究に基づく課業の設定という理念が、マネジメントを技法にするということであり、近代マネジメントの基本思想なのである。それゆえ、テイラーは、課業管理に関する周知の四つの原理を提示したのである。その第1は「大きな日々の課業」の設定、第2は課業を確実に達成しうる「標準条件」の整備、第3および第4は課業遂行の誘因および評価（課業達成の場合の高賃金、未達成の場合の低賃金）の原理である[18]。

テイラーによれば、これらの原理に目新しいものはないが、この原理が実

施されている所がほとんどない。というのは、これらの原理の実施には、普通のタイプの組織とはかなり違ったタイプの組織が必要だからである。テイラーのいう普通のものとかなり違う組織とは、計画部を中心とする組織である。そこで彼は、上記4原理の実施に必要な条件として計画部を設置することの意義、すなわち日々の課業を設定することの意義について詳細に説明し、続けて課業の達成を促進する手立てとして自ら考案した賃金支払方法の価値について述べるのである（第154段落から第210段落まで。第2章「課業理念に基づくマネジメント」、「4. 計画部と課業管理」、および「5. 課業理念の実施と異率出来高払制度」)[19]。

　ところで、テイラーは、「ショップ・マネジメント」において課業理念を明確に打ち出し、賃率設定ではなく課業設定と実施にとって不可欠な組織としての計画部構想を提唱している。その意味で、賃率設定と刺激賃金制度からなる賃金支払制度を通じたマネジメントの構想に止まっていた「出来高払制度」の段階と比べれば、テイラーのマネジメントについての考えは大きく進歩している。労使協調を確保する前提である高賃金と低労務費の結合は、課業管理によって可能となる、との主張が示されているからである。しかしながら、ここで彼によって示された課業管理の四つの原理の説明は、「出来高払制度」発表時と同じく刺激賃金支払制度の重要性を過度に強調しているような説明となっている。

　マネジメントの視点からすれば、「大きな日々の課業」の設定と課業を確実に達成しうる「標準条件」の整備という第1原理と第2原理は、課業の設定すなわち「計画」に関わる内容であり、課業達成の差によって支払を区別するという第3原理と第4原理は、課業の実施すなわち「指揮」に関わる内容である。計画部の設置による課業の科学的設定（計画）と実施（指揮）という課業管理の重要性を強調しているという意味で、テイラーは、明確に新たなマネジメントのシステムと思想を提示しているといってよい。しかしながら、課業理念に基づくマネジメント、とりわけ課業管理における計画部の重要性を強調している箇所で、課業の実施、指揮がもっぱら刺激賃金制度に

委ねられていると誤解されかねない説明を行っているのである。テイラーは、次のように述べている。

「課業を割り当ててもその遂行を強いる措置をとらなければ、意味のないことは明らかである。…… そこで、日々の課業を遂行させるには、他の二つの原理である『成功に対する高い支払』と『失敗には損失』が必要となる」[20]

もちろん既述のように、テイラーは、計画部が仕事の計画と実施の司令塔であることを明確に示しており、課業の実施機能を刺激賃金制度にのみ委ねているのではないが、課業の実施における異率出来高払制度の重要性を過度に強調している点では、「出来高払制度」発表時の思考方法を引きずっているといわざるをえない。しかし、この点を強調することよりも、テイラーの計画部設置の提唱の中に彼のマネジメント思想が明確に示されていることに注目すべきであろう。

計画部と近代マネジメント

テイラーは、以上に述べた課業理念に基づくマネジメントのシステム、思想を具体的に説明するために、近代的な工場組織について詳細に説明している（第3章「工場組織の変革」）。まず、成り行きシステムを意味する万能職長制度を批判して職能式組織の実施を提唱し（「1.「大規模組織の現状」および「2. 軍隊式組織の廃止と職能式組織の導入」」）、近代マネジメントの本質的要素である計画部設置の意義について論じる（「3. 計画部の設置」および「4. 新組織導入上の要点」）。

多様な機械を作る製造企業において、普通に採用されている軍隊式組織の管理者である職長は、万能であることを要求されている。

「職長はショップ全体の仕事を割り振り、各々の仕事が正しい順序で適切

な機械で行なわれるようにし、機械を操作する者に対して何をいかにすべきかを指示しなければならない。なおざりな仕事をなくして仕事が素早く行なわれるようにし、その間ひと月ぐらい先を見越して、仕事をする人を増やしたり、人がする仕事を増やしたりしなければならない。常に人びとの規律を正してその賃金を再調整し、加えて出来高給を設定し、時間計測を監督しなければならない」[21]

しかしながら、万能であるべき職長は、以上のように多様で複雑な仕事を自らの個人的判断で行っているのが普通である。これらの仕事を完全に行いうる万能的能力を持つ者はほとんどいないからである。それゆえ、万能的職長の経験に頼る軍隊式組織と課業に基づくマネジメントというテイラーの理念とは、相容れないのである。なぜならばマネジメントの本旨は仕事の計画にあるが、万能的職長では、多様で複雑な性質を持つこの計画を行えないからである。

そこで、テイラーは、軍隊式組織を廃止して計画部を中心に、かつ専門性を活用したマネジメント、すなわち「職能的マネジメント」(functional management) の実施を可能にする「近代的な工場組織」、すなわち計画部の設置を提唱する。テイラーは計画部の役割について、次のように述べている。

「ショップを含め工場全体は、管理者、監督、職長によって管理されるのではなく、計画部によって管理されるべきである。工場全体を運営する日々の仕事は、計画部の各職能によって行なわれるべきである。少なくとも理論的には、管理者、監督、その他の補佐たち皆が1カ月いない場合であっても、工場は順調に運営されるだろう」[22]

計画部では、工場(works)全体の計画に関するさまざまな仕事が行われる[23]。各種多様な仕事がどのような部署で計画されるのか、計画の実施がど

のようになされるのか、テイラーは十分に説明していない。ただ、工場内ショップにおける課業実施の体制である職能的組織については詳しく述べている。周知の「職能的職長制度」(functional foremanship) がそれである。

この制度は二つの役割を担っている。ひとつは、作業を行う労働者との関係からみて、計画部を代表して彼らに指示を出す4種の職能係 (functional boss) としての役割である。主に文書で指示を出す「順序および手順係 (order of work or route clerk)」「指導票係 (instruction card men)」「時間および原価係 (time and cost clerk)」、および「規律係 (shop disciplinarian)」からなる。もうひとつは、計画の直接的実施に関わる4種の職能係 (executive functional boss) としての役割である。これらは、「班長 (gang boss)」「速度係 (speed boss)」「検査係 (inspector)」「修繕係 (repair boss)」からなる。両者の任務遂行により、課業達成が保障されるという仕組みである。

マネジメントの司令塔としての計画部の役割は、テイラーの次の言葉に尽きている。

「第1に、労働者ならびに班長や職長も、可能な限り計画という仕事から離れるべきである。このような仕事は、本来、事務的なものである。頭脳的労働はショップから取り除き、計画部ないし企画部に集中すべきであり、職長や班長の仕事は、執行的なものに限定するべきである。……／第2に、マネジメントの全領域を通じて、軍隊式組織を排して『職能式』に置き換えられるべきである」[24]

テイラーが提唱する課業管理の四つの原理の第3および第4原理は[25]、異率出来高払制度の提唱のように受け取られやすいが、「その表現において狭きにすぎて、必ずしも彼の制度の内容を正しく表示した原則と称することはできないように思われる」[26]、との向井武文氏の的確な指摘もある。両原理は、課業の科学的設定を示した第1原理および第2原理を前提に、課業の組織的遂行を確保するための原理であって、テイラーの真意は、「労働者がそ

れを最善かつもっとも安価に行うようにすること」という既述のマネジメントの技法の具体的展開にあったのである。

「それは現代的な表現をもってすれば、管理における統制機能（control）の意識的確立の問題にほかならないのである。このような観点から第三原則および第四原則を具体的に実現するために、彼が工夫・考案した新しい方式としてわれわれは職能的職長制度、指図表制度、差別的出来高給制度、その他工程統制に関連する諸施策を一応措定することができるであろう」[27]

　要するに、向井氏が指摘するように、テイラーが提唱する第3原理と第4原理は、マネジメントの指揮ないし統制機能の意義を示すには表現が狭い。というよりも、適切ではない。この表現からは、刺激賃金制度の重要性のみを強調しているようにみえ、計画部という組織を通じて課業設定とこれの実施体制を確立することの重要性を、テイラーが主張しているとみなすのはむずかしい。すなわち、この表現からは、テイラーが「出来高払制度」におけるマネジメントの考えを引きずっているものと考えられる。
　しかしながら、マネジメントについての四つの原理の説明と計画部の役割についての説明の不整合は存在するが、論述全体からみれば、向井氏が指摘するように、「彼の主張の真意が課業の組織的遂行の確保にあった」、「これら四原則の志向するところは、課業の科学的確立とその組織的遂行の確保にあった」[28]と理解するのが妥当な解釈であると思われる。「ショップ・マネジメント」においてテイラーが提示したマネジメントの理念は、計画部を通じて課業の設定と実施、すなわち計画と指揮ないし統制を確保することを主張しようとしたものである、と理解すべきであろう[29]。
　以上のマネジメントの理念が『科学的管理の原理』においてどのように示されているのか、次節で検討したい。

第2節　『科学的管理の原理』とマネジメント思想

『科学的管理の原理』の構成

テイラーは、『科学的管理の原理』執筆の目的を、序章において次のように述べている。

「第1に、われわれの日々の行為のほぼすべてが非能率であるために国全体が大きな損害を被っていることを、簡単な例を示すことによって指摘すること。第2に、この非能率を改善するにはシステムに基づくマネジメント（systematic management）が必要であり、並外れた能力を持つ人を探すのではだめだということを、読者に納得してもらうようにすること。第3に、最良のマネジメントは、明確に定義づけられた法則、規則、原理に基づく真の科学が基礎にあるということを示すこと。そしてさらに、科学的管理の根本原理（fundamental principles）はあらゆる種類の人間活動に適用可能であるということを示すこと。それらの活動が、もっとも単純な個人的なものであろうと、もっとも複雑な協力を必要とする大規模法人における仕事であろうと。そして、これらの原理が正しく適用されるならば、まさに驚くべき結果が生じるということを、例示を通じて読者に簡単に納得してもらうこと」[30]

テイラーは、同書において上の三つの目的をそれぞれ別々に説明しているわけではない。しかし、彼が、個人任せのマネジメントを「システムに基づくマネジメント」、すなわち科学的管理に置き換えることの必要性を説き、科学的管理の根本原理の重要性を強調していることは、上の引用に明らかである。

同書は、「序章（Introduction）」「第1章　科学的管理の根本（Fundamentals

of Scientific Management)」「第2章 科学的管理の原理」からなる。ただし、長文の第2章の最初の方に「普通のマネジメントの最良もの」との小見出し（節）がつけられているが、この内容がどこまで続くのか明示されておらず、またこれ以外に小見出し（節）はつけられていない[31]。そこで、内容の理解を容易にするために筆者なりに作成した本書の構成は、次のとおりである[32]。

序章（5-8）
第1章　科学的管理の根本（9-29）
　1．マネジメントの目的：労使の繁栄と最高の生産性（9-12）
　2．最大の悪習としての怠業（12-25）
　3．管理者と労働者との責任分担（25-27）
　4．科学的管理の可能性（27-29）
第2章　科学的管理の原理（30-144）
　1．普通のマネジメントの最良のもの（30-35）
　2．科学的管理の原理と管理者の責務（35-40）
　3．銑鉄運び作業（40-64）
　　1）銑鉄運び作業の改善（40-48）
　　2）Midvale Steel 社での科学的研究（48-58）
　　3）銑鉄運び作業と科学的管理（58-64）
　4．ショベル作業（64-77）
　　1）ショベル作業と科学（64-68）
　　2）ショベル作業と科学的管理（68-77）
　5．レンガ積み作業（77-85）
　　1）レンガ積み作業と動作研究（77-81）
　　2）管理者の責務と科学的管理の原理（81-85）
　6．自転車用玉軸受け玉の検査作業（86-97）
　　1）作業研究と労働者の科学的選抜（86-90）

2）マネジメントの改革（90-97）
7. 金属切削作業（97-115）
   1）機械作業と科学の重要性（97-104）
   2）金属切削作業の科学（104-114）
8. 科学的管理の優位性と根本原理（114-115）
9. 科学的管理の可能性（115-144）
   1）科学的管理の機構と根本原理（115-130）
   2）科学的管理実施の留意点（130-135）
   3）科学的管理の可能性（135-144）

以上は，テイラーの著書にしたがって3章構成とし，できるかぎり忠実に内容を整理して節および項区分を行ったものである。しかし，内容の理解をよりいっそう容易にするために，テイラーの意図を損なわない範囲で，これをさらに次のように組み換える。

序章（5-8）
第1章　科学的管理の根本（9-29）
  1. マネジメントの目的：労使の繁栄と最高の生産性（9-12）
  2. 最大の悪習としての怠業（12-25）
  3. 管理者と労働者との責任分担（25-27）
  4. 科学的管理の可能性（27-29）
第2章　科学的管理の原理（30-40）
  1. 普通のマネジメントの最良のもの（30-35）
  2. 科学的管理の原理と管理者の責務（35-40）
第3章　各種の作業研究（40-114）
  1. 銑鉄運び作業（40-64）
   1）銑鉄運び作業の改善（40-48）
   2）Midvale Steel社での科学的研究（48-58）

3）銑鉄運び作業と科学的管理（58-64）
   2. ショベル作業（64-77）
       1）ショベル作業と科学（64-68）
       2）ショベル作業と科学的管理（68-77）
   3. レンガ積み作業（77-85）
       1）レンガ積み作業と動作研究（77-81）
       2）管理者の責務と科学的管理の原理（81-85）
   4. 自転車用玉軸受け玉の検査作業（86-97）
       1）作業研究と労働者の科学的選抜（86-90）
       2）マネジメントの改革（90-97）
   5. 金属切削作業（97-115）
       1）機械作業と科学の重要性（97-104）
       2）金属切削作業の科学（104-114）
   6. 科学的管理の優位性と根本原理（114-115）
終章 科学的管理の可能性（115-144）
   1. 科学的管理の機構と根本原理（115-130）
   2. 科学的管理実施の留意点（130-135）
   3. 科学的管理の可能性（135-144）

『科学的管理の原理』とマネジメント思想

　以下、本章で作成した構成にしたがって、『科学的管理の原理』の内容を検討する。

＜序　章＞

　既述のように、序章においてテイラーは、ほとんどの行為の非能率な現状を指摘したうえで、この非能率の改善策としての科学的管理の必要性およびその基礎にある原理の重要性を強調する。それを要約したのが、次の言葉で

「過去においては、人が第一であった。将来は、システムが第一となるに違いない」[33]

＜第1章「科学的管理の根本」＞
第1章では、労使双方がともにもっとも繁栄することを阻害している原因である（とテイラーが考える）怠業を批判し、そしてこれを除去するためには管理者と労働者との均等な責任の分担が不可欠であると主張する。テイラーは、労働者任せは非能率のもとであるとして、次のように述べる。

「あらゆる古いマネジメント・システムの根本的な考え方では、一般に各労働者は、自分が最善だと考えるやり方で仕事をする最終的な責任が与えられており、管理者からの援助や助言は比較的わずかである、ということをこの論文では示したい。そしてまた、労働者は孤立しているので、このようなシステムの下で働く労働者は、科学や技法の規則や法則があるとしてもこれらにしたがって仕事をすることができない、ということも示すつもりである。……科学的法則にしたがって仕事が行なわれるためには、管理者と労働者との間で古いマネジメントのやり方の下とは比べものにならないくらいに責任が均等に分担される必要がある。この科学を発展させる責務を負う管理者は、部下である労働者を指導援助し、成果に対して従来の管理者が引き受けているよりもはるかに大きな責任を負わなければならない。……このように管理者と人々との親密で信頼できる協力関係を築くこと、これが、近代科学的管理ないし課業管理の本質である」[34]

上の引用でいう「管理者と人々との親密で信頼できる協力関係を築くこと」とは、労働者任せとなっていた従来のマネジメントのやり方を根本的に変え、管理者が科学を発展させる責務を負い、部下である労働者は彼の指導

援助のもとで働くという協力関係を築くことを意味する。すなわち、科学的管理を適用することによって怠業はなくなり、労働者任せの状況では達成できなかった労使双方の最大の繁栄が可能になるというのが、第1章におけるテイラーの主張の核心部分である。

それでは、労使双方の最大の繁栄を可能にする科学的管理とは何か。第1章の最後で、テイラーはこの点について次のように述べている。

「科学的管理のもとで採用される手段やさまざまな工夫、ふつうのものを科学的なものに替える手だてについて説明している論文は、いくつか書かれている。しかし、これらの論文を読んだ人のほとんどは、不幸にも、機構（mechanism）を真の本質だと間違って理解している。科学的管理の根本は、一定の包括的な一般原理（certain broad general principles）、一定の基本思想（certain philosophy）からなっており、これをいろいろな方法で適用することは可能である。人がこれらの一般原理を適用する最善の機構だと考えるものについての説明と、原理それ自体とを決して混同してはいけない」[35]

科学的管理の機構、すなわち実施の手段と、本質としての科学的管理の原理とが、多くの場合取り違えられている。それゆえテイラーは、続く第2章を「科学的管理の原理」と題して、この原理の説明を行うのである。

＜第2章「科学的管理の原理」＞

テイラーの原文では第2章は最後まで続くが、既述のように、本書では各種の作業研究についての論述部分を区別して構成を変更している。本章においてまず、テイラーは、ふつうのマネジメントの最良のものの特徴を浮かび上がらせる（1.「普通のマネジメントの最良のもの」）。彼は、このようなマネジメントは「労働者が自らできるかぎり『創意（initiative）』を発揮し、代わりに使用者から『特別の刺激（special incentive）』を受け取るものだと

定義できるだろう。このようなマネジメントの方法は、科学的管理、すなわち課業管理に対して、『創意と刺激（initiative and incentive）』のマネジメントと呼べるだろう」[36]、と述べたうえで、科学的管理の原理の説明を行うのである。

科学的管理の原理は、労使の協力（責任分担）に基づいて労働者の創意を引き出す原理である。テイラーは、この原理を管理者の新たな「負担（burdens）」あるいは「責務（duties）」と呼び、次のように説明する。

「第1に、管理者は、人の作業の各要素に対して、経験則に替えて科学を発展させる。第2に、管理者は、労働者を科学的に選抜し、訓練し、教育し、その能力を開発する。過去には、労働者が自分のできる範囲で仕事を選び、自ら訓練を行なった。第3に、管理者は、人々と心から協力し、すべての仕事が発展させた科学の原理にしたがって行なわれるようにする。第4に、管理者と労働者との間で作業と責任をほぼ均等に分担し、管理者は、労働者よりも自分たちに適した仕事を引き受ける。しかし、過去には、ほぼすべての仕事とほとんどの責任が人々に任されていた。／管理者が行なう新しい仕事と労働者の創意とを結びつけることによって、科学的管理は、古いやり方よりもはるかに能率的になる。／これらの要素のうちの三つは、たいていの場合、『創意と刺激』の管理のもとでも初歩的にわずかながら存在しているが、そこでは重要な意義をもつものではない。他方、科学的管理のもとでは、これらはシステム全体の本質をなすのである」[37]

上記引用にある「これらの要素のうちの三つ」とは、第1から第3までの三つのことである。この引用文に続いて、テイラーは、「第4の要素である『管理者と労働者との間でのほぼ均等な責任の分担』については、さらに説明が必要である」として詳しく説明をし、「要するに、『創意と刺激』のマネジメントの下では、事実上すべての問題が『労働者任せ』であるが、科学的

管理の下では、問題の完全に半分は『管理者の責務』である」[38]と述べ、課業理念（task idea）の重要性を強調している。このように、第4の要素は、科学的管理をそれ以前のマネジメントのやり方と区別する決定的な要素なのである。それは、「近代科学的管理においてもっとも際立つ要素は課業理念であろう」[39]とのテイラーの言に、はっきりと示されている。労働者任せの古いマネジメントと課業理念に基づく科学的管理とは、まさに対極にあるからである（2.「科学的管理の原理と管理者の責務」）。

以上のように管理者が新たに引き受ける四つの責務（要素）を説明した後、テイラーは、読者に対してより説得的に事例をもって彼の考えを説明する、と述べている。それゆえ本章では、事例説明を第3章「各種の作業研究」と題して区分した。テイラーは、事例説明を通じて、次の二つのことを明らかにしようとしているのである。

「第1に、4要素〔科学的管理の原理——引用者〕は、もっとも簡単なものから複雑なものに至るまで、あらゆる種類の仕事に適用可能であるということ。第2に、4要素が適用されるならば、創意と刺激のマネジメントの下で得られるよりもはるかに大きな成果が得られるようになるということ」[40]

＜第3章「各種の作業研究」＞
本章では、「銑鉄運び作業」、「ショベル作業」、「レンガ積み作業」、「自転車用玉軸受け玉の検査作業」、「金属切削作業」の5作業の研究が事例としてとりあげられており、テイラーは、最後に各事例をまとめ、科学的管理の原理（4要素）の重要性を強調している（6.「科学的管理の優位性と根本原理」）。本章の特徴的内容だと思われる点について、以下で説明する。

「銑鉄運び作業」
この事例において、テイラーは科学的管理の4要素の重要性を強調してい

るが、彼の主張の力点は、「『創意と刺激』」のマネジメントの下で『仕事を労働者任せにする』管理者の態度」[41]を批判することにある。なぜなら、銑鉄を運ぶという仕事自体は単純だが、「銑鉄運びの科学はかなり難しく、このような仕事を行なうのに適した人がこの科学の原理を理解すること、さらにまた自分よりも教育のある人の助けを得ないかぎりこの原理にしたがって働くことは不可能である」[42]から、労働者任せのマネジメントでは成功がおぼつかないのである。テイラーはいう。

「かくして、普通のマネジメントのやり方では、経験則に替えて科学的知識を発展させること、人々を科学的に選択すること、そして科学的原理にしたがって人々が仕事をするようにさせることがまったく問題にならないということがわかる。なぜなら、古いマネジメントの考え方では、労働者に全責任を負わせているからである。他方、新しい考え方では、責任の大半は管理者にある」[43]

「ショベル作業」
　この事例において、ショベル作業にも科学があると述べた上で、テイラーは、ショベル作業改善の成功事例について紹介している。ここでテイラーは、ショベル作業の科学的研究の説明に加え、労働者の仕事を指揮する新たな組織づくりの必要性について、次のように述べている。

「この組織は、先に述べた時間研究によって労働科学の発展に従事する人々、教師として人々の仕事を助け指導する主に熟練労働者、適切な工具を提供し完全な状態で保管する工具室の人々、仕事を事前に十分に計画し、時間の損失が少なく人々を移動させ、各人の収入を正しく記録する人々などからなる。そしてこれは、管理者と労働者との間の協力の基本的な例示である」[44]

「レンガ積み作業」

この事例ではギルブレス（Frank B. Gilbreth）の研究を紹介しながら、科学的管理の適用による作業改善の効果について述べている。テイラーの主張の要点は、次のとおりである。

「ギルブレス氏の方法を十分詳しく述べてきたのは、生産高の増加と労使の協力は、古い考え方である『創意と刺激』のマネジメント（すなわち、問題を労働者任せにし、その解決を労働者だけに委ねるやり方）の下では不可能であることを完全に明らかにしたいからである。そして、彼の成功は、科学的管理の本質をなす4要素を用いたからである。／第1、（労働者ではなく管理者による）各人の動作の厳密な規則およびすべての用具と作業条件の完全化と標準化によるレンガ積みの科学の発展。／第2、レンガ職人の入念な選抜とその後の一流労働者への訓練、最善の方法の採用を拒否するかまたは採用できない人々の排除。／第3、一流のレンガ職人とレンガ積みの科学の結合。管理者の絶えざる援助と観察を通じ、またすばやくいわれたことをする者には日々かなりの割増を与えることによって。／第4、労働者と管理者との間での労働と責任のほぼ均等な分担。管理者は、終日労働者と共に働き、彼らを援助し、励まし、順調に行くようにする。他方、これまで管理者は、共に働かず援助もせず、仕事の方法、用具、速度、協力に関するほぼすべての責任を労働者に負わせていたのである」[45]

「自転車用玉軸受け玉の検査作業」

この例示において、テイラーは、「たいていの場合（特に作業が複雑な性質をもっている場合には）、新しいマネジメントの4大要素のなかで、『科学の発展』がもっとも重要である。しかしながら、『労働者の科学的選抜』が他のものよりも重きをなす場合もある」[46]と述べ、検査作業の改善方法を詳しく説明している[47]。

「金属切削作業」

金属切削作業の事例をとりあげた理由について、テイラーは次のように述べている。

「ここまでは意図的に簡単な作業についてのみ例示してきた。そのために、より知的な機械工の場合にもこのような協力（this kind of cooperation）が望ましいのかどうかについて、強い疑念が残っているにちがいない。彼らは一般化をする能力をもち、自主的に科学的でよい方法を選択することのできそうな人々だからである。以下の例示によって、この点を明らかにしたい。すなわち、高度な仕事の場合、科学的法則は非常に複雑なので、高級機械工は（下級労働者以上に）自分よりも高い教育を受けた人々の協力（cooperation）がなければ、法則を発見し、労働者の選抜と能力開発をし、そして法則にしたがって仕事をするように訓練することはできないのである」[48]

テイラーは、科学的管理における「協力」の重要性について、創意と刺激のマネジメントと比較しながら、さらに次のように述べている。

「計算尺を使い金属切削の技法を研究すれば、このような仕事をみたことも特定の機械を使ったこともない科学的な教育を受けた人が、10年から12年も特定の機械で仕事を続けてきた優秀な機械工がやっていたよりも2.5倍から9倍もの速さで仕事をすることができるのはなぜか。その理由を十分に説明することが重要だろう。一言でいえば、その理由は、金属切削の技法には少なからず真の科学が必要だからである。実際、この科学は非常に複雑であり、いつも旋盤を操作するのに適した機械工は、科学を専門とする人の助けがなければ、旋盤を理解することも法則にしたがって仕事をすることもできない」[49]

「労働者は、毎日自らの手で仕事をすることにすべての時間を費やしてい

る。それゆえ、彼に必要な教育と一般化する思考習慣があったとしても、彼には、法則を発展させる時間と機会はない。……／他方、科学的管理の下では、経験則の代わりに法則を発展させることのみならず、部下の労働者に分け隔てなく最も速い作業方法を教えることが、管理者の責務となりまた喜びとなるのである」[50]

　以上のように述べた後、テイラーは、金属切削の技法ないし科学の発展の事例を詳しく説明している。周知のように、金属切削作業における切削速度と送りの研究、ならびにこれを実際に応用するための手段である計算尺の工夫の事例である。この事例によって、テイラーは、「最高級の機械工でさえ、彼を教える人から日々助力を得なければ最良の仕事が行なえない」[51]こと、すなわち「協力」の重要性を強調しているのである。

「科学的管理の優位性と根本原理」
　ここでテイラーは、マネジメントの機構が従来のものよりすぐれているから上記作業研究を通じて良い結果がもたらされたのではなく、マネジメントの根本原理を置き換えたからだとして、次のように科学的管理の4原理を確認している。

「(1) 労働者の個人的判断を科学に置き換える、(2) 労働者の科学的選択と能力開発。労働者自らが選抜し、行き当たりばったりに成長するのでなく、各人を研究、教育、訓練し、いわば試したうえで。(3) 管理者の労働者との親密な協力。このことによって、問題の解決を労働者の手に任すのでなく、両者が科学的法則にしたがって共に働くことになる。これらの新しい原理を適用するに際しては、従来のように労働者の個人的努力に頼るのではなく、管理者と労働者は、日々の課業達成にほぼ等しく責任を負う。管理者と労働者は共に、自らにもっとも適した役割を担うのである」[52]

ただし、第4の原理については（4）として明示されてはいないが、「これらの新しい原理を適用するに際しては」に続く説明がそれに相当することは明らかであろう。さらに、「これらの新しい原理」とは、上記の第1から第3の原理のことであることもまた、自明である。

終章「科学的管理の可能性」
　この章ではまず、時間研究、用具の標準化、課業と異率賃金制度、指導票、職能的職長制度などの科学的管理の機構の説明を行ったうえで、テイラーは、「マネジメントの機構とその本質、すなわち基本思想（underlying philosophy）とを取り違えてはいけない」[53]、「科学的管理の本質は一定の基本思想であり、すでに述べたように、具体的にはマネジメントの4大根本原理を結合したものである」[54]と述べ、彼のマネジメントについての基本思想を総括的に示している。

「科学的管理は、大発明でも驚くべき新発見でもない。しかしながら、科学的管理は、要素の『結合』であり、そのようなことは過去には存在しなかったものである。すなわち、古い知識を集めて分析し、分類して科学的法則や規則をつくり、そのことにより、管理者および労働者が、互いに、そしてそれぞれの責務と責任に対する精神的態度を変えるということである。……科学的管理は単一の要素ではなく、それら全体の結合であり、次のようにまとめることができるだろう。科学（経験則でなく）。／調和（不和でなく）。／協力（個人主義でなく）。／最大生産（生産制限でなく）。／各人の発展（最大能率と繁栄への）」[55]

このように科学的管理の原理にしたがってマネジメントを行うには時間がかかるので、その実施は慎重でなければならないが、科学的管理の原理を広く適用することによって、社会全体に大きな利益がもたらされるとの展望を示して、テイラーは本書を結んでいる。

第3節　課業理念の生成と確立

　「ショップ・マネジメント」においては、課業理念に基づくマネジメントの思想が、システムの説明と共に具体的に提示されていた。他方、以上述べてきたように、『科学的管理の原理』ではテイラーはそのような方法をとっていない。それは、ある意味で当然のことである。テイラーにとって、『科学的管理の原理』は、彼がそれ以前にASMEの場で発表してきた論文を総括的に要約したものなのである。1910年10月6日付のクックへの手紙の中で、テイラーは、これまで彼がASMEで発表してきた論文の「全体を要約するこの論文」[56]という表現で、『科学的管理の原理』とそれ以前に彼が発表した論文との関連について述べている。そしてまた、『科学的管理の原理』のASMEでの発表可能性を大会準備委員会のひとりの委員に非公式に打診した手紙の中で、『科学的管理の原理』には彼がこれまで発表してきた論文のなかで取り扱ってきた題材を含んでいる、とも述べているのである[57]。

　要するに、『科学的管理の原理』は、それ以前のテイラーのマネジメント思想をまとめ、その根本となる原理を示したものなのである。科学的管理のシステムについては説明済み、すなわち、「ショップ・マネジメント」において、テイラーは、科学的なマネジメントのシステムとその基本思想を包括的に提示しているのである。『科学的管理の原理』は、これを基に、さらに進んで「マネジメントの根本原理を明らかにしようとするもの」[58]なのである。

　『科学的管理の原理』は、課業理念を核とする課業管理の根本原理を明示したものであり、したがって、「ショップ・マネジメント」で展開されたマネジメントの理念を一貫して共有している。と同時に、マネジメントとは何かについて、よりいっそう体系的に論じようと意図しており、「ショップ・マネジメント」での主張から一段の進歩をしていると評価すべきである。すなわち、「ショップ・マネジメント」で示された課業管理の四つの原理に

は、『科学的管理の原理』において明示されている管理者と労働者との間での均等な責任の分担という第4の原理は存在しなかった[59]。「ショップ・マネジメント」において、「私のシステムの本質は、速度問題の統制は完全に管理者が行なうということにある」[60]、と計画と執行の分離の重要性を明示してはいたが、それをマネジメントの原理に高めるまでには至っていなかったのである。

すでに確認してきたように、『科学的管理の原理』において示された第1から第3までの原理は、課業を科学的に設定し実施するという管理者の責務あるいは職能を示している。すなわち、「管理者が、労働者にやってもらいたいことを正確に理解し、そして、労働者がそれを最善かつ最も安価に行なうようにすること」というテイラーのマネジメント理念を具体化する原理である。これらの原理は、テイラーがくり返し強調する科学的管理の根本原理としての第4原理なくしては、存在しえないのである。その意味で、第4原理は、他の3原理の基礎をなす重要な原理であり、それなくしては課業理念も科学的管理も、存在しえないのである。

科学的管理は目的ではなく、目的達成の手段である。目的にも階層がある。テイラーの考え方を整理すれば、おそらく次のようになるだろう。労使の繁栄という最上位の目的を達成する手段が最高の生産性であり、次に最高の生産性という目的を達成する手段が、労使の協力である。そして、労使協力という目的を達成する手段が、科学的管理なのである。科学的管理の本質は、科学に基づいて協働が実現することである。すなわち、テイラーが強調するように、「古い知識を集めて分析し、分類して科学的法則や規則をつくり、そのことにより、管理者および労働者が、互いに、そしてそれぞれの責務と責任に対する精神的態度を変えるということ」[61]である。

テイラーは、科学的管理によって労使協力、最高の生産性、労使の繁栄、最終的には社会の発展を実現しうると考えたのである。『科学的管理の原理』は、このテイラーの考えの根本をなす思想を明示したものである。

「『一つの出来高給制度』が発表せられてから8年後の1903年6月に、テイラーは、同じ協会のサラトガ大会（Meeting held at Saratoga, N. Y.）に『工場管理論』（Shop Management）と題する論文を提出した。これは、さきの論文に見られる思想をさらに発展させたものであるが、問題の自覚において一段の進歩を示し、真にテイラー・システムの名に値する管理の体系を整えている。……これ〔『工場管理論』――引用者〕によって、われわれは、テイラー・システムの全貌を知ることができるのである」[62]

「科学的管理の『原理』は、高度の一般化のために抽象にすぎて無内容と化し、かえってテイラー・システムの本質的意義を滅失させる疑いがあることをわれわれは見のがしてはならない。なぜなら、『工場管理論』に展開せられた諸原則は、そのすべてが課業観念を中心とし、課業管理の原則としての特質をあざやかに描き出しているのであるが、これに対して、『科学的管理の諸原則』にのべられている科学的管理の『原理』のうちには、課業観念をすらこれをもとめえないからである。すなわち、テイラーは、課業観念を科学的管理の『原理』としてではなくて、その『機構』のもっとも重要な要素として規定するようになっていることをわれわれは注意しなければならない」[63]

　以上の引用にみられるように、藻利重隆氏は、「ショップ・マネジメント」を高く評価する一方で、「科学的管理の原理」に対してきわめて低い評価を下す。すなわち「テイラーは、課業観念を科学的管理の『原理』から追放することによって、ついに科学的管理ないしテイラー・システムの特質を放擲してしまった」[64]、というのである。藻利氏は、その理由をいわばテイラーの思想的混乱だとみなしているように思われる。だが、はたしてそうなのであろうか。すでに述べてきたように、筆者は、藻利氏の考えに賛成できない。
　テイラーは、マネジメントについての自らの考えを体系化した「ショッ

プ・マネジメント」に加え、なにゆえ「科学的管理の原理」を執筆したのであろうか。藻利氏は、この点に十分な注意を払わず、両者を比較して、後者には「『課業管理』としてのテイラー・システムの特質」[65]が欠落していると断定しているのである[66]。

テイラーは、人任せではなくシステムが第一となるようなマネジメント、すなわち課業管理を「ショップ・マネジメント」において作り上げた。彼は、『科学的管理の原理』においても、当然ながら、課業理念の重要性を強調している。この点は、科学的管理の第4原理にはっきりと示されている。

科学的思考に基づき課業を設定し実施するというテイラーのマネジメント思想は、近代工学の思考方法に基づいている。「ショップ・マネジメント」において、工学の中心が製図室であるように、計画部は近代マネジメントの中心である、とテイラーは述べている。では、マネジメントの司令塔である計画部において、計画を担うのはだれか。「ショップ・マネジメント」や『科学的管理の原理』でいう、人任せでないシステムによるマネジメントの主役はだれか。管理者と労働者の側で作業と責任をほぼ均等に分けるという科学的管理の第4原理に明示されているように、その任は管理者に属する。テイラーは述べる。

「ほとんどの機械技法において、各労働者の動作を規定する科学は非常に重要なものであり、実際に作業を行なうのにもっとも適した人には……この科学を十分に理解することができないほどである。科学的法則にしたがって仕事を行なうためには、一般の各種マネジメントに比べて、管理者と労働者との間で責任を徹底して均等に分割することが必要となる」[67]

この引用は、計画を担う責任ないし能力は管理者にあって労働者にはないとの主張であり、テイラーの信念を示している。計画と執行の分離による管理者の指揮権の確保、これがテイラーの提唱する課業管理、科学的管理の内容である。計画と執行の分離は、「管理者が、労働者にやってもらいたいこ

とを正確に理解し、そして、労働者がそれを最善かつ最も安価に行うようにすること」という彼のマネジメント思想を具体化するためには、欠くことができないものなのである。

「科学的管理の『原理』は、高度の一般化のために抽象にすぎて無内容と化し」との先の藻利氏の見解に反して、テイラーは、『科学的管理の原理』においてシステムの説明ではなく、課業管理の基本思想、根本をなす原理を、より明確に示そうとした。システムに基づくマネジメントの、すなわち科学的管理の根本理念とは何か、課業の設定と実施というマネジメント職能を担うべき管理者の責務は何かについて、テイラーは、論じようとしたのである。

注
1 前章で指摘したように、論文 'Shop Management' は、1903年にアメリカ機械技師協会（The American Society of Mechanical Engineers: ASME）の会合で発表され、同年ASMEから単行本として出版された。両者は内容がまったく同一であるので、1903年版と呼ぶ。1911年に出版された普及版 *Shop Management* は、1903年版にあった目次に相当する部分が削除されており、また内容の一部に若干の加筆が施されている。ただし、両者に内容的差異はほとんどない。本章においてもこれらすべてを「ショップ・マネジメント」と記し、1903年版、1911年版としてそれぞれを区別する。
2 前章第3節で示したように、原著には章節区分が行われていないため、区分は筆者が行った。また、括弧内の数字は1903年版の段落番号である。
3 Taylor, F. W. (1903), "Shop Management," *Transactions of the American Society of Mechanical Engineers*, 24, p. 1337.
4 *Ibid.*, p. 1343. なお、テイラーが「技法」といわゆる「科学（science）」との関係をどのように考えていたのかは、明らかではない。「技法」が「実践（practice）」と密接な関係があることを考えれば、「技法」は、個人的「経験」ではなく「科学」に基づく「実践」であるとも理解しうる。ともあれ、テイラーのいう「技法」が科学性を内に含む言葉であることはまちがいない。ここでは、テイラーの主張の主眼が、「経験」から「科学」への発展にあることを確認しておけば足りる。
5 *Ibid.*
6 *Ibid.*, p. 1341.
7 Taylor, F. W. (1911), *The Principles of Scientific Management*, Special Edition (New York and London: Harper & Brothers Publishers), p. 8.
8 Taylor, Frederick W. (1903), "Shop Management," p. 1356.
9 *Ibid.*, pp. 1348-1356.

注　131

10　*Ibid.*, pp. 1353-1356.
11　Taylor, F. W. (1903), "Discussion on 'Shop Management'," p. 1467.
12　*Ibid.*
13　*Ibid.*
14　*Ibid.*, p. 1468.
15　*Ibid.*, pp. 1468-1469.
16　Taylor, F. W. (1903), "Shop Management," p. 1364.
17　*Ibid.*, p. 1370.
18　*Ibid.*, p. 1368.
19　*Ibid.*, pp. 1372-1386.
20　Taylor, F. W. (1903), "Shop Management," p. 1372.
21　*Ibid.*, p. 1388.
22　*Ibid.*, p. 1398.
23　テイラーがあげている計画部の主たる職能は、次の17の事項である。①「諸機械の受注や為すべき作業の完全な分析」、②「工場全体の手作業の時間研究。機械へのとりつけ、作業台、万力、運搬などの作業を含む」、③「各種機械によって行なわれる作業の時間研究」、④「材料、原料、貯蔵品および完成部品の残高、各種機械と労働者のなすべき作業残高」、⑤「営業部で受けた新しい仕事と納期の問い合わせについての分析」、⑥「製造品目の原価に関する、全面的な経費分析および原価と経費の月次比較表」、⑦「給与課」、⑧「部品および諸経費を明示する記憶式記号制度」、⑨「資料課」、⑩「標準の設定と維持」、⑪「制度と工場設備の維持、忘備録ファイルの使用」、⑫「伝令制度と郵便配達」、⑬「雇用課」、⑭「ショップ規律係」、⑮「災害相互保険組合」、⑯「緊急受注課」、⑰「制度または工場設備の改善」（*Ibid.*, pp. 1398-1405）。
24　*Ibid.*, pp. 1390-1391.
25　本章、注18本文を参照のこと。
26　向井武文（1970）、『科学的管理の基本問題』森山書店、43頁。
27　同上。
28　同上。
29　「テイラーが頻繁に彼の制度の理念として強調する課業観念の意義もまた、このような課業の科学的確立とその組織的維持を確保することによって経営的生産を組織化しようとする新しい管理の観点に求めなければならない。……テイラー・システムないし課業管理の意義は、課業という時間研究によって科学的に設定せられた独特の管理基準を中心として経営的生産を計画し、統制することのうちに存するのであって、それは生産の要素的合理化を越える生産の組織的合理化を志向するものといわなければならない」（同上、43-44頁）
30　Taylor, F. W. (1911), *The Principles of Scientific Management*, Special Edition, p. 8.
31　この点は、ASME会員に進呈した特別版も市販用の普及版も同じである。テイラーにとってとくに重要な本書においてなぜそのような構成にしたのか、その理由は不明である。『科学的管理の原理』の出版をめぐる事情については、本書第2章を参照のこと。
32　特別版と普及版の内容はほとんど同じだが、普及版ではレンガ積み作業の事例説明の

後に、四つあげられている要素（原理）のうち、第2要素である「労働者の科学的選抜」の事例として、自転車用玉軸受の玉の検査作業についての説明が付加されているなど一部異なる部分もあること、さらに同書の翻訳書も普及版を用いていることから、本章では普及版を使用することにする。なお、括弧にある数字は、次に示す普及版の頁である。Taylor, F. W. (1919, originally published in 1911), *The Principles of Scientific Management* (New York and London: Harper & Brothers Publishers).

33 *Ibid.*, p. 7.
34 *Ibid.*, p. 25-26. 当時の怠業問題については、次のすぐれた文献を参照のこと。百田義治（September, 1991）「F. W. テイラーの『怠業・生産制限』論とアメリカ経営管理論生成期の労働問題（1）」『駒澤大学経済学論集』、第23巻第2号、51～98頁、および百田義治（December, 1992）「F. W. テイラーの『怠業・生産制限』論とアメリカ経営管理論生成期の労働問題（2）」『駒澤大学経済学論集』、第24巻第3号、1～44頁。
35 *Ibid.*, pp. 28-29.
36 *Ibid.*, pp. 34-35.
37 *Ibid.*, pp. 36-37.
38 *Ibid.*, pp. 37-38.
39 *Ibid.*, p. 39. さらにテイラーは、「科学的管理とは、課業を準備し実行することを主な内容とする」、と述べている（*Ibid.*）。
40 *Ibid.*, p. 40.
41 *Ibid.*, p. 62.
42 *Ibid.*, pp. 40-41.
43 *Ibid.*, pp. 63-64.
44 *Ibid.*, p. 70.
45 *Ibid.*, pp. 84-85.
46 *Ibid.*, p. 86.
47 この事例は特別版にも *The American Magazine* 誌の論文にもなく、普及版において新たに付加した事例である。
48 *Ibid.*, p. 97.
49 *Ibid.*, pp. 101-102.
50 *Ibid.*, pp. 103-104.
51 *Ibid.*, p. 114.
52 *Ibid.*, pp. 114-115.
53 *Ibid.*, p. 128.
54 *Ibid.*, p. 130. ここで注記し、テイラーは、4大根本原理（科学的管理の4原理）を次のように説明している。「第1、真の科学の発展。第2、労働者の科学的選抜。第3、労働者の科学的教育と能力開発。第4、管理者と人々との親密で友好的な協力」（*Ibid.*）。「原理」の解釈については、本書第3章を参照のこと。
55 *Ibid.*, p. 140.
56 中川誠士（March, 1990）「1907～1911年におけるF. W. テイラーとM. L. クック間の書簡（I）──『科学的管理法の原理』発表をめぐる諸問題──」『福岡大学商学論

叢』、第 34 巻第 4 号、966 頁。
57 Copley, Frank B. (1969, originally published in 1923), *Frederick W. Taylor: Father of Scientific Management* (New York: Augustus M. Kelley Publishers), Vol. II, p. 378.
58 Taylor, F. W. (1911), *The Principles of Scientific Management*, Special Edition, p. 5.
59 本章、注 18 の本文を参照のこと。
60 本章、注 15 の本文を参照のこと。
61 本章、注 55 の本文を参照のこと。
62 藻利重隆（1965）『経営管理総論（第二新訂版）』千倉書房、48-49 頁。
63 同上、65-66 頁。
64 同上、70 頁。
65 同上、51 頁。
66 この点について、藻利氏は次のように述べている。「これ〔課業理念の追放――引用者〕は、おそらくは、テイラーが、彼の提唱する諸種の制度に対する非難と攻撃とに遭遇して、これを回避するとともに、さらにまた、ひとり経営管理のみならず、あらゆる人間行動に対しても妥当しうるような広範な科学的管理を主張しようとしたことに禍いせられたことによるのであろう。このようにして、テイラー・システムの正しい理解を妨げることになるものの種子は、テイラーみずからの手によってまかれているのである」（同上、70-71 頁）「科学的管理の原理」が、藻利氏の見解に反して「非難と攻撃とに遭遇」する以前に構想されていたことについては、さしあたり、中川誠士（March, 1990）、943-954 頁を参照のこと。
67 Taylor, Frederick W. (1919, originally published in 1911), *The Principles of Scientific Management,* pp. 25-26.

第 6 章
公聴会証言

第 1 節　下院特別委員会でのテイラー証言

　アメリカ合衆国下院は、その委員会において過去3回、テイラー・システムないしは能率システムとしての科学的管理（Scientific Management）を審議の対象とするべく「公聴会」（Hearings）を開催した。最初は、1911年4月28日から5月1日まで実施された労働委員会（Committee of Labor）による、「テイラーのショップ・マネジメント・システム調査」（Investigation of Taylor System of Shop Management）のための公聴会である[1]。次は、1911年10月4日から1912年2月12日まで実施された特別委員会（Special Committee）による、「テイラーおよびその他のショップ・マネジメント・システム」（The Taylor and Other Systems of Shop Management）を調査するための公聴会である[2]。そして3回目は、1913年12月末から1914年9月にかけて労使関係委員会（Commission on Industrial Relations）が開催した公聴会であり、そのうち「能率システムと労働」に関する公聴会は、1914年4月13日から16日まで実施された[3]。
　以上3回の公聴会において、テイラー自身が証言を行ったのは、特別委員会と労使関係委員会での公聴会の2度である。前者における証言が1912年1月25日から30日にかけて4日間行われ、質疑応答を含み12時間以上に及んでいることは周知のとおりである[4]。テイラーは、後者においても1914年4月13日のみの証言ではあるが、質疑応答を含み4時間を超える証言を行っている[5]。それぞれの公聴会が開催された背景には、1911年春以降テイラーの一連の著作が出版され、テイラーの主張と自分たちの考えの隔たりを

自覚してじょじょにテイラーの主張に反対する運動を展開していった労働組合の影響という要因があるという点で、共通している[6]。

労働委員会による公聴会は、アメリカ合衆国政府が所有するロックアイランド兵器廠への科学的管理導入に反対する国際機械工組合の動きに対応し、アイオワ州選出の下院議員ペッパー (Irvin S. Pepper) が提出した決議案「テイラーのショップ・マネジメント・システム調査」に基づくものである。

特別委員会による公聴会は、科学的管理が導入されていた政府所有のウォータータウン兵器廠での鋳造工たちによるストライキ（1911年8月1日〜7日）をきっかけとした、特別委員会を設けて「テイラーおよびその他のショップ・マネジメント・システム」を調査するという下院決議90（1911年8月21日）に基づき実施された[7]。

労使関係委員会による公聴会は、上記の二つの委員会のように直接的な労使紛争をきっかけとして行われたものではない[8]。そして、委員会の仕事の範囲も幅広いものになっている。すなわち、「能率システムと労働」に関する公聴会のみならず、政府関係者や学識経験者などの「専門家の提案」(Suggestions of Expert Witness) および「団体交渉における協約」(Trade Agreements in Collective Bargaining) に関する公聴会が開催されている[9]。しかしながら、その背景には労働組合の影響があるのはまちがいない事実である[10]。

さて、本章において考察の対象とするテイラーの二つの証言、すなわち1912年初頭の特別委員会公聴会での証言と1914年4月の労使関係委員会公聴会での証言は、「1911年から1915年に至る科学的管理と組織労働者との間の純然たる敵対の時期」[11]に行われたものである。他方で、この時期以前、すなわち「出来高払制度」、「ショップ・マネジメント」、「科学的管理の原理」の発表に至る時期、組織労働者は科学的管理に無関心であったわけではないが[12]、明確な敵対宣言をしておらず、科学的管理に逆風が吹いていたわけではなかった[13]。このように、テイラーが著作を発表した時期と二つの証言を行ったときとでは、科学的管理に対する労働組合の態度が大きく異なっ

ているのである。

そこで本章では、以上の背景を念頭に置いたうえで、二つの証言におけるテイラーの科学的管理の主張とそれに対する質疑応答の内容を詳細に検討し、整理する。そこにある問題意識は、これらの証言におけるテイラーの主張、とりわけ精神革命の主張とそれ以前の彼の主張との一貫性を検証することにある。

特別委員会におけるテイラーの陳述

テイラーの陳述[14]は、特別委員会委員のウイルソン（William B. Wilson）を議長として、1912年1月25日と26日に行われた。25日は、午前10時40分から午後4時55分まで（この間、12時から午後2時5分まで、2時28分から2時58分まで休み）、翌26日は、午前11時から行われた（12時から午後2時まで休みをとっているが、再開された陳述の終了時間は不明）。以下、テイラーの陳述の概要をみておきたい。

ウイルソン議長から、どのようにして、いつ、どこで科学的管理を発展させたのか、またその本質的特質は何かということを自由に述べるように告げられたテイラーは、陳述の冒頭、次のように述べている。

「議長、科学的管理の発展に至る初期の歩みについて話す前に、科学的管理の本質を明らかにしたいと考えている。科学的管理をとり囲む雰囲気（atmosphere）といってよいかもしれないもの、真の科学的管理に付随しそれにふさわしい心情（sentiments）を明らかにしたい。私が明らかにしようとするこの心情は、一方では管理者側にいる人々にとってもっとも重要なものであるとともに、他方で科学的管理のもとで働く人々にとって本質的でもっとも重要なものである。というのは、システムの発展についての詳細や手立てについての陳述は、それらの目標を理解していなければ、有意義というよりむしろ誤解を招きかねないからである」[15]

<生産制限の実情とその原因>
　ここでいう「科学的管理の本質」、「科学的管理をとり囲む雰囲気」、「真の科学的管理に付随しそれにふさわしい心情」を説明する前に、まずテイラーは、労働者による生産制限の実情とその原因について述べる。

　「この国の労働者に関する、またこれまで以上に私の注意をひいているもっとも重要な事実は、一般の労働者が、仕事を速くせずに遅くすること、一日にできるだけ多く生産するのでなく生産を制限することが自分や仲間の利益になると信じていることである」[16]

　なぜ労働者は、仕事を遅くし生産を制限することが自分たちの利益になると考えるのか。テイラーは、第1に、労働者が「生産が増加すれば必ず彼らの仲間の労働者の多くが失業することになるということを固く信じている」こと、第2に、「欠陥のあるマネジメント・システムが一般に用いられている」ことに原因があると主張する[17]。そして生産制限が広く行われていること、ならびに労働者からすればそのような行動を正当化する理由があるということ、この点を理解することが以下の主張の基礎をなすと述べている[18]。

<科学的管理の本質と精神革命>
　以上の陳述を踏まえ、次にテイラーは、科学的管理の本質の説明に入る。周知の内容ではあるが、概要をみておきたい。テイラーは、科学的管理が諸種のシステムのような能率装置ではないと述べた上で、その本質は「大なる精神革命」(great mental revolution)にあると主張する。

　「その本質において、科学的管理は、どのような工場や産業であれそこで働く労働者の側での完全な精神革命が欠かせない。すなわち、労働者の側での、彼らの仕事、彼らの仲間、そして雇用主に対する彼らの責務に関する完全な精神革命が。そして同じく、科学的管理には、管理者側にいる

人々(職長、工場長、事業所有者、取締役会)の側での完全な精神革命が欠かせない。すなわち、彼らの側での、管理者仲間、労働者、そして日々のあらゆる問題に対する彼らの責務に関する完全な精神革命が。労使双方においてこの完全な精神革命が起こらなければ、科学的管理が存在しているとはいえない」[19]

ここでいう労使双方にとっての責務に関する完全な精神革命とは何か。役割は異なるとはいえ、労使がともに負わねばならない責務とは何か。それは、労使双方が協力して、余剰を生みだすということである。テイラーは、これまで労使双方の関心が「余剰の適正な配分」(proper division of the surplus) に向けられていたが、余剰を増やすことに目を向けることこそが重要であり、科学的管理のもとではそれが可能になるのだと主張する。

「この新しい見方に変わることが科学的管理の本質であり、これが労使双方の中心理念になるまでは、科学的管理は存在しない。協力と友好という新しい理念が不和と戦いに変わるまでは、科学的管理は存在しない」[20]

さらに、余剰に向けた労使双方の精神革命に加えて、労使双方が古い個人的判断や意見でなく正確な科学的調査と知識を本質的なものとして認識するという精神革命が、科学的管理の存在にとって絶対に欠かせない、とテイラーは述べる。

「最大限の余剰を生みだすために協力する責務に関して、また意見や古い経験則や個人的知識を正確な科学的知識におきかえる必要性に関して、管理者と人々の精神的態度が変化しなければ、科学的管理は存在することができない。／これらの二つは、科学的管理に絶対に欠かせない要素なのである」[21]

＜科学的管理の原理と管理者の責務＞

　以上の陳述を行った後、テイラーは、古いマネジメントの最良のものと対比しながら科学的管理の特質、すぐれている点、すなわち周知の科学的管理の原理の説明を行う。

　「創意と刺激のマネジメント（management of initiative and incentive）に対して、科学的管理はまず次のような大きな優位性をもっている。科学的管理のもとでは、労働者の創意（勤勉、善意、工夫）が絶えず確実に得られるのに対して、古いマネジメントの最良なものにおいて、この創意が得られるのは突発的かついくぶん不規則的でしかない。……科学的管理のもとで得られるはるかに大きな利点は、新しく、非常に重要で、そして並はずれた負担と責務（burdens and duties）を管理者側の人々が自発的に引き受けることから生じるのである。／これらの新たな負担と責務は独特で非常に重大であり、古いマネジメントに慣れている人にはほとんど想像がつかないものである。科学的管理のもとで管理者側の人々が自発的に引き受けるこれらの責務と負担は、四つに分類できる。この四つの新たな責務が、（適切かどうかは別にして）『科学的管理の原理』と呼ばれているものである」[22]

　以上の引用に引き続き、テイラーは、四つの管理者の責務ないし原理を詳しく説明した上で[23]、それらを次のように要約する。

　「第1、科学の発展、すなわち過去には労働者の手に委ねられていたあらゆる知識を管理者側に集めること。第2、労働者の科学的選択と絶えざる能力開発。第3、科学と科学的に選択し訓練した労働者の結合。第4、管理者と労働者の間で常に生じる持続的で親密な協力」[24]

　科学的管理の原理の説明の後、次のように述べ、具体的に科学的管理の原

理を適用した事例についての陳述が続くのである。

「私が述べたなかで最も重要なことは、会社の労働者と管理者が、先に述べたように精神革命を起こし、科学的管理の原理が正しいやり方で職業や産業に適用されれば、古いマネジメントの最良のもの、また特に優れた『創意と刺激』のマネジメントのもとでよりも、はるかに大きくよい成果が必ず生まれるのである」[25]

＜科学的管理の原理の適用事例＞

テイラーはまず、銑鉄運びの事例を簡単に紹介したうえで、ショベル作業の事例を詳しく説明する[26]。続いて、レンガ積み作業の事例[27]、1878年に一労働者（a day laborer）として雇われた機械工場（Midvale Steel Works）におけるテイラー自身のマネジメント改革の経験[28]、もっとも複雑な機械作業である金属切削作業の事例（最後の事例）を詳細に説明し[29]、最後に、次のような言葉で陳述を締めくくっている。

「私が明らかにしたいことは、科学的管理のもとでは、どんなに小さなことでも科学的調査の対象になるということである。ショップで働くすべての人のどのような動作も正確で入念な研究の対象となり、その動作がなしうる最善で最速なものであるかどうかを調べる。これが雇用主のとる新たな精神的態度であり、これまでとは根本的に異なるものである。雇用主と従業員双方の古い考えのもとでは、これらのさまざまなことをすべて誰かの判断に任していた。新しい考えは、すべてに科学的調査を必要とするということであり、私はこのことを明らかにしようとしているのである」[30]

テイラーの陳述をめぐる質疑応答

＜特別委員会の３人の委員＞

第 1 節　下院特別委員会でのテイラー証言　　141

　二日間にわたるテイラーの率直な意見表明、陳述が終り、1912 年 1 月 27 日と 1 月 30 日に質疑応答（cross-examination）が行われた。以下、質問者がどのような問題意識と考えをもって質問を行ったのか、検討する。その前に、3 名の特別委員会委員（下院議員）の人物像をみておこう。

　議長のウイルソン（ペンシルヴェニア州選出）は、この調査を行う決議を主導した人物であり、統一鉱山労働者組合（United Mine Workers）の元書記長である[31]。当時、彼は下院労働委員会議長の職にあり、後の大統領ウイルソン（Thomas Woodrow Wilson）政権下で労働長官となる民主党議員であった。レッドフィールド（William C. Redfield）も民主党議員（ニューヨーク州選出）であり、科学的管理について多くの知識をもつ製造業者であった。そして、彼もまた後の大統領ウイルソン政権下で商務長官となる人物であった。ティルソン（John Q. Tilson）は、いわば調停役として選ばれた共和党議員であった[32]。

＜ 1 月 27 日の委員会＞

　記録には、議長のウイルソンとティルソン委員が出席とある。午前 11 時に始まった委員会がいつ終了したかの記録はない。そして、この日ほぼすべての質問を行ったのはウイルソンであり、ティルソンはわずかに 2 度、ウイルソンの質問を補足する簡単な発言を行っただけである。

　ウイルソンは、Midvale 工場でのテイラーの初期の経歴およびそこで怠業が広く行われていたことを確認したうえで、テイラー自身のいう怠業の意味をたずねた。これに対してテイラーは、「ショップ・マネジメント」において怠業について述べている部分を読み上げ、自然的怠業と組織的怠業を区別していること、後者こそがもっとも問題であると考えている旨の説明を行った[33]。これを受けて、ウイルソンは、テイラーが怠業問題を解決し、生産性向上を成功させたことにより、労働者に過労をもたらしたのではないかとの質問を続けているが、これに対してテイラーは、作業速度の増加を単なる考えに基づいて行ったのではなく、自分自身が実際に働いてみた上で、過労と

ならない程度に決めたのだと反論した[34]。

ウイルソンは、次に、テイラーの作業改善が一般の人びとに与えるメリットについて質問している。テイラーとの間で少しのやりとりが行われたが[35]、重要なのは、そのあとの質問である。ここでウイルソンは、労働者に負担がかかることになるということ、すなわち科学的管理と失業との関係を確認しようとしているのである。

「機械に大きな改良がなされたり、なんらかのシステムが導入されれば、同じものをつくるのに少ない人数ですむようになるのではないか。またそのような改善の結果として社会の人々が利益をうける一方で、彼らが完全に恩恵を受けるようになるまではその改善の影響で混乱状況になり、これを再調整（readjustment）するまでは、そこで働く労働者にすべての負担がいくのではないか」[36]

「労働節約機械が導入されれば再調整が必要になることは、観察と経験からわかっている。また、再調整の間、労働者に苦難が及ぶということもわかっている。私が明らかにしたいのは、再調整の間、科学的管理が労働者の面倒をみる方法をなにか行なってきたのかということであり、この点を明らかにするために、一連の質問を行ったのである」[37]

以上の質問に対して次のように述べ、テイラーのこの日の陳述は終了した。

「科学的管理のもとでは、仕事についている各労働者を正確かつ入念に研究する。すべての工場において、労働者の可能性や性格を研究し、彼らが自分にもっとも適した仕事をすることができるように細心の注意を払って訓練することを主な任務とする人々を配置する。……このシステムのもとで労働者が困る場合が一つだけある。どのような工場にも必ず怠け者が一定数いる。どうしょうもない怠け者である。そのような人を見つけたとき

には、彼が怠けないように、そして彼がすべき仕事をさせるようにできるかぎりのことを行なう。一般的には、長い間根気よく努力すればうまくいく。いくつかの例を思いおこすと、古いシステムのもとで最悪の怠け者であった人たちが、科学的管理のもとでついには鍛えられ、職長になったことがある。なぜならば、辛抱強く断固としてしかも親切に扱い、そして、昇進できるという期待を与えたので、彼らは精力的になり、自分の仕事への関心を高めたのである。しかし、どうしようもない怠け者のままでいる者もいることはいる。彼らが変わらないということがはっきりすれば、科学的管理を導入している工場から出て行ってもらわねばならない。科学的管理には、彼らを受け入れる余地はない」[38]

＜1月30日午後の委員会：午後2時から5時まで＞

記録には、議長ウイルソンの他、レッドフィールドとティルソン両議員が出席し、午後2時委員会開始とある。午後5時の休憩まで、委員会は3時間続いた。

冒頭、科学的管理のもとで向上した能率のうち、仕事のシステム化によるものと労働者の作業速度の増加（speeding up）、すなわち労働強化によるものの割合を問うウイルソンに対して、テイラーは、科学的管理のもとではそのような速度の増加はないと反論し、無駄な動きをなくすこと、すなわち怠業をなくそうとしているのだと述べている[39]。この答えを受けて、ウイルソンは、雇用主の労働者に対する支配力を確認するべく、質問を続ける。

「怠業であるかどうかということ、また使うべき身体エネルギーの適量を誰が決めるのか」[40]

雇用主が決めるのではないかとの考えをもつウイルソンの発言に対して、テイラーは、もし彼らが一方的に無理なことを決めたとしてもうまくいくはずはないし、科学的管理のもとではそのようなことはなく、労使が協力し公

正で入念な調査が行われるのだとくり返し述べている[41]。

　ウイルソンは納得せずさらに質問を続け、「工場にはひとりの支配者がいるということ、彼の指示や方針に労働者の団体は干渉（interfere）できないということが、まさに科学的管理の本質ではないのか」[42]、と厳しい質問を投げかけた。これに対して、テイラーは、干渉を認めることはできないけれどあらゆるかぎりの方法を通じて協力（cooperate）を求めるのだと答えた。ウイルソンは、そのような協力が意味するところは支配者の指示や方針への服従なのではないかと述べ、団体交渉の問題についてのテイラーの考えを質していく[43]。テイラーが団体交渉不要論者であることは周知のことであるが、彼はここでも同様の発言を行っている[44]。

　その後、ウイルソンは、科学的管理のもとでの賃金や労働時間、時間研究（time study）に関して質問し、とくに時間研究が恣意性、強制力をもっているのではないか、そして管理者の指示にしたがわない者を失業に陥れるのではないかとの厳しい批判を投げかけた[45]。テイラーは、次のように述べている。

　「私の観察では、合衆国において通常は優れた労働者（good workman）が5日間も失業することはまずない。通常この国では、有能な労働者の需要にはかぎりがない。……優れた労働者は絶えず求められており、あなたが述べたような状況は存在しない」[46]

これを受け、ウイルソンは次のように質した。

　「科学的管理のもとでは、一流（first-class）労働者でなければ彼のいる場がない、もし彼が特定の仕事において一流でなければ役立たずで、追い出されなければならないということなのか」[47]

　テイラーは、議長ウイルソンの一流の理解が自分のこれまで説明してき

一流の概念と違っているとして、質問に答えるためにはまず一流の定義をしたいと申し出たところ、ウイルソンは頑なにこれを拒否し、何度もテイラーと押し問答をした。この状況をみかねた他の二人の委員、レッドフィールドとティルソンは、ともにテイラーの申し出の方が正しいとしてウイルソンを批判した結果、テイラーが説明を始めることとなった[48]。

テイラーは、一流労働者とは、一定の仕事をするのにふさわしい能力をもち実際にその能力を発揮しようとする労働者のことであり、それ以外の二流（second-class）労働者とは、身体的には一流労働者と同じ能力をもっているがそれを発揮しようとしない者、および身体的にも精神的にその仕事に適さない者のことである、と説明した[49]。

この説明を受けて、ウイルソンは、この一流でない労働者を科学的管理ではどのように扱うかとたずねた。テイラーは、「あきらめる」、「科学的管理のもとでは、働くことができるのに働こうとしない人のいる場所はない」と回答した。これに対し、ウイルソンは、そのような人のことを聞いているのではなく、テイラーの定義する一流概念に合わない人のことを聞いているのだと反論するが、テイラーは、どの労働者にも自分が一流となる仕事がみつかるはずであり、一流になれない人は働くことができるのに働こうとしない人だけだとの主張をくりかえし、この議論は平行線をたどった[50]。そこで、ウイルソンは、質問ではなく彼自身の科学的管理批判を次のように展開した。

「あなたは私の考えをまちがって理解しているので、それを正したい。雇用主であれ誰であれ、労働者が1日にどれくらい働くべきかを独断的に決定する権利はない、と私は考えている。もし当該労働者以外の人が決めるのであれば、彼の仲間すべてと雇用主との間で協議して決めるべきである。雇用主が独断的に決める筋合いではない。科学的管理の導入によって雇用主に大きな精神的変化が起こったとしても、そうである」[51]

テイラーは、反論する。

「科学的管理のもとであっても団体交渉またはその原理を適用すべきだ、と議長は考えているようだ。私は、あなたが正しくないというつもりはないし、そのように考えることに少しも反対しない。そして、団体交渉に反対したこともない。しかし、私がいいたいのは、科学的管理の原理のもとではその必要性がなかったということだけだ。労働者には、管理者と同じように公正な一日の労働の設定を行なうすべての実験に参加する自由と機会がある。労働者と管理者が協力して共同実験を行なうことは、科学的管理においては実際に普通のことであり、その結果に労使双方とも満足してきた。私が強調したいのは、これらの実験の結果が労使双方にとって満足するものでなければ、科学的管理は存在しないということである」[52]

以上のテイラーの発言を確認するやりとりが少し行われた後、ウイルソンは、科学的管理導入以前にまして労働者の労力を増やすことによって生産を増加させる特別の必要あるいは経済的な必要があるのか、との質問をふたたび行った[53]。テイラーは、労苦を増やすのではなく怠業をなくし生産を増やすのは、貧困をなくし富を増加させるためであると述べるが、ウイルソンは、生産ではなくその分配が問題だと主張する。すなわち、彼は、科学的管理のもとでは雇用主という支配者がおり、彼が分配を決定しているので、生産の増加は労働者の利益にならないと考えているからである。そのことは、次の発言に明らかである。

「もし科学的管理が善の力にも悪の力にもなるならば、そして科学的管理のもとにただ一人の支配者がいてこの支配者の決める法則への干渉が認められないのであれば、科学的管理のもつ悪の力に対して労働者は自らをいかにして保護すればいいのか」[54]
「もし法の強制が、これを犯す力をもつ人の意思次第であるとすれば、そ

の人に法を強制する見込みはたいしてないのではないか」[55]

これに対して、テイラーは、科学的管理の機構が悪用される可能性がありうることは認めながら、科学的管理の機構の乱用は科学的管理とは無縁であることをくり返し強調している[56]。

さて、ウイルソンの次の主たる質問は、周知の科学的管理の四つの原理、とりわけ第3原理に関するものである。彼は次のように述べる。

「労働者が仕事の仕方についての指示に従わなければならないならば、彼は単なるロボット（automaton）になってしまい、結局熟練とその価値を減らしてしまうのではないのか」[57]

もちろんテイラーは反論するが、以上の点についてのやりとりがしばらく続き、この日の午後の質疑は終了した[58]。

＜1月30日夜間の委員会：午後8時から＞[59]

再開後、ウイルソンは、アメリカの労働者は他国の労働者よりもより生産的であるのに、労働者に多大なエネルギー支出を課し苦痛を与えてまで生産性を高める必要がどこにあるのか、と質問する。テイラーは、各人が自分にふさわしい力を発揮していないという考えをもっているので、無駄を省いて生産性を高めることの必要性を説き、ウイルソンのいう無用の労力、苦痛の強制という主張に反論する[60]。

これに対して、ウイルソンはこれまでの主張と同じく、何が苦痛でなにがそうでないかに関しては雇用主が絶対的な決定権をもっているのではないか、との批判を続ける。だが、テイラーもまた、科学的管理のもとでは管理者も労働者と同様に労使で作り上げた法則にしたがうので、恣意的力や命令はなく、管理者が違反した場合にはそれに対処できるようになっているとの主張をくり返している[61]。

いくつか別の議論が行われた後、ウイルソンは、ギルブレスのレンガ積みの例をとりあげ、生産増加に対して労働者への配分が少ないのではないかとの質問を行った。この議論にはレッドフィールドやティルソンも加わっている。この議論に関しては、労働者の労働だけではなく他の要因（特許装置）も原因して生産が増加した、というテイラーの具体的な説明を、ウイルソンも了解したようである[62]。

この後いくつもの質問と議論が行われた。たとえば、金属切削装置と金属切削の技法との関係、金属切削技法の普及状況、科学的管理の実施にともなう工場労働者の削減ないし移動の状況、時間研究の行い方、科学的管理導入によるテイラーの利益等についてである。これらの質疑を主導しているのはレッドフィールドおよびティルソンであり、またそれ以前の議論のように激しい対立はみられず、主にテイラーに対して事実確認をしているように思われる。

たとえば、時間研究についての質疑がしばらく行われた後、ストップウオッチで時間研究をするのは労働者にとって非アメリカ的で侮辱的であり、また迷惑かつ神経をいらだたせるという陳述があったがどう考えるか、とレッドフィールドが質問している[63]。これに対して、テイラーは時間研究をする際の事情説明を行い、さらに次のように述べている。

「時間研究に反対するのは、それが神経をいらだたせるからではない。本当の理由は、仕事をするのにどれだけの時間がかかるかを雇用主に知らせたくないからである。雇用主がこの知識をもてば、怠業することが難しくなるからである」[64]

テイラーのこの主張に対して、ウイルソンは、ストップウオッチのような不正確な方法を使った時間研究によって賃金を決めるのが正しくないからではないかと批判しているが、テイラーはこの批判には直接答えずに、時間研究の方法と労働者がそれに反対していない事実を説明している[65]。

この後、レッドフィールドは、労働者たちと話してみて彼らが科学的管理の導入に反対する根本理由は何だったかと質問した。テイラーは、多くの仲間の労働者が職を失うことになるという事実とは異なる考えをもっていることだと答えた。また、テイラーは、ウォータータウン兵器廠の労働者が反対するもうひとつの理由は、機械工組合長のオコンネル（James O'Connell）が全米の機械工組合労働者に送った文書に科学的管理についてまったく誤ったことを書いていることによる、とも答えている[66]。

　この後少しの間質疑が行われた。そして最後に、議長が「科学的管理が導入された工場で団体交渉が行われているものをひとつも知らないと述べたか」と問い、テイラーが「ひとつも思い浮かばない」と答えて、委員会は終了した[67]。

第2節　下院労使関係委員会でのテイラー証言

労使関係委員会におけるテイラーの陳述

　労使関係委員会は1914年4月13日、午前10時に開始された。冒頭、委員長のウォルシュ（Frank P. Walsh）は、公聴会の議題を能率システムないし科学的管理の適用によって雇用主と従業員との間に起こる問題にできるかぎり限定してほしいとの提案を行い、トンプソン（William O. Thompson）に進行を委ねた[68]。以下、テイラー陳述の概要をみていく。

＜産業界が直面している深刻な事実とその改善＞

　トンプソンから、能率システムと労働について、能率システム実施の際の労働者の働き方に関する説明を求められ、テイラーは次のように述べている[69]。すなわち、産業界が直面しているもっとも深刻な事実は、労働者がゆっくり働く（go slow）ことが自分の利益になると信じていることである。彼らがそのように考える理由のひとつは、生産増加が仲間の労働者の失

業をもたらすと信じているからであり、労働組合指導者も同じ考えをもっているが、科学的管理は過重労働をもたらすことなく能率を向上させるのであり、これを導入することによって人びとが職を失うのではない。

　もう一つの理由は、現状の出来高システムのもとでは生産を増やしても賃金単価が切り下げられるという事情があるからである。労使ともにこの悪しき状態を改善する方法を知らないが、科学的管理はこれを改善し怠業をなくす努力である、とテイラーは述べる。

「現状について労働者は責められるべきではないし、雇用主も同じである。多くの雇用主はじめ、職長、監督たちは非難する。賃金切り下げを行なっている人も非難する。それが産業における悲しむべき現実である。それを誇るひとは誰もいない。労使どちら側においてもそのような人がいるのを聞いたことがない。しかし、良い方法がないのである。／私が強調したいのは、そのことである。おそらく、これが科学的管理に関するもっとも重要な事実ないしはその一つである、ということに注意を促したい。科学的管理の原理を確立するまさに第一歩は、この怠業という害悪を取り除こうとする真摯な努力であるということを強調したい」[70]

　さらにテイラーは、科学的管理の導入により労働者の賃金が増加するが、それは科学的管理のもとで労働者が手にする最大の利益ではなく、労働者が彼らの雇用主をもっとも親しい友人とみなすようになることが最大の利益であり、その実例として科学的管理のもとで働く労働者のストライキを経験していないとの説明を行っている[71]。

＜科学的管理とは何か＞
　科学的管理は能率の工夫や機構ではなく、また一般に科学的管理だとみなされているさまざまなものでもないと述べたうえで、テイラーは、労使双方の精神革命の重要性を強調する。

「科学的管理は存在できないし、存在しない。労働者の側で自分たちと雇用主に対する責務に関して完全な精神革命が起こるとともに、雇用主の側でも等しく労働者たちに対する責務に関して大きな精神革命が起こるまでは。この大きな精神的変化が起こるまでは、科学的管理の存在はあり得ない。それが絶対に必要なことである」[72]

つまり、科学的管理のもとでは、労使双方が余剰の配分を重要なことと考えるのではなく、余剰を大きくすることができるので敵対的態度や不和がなくなる。「配分に目を向けることから余剰を大きくすることが重要だとの見方への変化、これが労使双方で起こる大きな精神的変化の一つであり、このことを強調したい」[73]、とテイラーは主張する。

＜科学的管理の原理（管理者の責務、負担）＞

テイラーは、古いマネジメントの最良のものと比べて、労働者の創意、善意、大きな努力がいつも確実に得られることが科学的管理の利点だが、これよりも重要なのは、管理者側の人びとがこれまでには聞いたこともないような新たな責務と負担を引き受けることだとして、次のように述べ、周知のこれらの責務（原理）について説明する。

「大きな改善を行ない、科学的管理を古いマネジメント方法の最良のものよりもいつも必ず優れたものにするのは、管理者側の人々が自発的に引き受ける大きな責務である。これらの新たな責務は大きく四つに分類される」[74]

「科学的管理の四大原理をくり返せば、第１に経験則に替えて科学を発展させること、第２にすべての労働者を科学的に研究し、訓練教育することにより能力開発すること、第３に科学と訓練した労働者を結合すること、第４に工場のあらゆる仕事を労使でほぼ等しく分担することである。すなわち、実際の仕事が二つに分かれ、一つは労働者が引き受け、もう一方は

管理者が引き受けるのである」[75]

　以上の説明に続き、テイラーは、ショベル作業[76]とマシン・ショップ作業の例[77]をあげ、科学的管理の原理、すなわち管理者の責務の重要性について説明する。この二つの事例においてテイラーが強調しているのは、どのような作業にも科学的研究が重要であるということと、この科学を発展させるのは管理者であるということであり、それによって生産は増加し、労使の協力が可能になるということである。
　マシン・ショップ作業の例示の冒頭、テイラーは、作業の科学が非常に高尚なものであって労働者がこの科学を理解することは不可能であると述べ、金属切削の科学発見の経験、その重要性について説明している。

> 「過去には労働者の頭の中にあった知識（information）が、外に出て法則や科学になり、そして労使の協力を通じて、労働者と会社が膨大な産出の増加を得ることが可能になっている」[78]

　テイラーは、マシン・ショップ作業において発見した科学、新しい法則（new code of laws）を代表するものは計算尺（slide rule）と時間研究であり、管理者と労働者はともにこの法則にしたがわねばならないというのが科学的管理の本質だと述べた上で、その設定への労働者の関与に対する当然の批判を想定して、次のように続けている。

> 「注意を促したいのは、マシン・ショップ産業において初めて、意見（opinions）が意味をもたないということである。労働者の意見も職長の意見も意味をもたない。これらの法則が両者を支配する。しばしばいわれてきたことだが、『そうかもしれないが、これらの法則を発展させたのは管理者ではないのか。労働者は参加していない』、というかもしれない。……労働者は、法則を発展させるためのすべての作業、機械を操作すると

いう作業を行なっている。妙な話だが、彼らは法則発展の半分の仕事をしている。そして、他の人、労働者から訓練を受けて成長した人、訓練を受けた観察者が法則の研究をし、記録し、役立てるのである」[79]

「次の三つのことが起こりうるし、実際に起こっている。第1は、この法則に何か間違いがあるということであり、第2は、管理者側の人がこの法則を間違って理解して誤りを犯すことである。／第3は、労働者を正しく訓練しておらず、彼が仕事に向かない、あるいは何かの理由で間違いを犯すかもしれないということである。……管理者も間違いを犯すし、人々も同じである。わたくしが強調したいのは、間違いが起こったときに、労働者が、『間違っている。この法則は間違っている。課業を適切に行なえなかった』ということが必要だということである。……／それから、調査が行なわれなければならない。計算尺が間違っているのか、労働者が間違っているのか。調査には、労働者が参加する。彼は調査の一員である。労働者はそれが誤りか正しいかについて、絶えず納得する。もし、誤りがあれば、法則は変えられる。もちろん、それが誤っていた場合である。当初、多くの観察に誤りがあったが、すぐに実践の中で徹底的に議論された。労使が会合を持ち、両者が誤りを正すことを望むからである」[80]

テイラーによれば、この新しい法則は、管理者側の強制ではなく労使の合意（common consent）によって生まれたものであり、それゆえこの法則のうえでは両者の利害が一致しているのである。したがって、労働組合の登場する余地はない。テイラーは述べる。

「法則は管理者と人々の上にある。まさに、米国法が政府役人と人民の上にあるように。科学的管理のもとでは、労働組合の代わりに法則が問題となる。……／私は労働組合を信じているし、労働組合は成果をあげている。だが、以前には団体交渉の主題であったことがそうではなくなっているところでは、私たちの前にあるのは事実（facts）である。事実が正し

い場合も間違っている場合もある。もし間違っていれば、専門家によって正しい事実が見つけ出されるにちがいない。……これら多くの物事は団体交渉の問題ではなく、事実なのである。正しいか誤っているかであり、真実を見いだすことが労使双方にとっての利益となるのである」[81]

以上の主張の後、計算尺による問題解決について少し説明して、テイラーの全般的な陳述は終了した。

テイラーの陳述をめぐる質疑応答

まず、ウェインストック（Harris Weinstock）が、科学的管理のもとで労働者が自身の賃金や割り増しの決定についての発言権をもっているかとの質問を行った。これに対して、テイラーは、古い考え方からすれば発言権はないといえるが、ある種の発言権をもっているとして、調査における労働者の協力の事例を示した。しかし、ウォルシュ委員長に議論を呼ぶ返答を略すように指示され、テイラーは、労働者が発言権を要求すれば与えるが、彼の経験からそのような要求はなかった、と再度ウェインストックの質問に答えている[82]。

次に質問に立ったハリマン（J. Borden Harriman）は、無節操な雇用主が労働者の仕事の速度を上げない保証があるかと質問する。テイラーは、法則に準拠するということが保証であり、まちがいがあった場合にはその誤りを見つけだすと答えている。システムそれ自体が過度の仕事や早すぎる作業速度を防いでいるというテイラーの説明に、ハリマンも納得した[83]。

デラノ（Frederic A. Delano）やバラード（S. Thurston Ballard）の事実確認的な質問とテイラーの返答をはさみ、午後1時の休憩まで、テイラーとオコンネル（James O'Connell）の長いやりとりが行われた。オコンネルはいくつもの質問を行っている。

まず、この委員会の任務は産業不穏（industrial unrest）の根本原因を探ることだが、能率の問題が産業平和にとって本質的だと思うかとの質問に、

テイラーはそのとおりだと答えた。オコンネルは、テイラー・システムも含め非常に多くある能率システムのうちでテイラー・システムを実施している工場やそこで働く従業員数について確認したうえで、テイラーのいう一流労働者とは選ばれた少数の者ではないかと批判を行う。テイラーはこれに反論し、一流労働者は選ばれた人ではなく仕事に適した人である旨、例を示しながら周知の主張を行っている[84]。

オコンネルの質問は続き、テイラー・システム実施工場における労働時間の減少やストライキなどについてたずねた[85]。「能率システムが実施されているところで一度もストライキを経験したことがないとあなたは述べている」とのオコンネルの質問に対して、テイラーは、「私は決してそうはいっていない。断固としてそれは違う。私は、科学的管理を採用しているところではストライキがなかったといったのであり、能率システムは何千も存在している」[86]と答えている。

またオコンネルは、テイラーが著書の中で会社は株主に配当を支払うためにあることを従業員が常に忘れてはならないと述べているが、そのとおりであるかと質問したが、テイラーは、主張の断片をとらえるのは公正ではないと反論した。すなわち、その部分全体では、会社は労働者を尊重し、かつショップの能率を最高にしなければならないことを所有者に述べているのである。引用箇所は、労働者の能力を高めて高い賃金を与えるのが所有者の義務だと述べた後、他方、そのことには限度があり、会社を従業員の訓練学校だと考えてはならず、すべての従業員は各ショップが最初から最後までいつも所有者に配当を支払うためにあることを忘れてはならないと述べたのだ、と[87]。

この後短時間、ギャレットソン（Austin B. Garretson）との間で過重労働についての簡単な質疑が行われ、午後1時に休憩となった。

午後2時再開の委員会は、ウェインストックの質問で始まった。彼は、科学的管理のもとでの労働者の所得増加は一時的であり、結局は減少するとの組織労働者の代表などの批判、また分業をますます細分化し熟練労働者を不

熟練労働者に置き換えるとの批判の真偽について質問した。テイラーは事実の説明を通じて、批判は当たらないと反論している。さらに、ウェインストックは、科学的管理にとって何よりも重要である労働者の善意と心からの協力を、テイラーがどのようにして確保したのかと質問した。これに対して、テイラーは、最初はシステム導入に反対があったが実際に教えて理解させる（object lesson）ことによって、結局は可能となったと説明している[88]。

続くギャレットソンとの短いやりとりの後に、委員長の指名によってトンプソンが質問に立ち、テイラーとの間で長時間にわたって激しい議論が行われた[89]。

トンプソンは、課業設定のための時間の測定方法、賃金の割り増し、システムの導入等に関して質問した。その意図は、所有者の決定への労働者の発言権について、より正確にいえば、所有者の経営権の絶対性についてのテイラーの考えを問いただすことにあった。たとえば、科学的管理のもとで割り増しの大きさをだれが決めるのかとのトンプソンの質問に対して、テイラーは一連の調査によってであると答えたが、トンプソンは、調査者を雇うのもシステムの導入を決めるのも所有者であるので、所有者が全権をもって労働者を支配しているのではないかと、詰問している[90]。

「実際問題として、システムの導入を決めるのは所有者であり、あなたのシステム〔科学的管理――引用者〕のもとでの法則あるいは彼の事業の直接的研究から得た法則が実現されるのは彼を通してであり、これが課業として労働者を支配するのではないのか」[91]
「あなたの研究において、あるいは法則の適用において、個々の労働者はシステムの選択や調査が必要な時の調査者の選択に関して発言権がないのではないのか」[92]

テイラーは、システム導入に際して労働者に相談（consult）をしないということはまったく考えられないし、そのようなことは聞いたことがないと

返答するが、トンプソンは次のように同じ質問をくり返している。

「要素作業に必要な時間を決定するとき、あなたは調査者がこれを決定するという。この調査者は、所有者ないし所有者が任命した人によって選ばれた人であり、彼が決定を行なうともいう。この要素作業を行なうのに実際に必要な時間を最終的に決定する調査者の選択に、従業員はどのような発言権をもっているのか」[93]

テイラーは、これに対して、答えることのできないような質問であり、質問の意図がわからないと主張するが、委員長は、記録係に命じてトンプソンの先の質問を読み上げさせ、テイラーに返答を促した。この後、トンプソンとテイラーとの間で、労働者の発言権についての議論が続いた。トンプソンは、調査者の選択権が労働者にはないこと、そして（所有者の支配下にある）調査者が要素作業の時間の決定者であることを確認しようとする。テイラーが、最初の準備（preliminary）としてはそうだけれど、他方では、と説明を続けようとすると、トンプソンが答えは十分であるとして、テイラーの陳述を遮った[94]。

テイラーは納得せず、議論は続いた。トンプソンは要素作業に要する時間の最終決定権の所在をたずね、テイラーも、最終的には従業員が決定すると答えている。ただし、テイラーは、従業員が既定の法則をすべて変えられるかとのトンプソンの質問に対しては否定し、まちがいがあれば調査によってこれを正すと述べている。テイラーは、経験的調査から科学的事実が発見できるとの信念を示すが、トンプソンはこの考えにはまったく否定的であり、激しいやりとりがしばらく続いた結果、委員長がこの議論を止めた[95]。

この後、委員長のウォルシュとのやりとりが続く。生産増加の要因、疲労についての研究方法、賃金増加などの情報を得るための質問をした後、ウォルシュは、科学的管理の導入によって多数の労働者が労働組合を去ったと指摘している部分を「ショップ・マネジメント」から引用して[96]、具体的な状

況をたずねた。一通り説明したテイラーは、ウォルシュの了解を得て、次のように述べている。

　「私がいいたいのは、私の知るかぎり、科学的管理に関わっている人で労働組合員であるかどうかで少しでも差別をした人はいないということである。いずれにせよ、差別については聞いたことがない。私の知るかぎり、私たちの工場において、人が労働組合員かそうでないかが問題になったことはない。私たちは、労働組合が労働者に対してしようとしているのとまったく同じことをしようとしている。私たちは、高賃金、時間短縮、労働条件の改善を求めている。私たちは、労働組合が求めているのとまったく同じことを求めている」[97]

　ウェインストックとウォルシュの簡単な質問とテイラーの返答の後、オコンネルは、能率システムが完全に実施されれば労働組合は存在しなくなると思うかとの質問を行った。この最後の質問に対して、テイラーは次のように返答し、証言は終了した。

　「私は、決して労働組合がなくなることを期待しているのではない。人々の共同に心から賛成している。労働組合の原則に重大な修正を期待しているのではない。現在、たいていの労働組合はやむなく闘争組織になっている。私が期待するのは、教育機関であり、相互に助け合う機関である。私は、労働組合が大きく変わることを期待しているが、なくなってほしいとは決して思わない。私は、労働組合が新しい考え、すなわちすべての人にとっての基準（a standard）となる考え、すべての立場にとっての法則（a set of laws）にしたがうように変わることをただ望んでいるだけである」[98]

第3節　科学的管理と精神革命

　テイラーは、既述のように、二つの証言において労使双方の精神革命の重要性を強調している。この精神革命の主張はいかなる意味をもっていたのだろうか。たとえば藻利重隆氏は、テイラー証言の主内容は精神革命の提唱であり、また科学的管理と精神革命との関連が明らかではないと述べている。

　「『テイラー証言』においてテイラァのもっとも強く主張するものが、いわゆる『精神革命』（the great mental revolution）であることは、すでに多くの人びとによって指摘せられてきたところである。だが、このいわゆる『精神革命』がはたしてなにを意味するものであるのか、またそれが『科学的管理』とはたしてどのような関係をもつものであるのかということは、必ずしも明らかであるとは思われない」[99]

　また、テイラーは精神革命について一貫して述べてきており、証言においては労使協調をとくに強調しているとする、中村瑞穂氏の主張もある。

　「〔証言で述べられた——引用者〕これら『精神革命』の二つの『部分』あるいは『要素』をそれぞれ『協働』ならびに『科学』としてとらえるならば、それらはいずれも『科学的管理の諸原則』において『管理の四大根本原則』とよばれていたもののうちに含まれるということである。……『精神革命』論は少なくともそれが対象としていることがらそのものに関する限り、『管理原則』論と異なるところがないといわれよう。ただ、『精神革命』の二つの『要素』または『部分』のそれぞれに対する取扱いに端的にみられるように、『精神革命』論としては科学的管理をつらぬく労資協調の理念をしめすことに多くを傾けているのである」[100]

　「この証言でのテイラーの主張には、『工場管理』ならびに『科学的管理の

諸原則』におけるそれと比較して、基本的に異なる点は特にないといえよう。しかし、科学的管理を構成する諸要素が労働者階級との対決という視点からあらためて整理され、より詳細に論じられているのをみることができる」[101]

　労使紛争をともに背景とする二つの証言についての本章での検討を踏まえ、科学的管理における精神革命の意味について、以下で考察する。
　特別委員会証言においてテイラーの主張する精神革命は、古いマネジメントの最良のものと科学的管理を決定的に区別する理念である。すなわち、それはまず、最大限の余剰を生みだすために労使が協力する責務についての精神的態度の変化であり、また意見や古い経験則や個人的知識を正確な科学的知識に置き換える必要性に関しての精神的態度の変化である。テイラーは、労使双方でこの精神革命が起こることが科学的管理の本質であると主張する。なぜならば、古いマネジメントのもとではこのような新しい精神的態度への変化は期待できないからである。
　おそらくテイラーは、科学に基づくという後者の精神的態度の変化が、労使の協力という前者の精神的態度の変化を可能にすると考えているのだと思われる[102]。そして、意見や古い経験則や個人的知識を正確な科学的知識に置き換えるというこの負担と責務を主に担うべき管理者の側での古い考えからの精神的態度の変化こそが、科学的管理の根幹をなすと考えているのであろう。なぜなら彼には、科学的知識の探求は労働者ではなく管理者にふさわしい役割であるとの信念があるからである。それゆえ、テイラーは、管理者の新たな負担と責務を科学的管理の原理と呼び、その重要性をとりわけ強調するのである[103]。
　周知のように、科学的管理の原理は四つの要素からなる。第1は経験則に替えて科学を発展させること、第2は労働者の科学的選択と絶えざる能力開発、第3は科学にしたがって労働者に作業をさせることである。そして、第4は、以前にはすべて労働者が担っていた仕事のうち管理者にふさわしい科

学の発見という役割を、管理者が分担するということである。以上の負担や責務を管理者が引き受けるという精神的態度の変化が起こることによって初めて、上に述べた精神革命が可能になる、とテイラーは考えたのである。

二つの証言において、テイラーは、科学的管理が個々のシステムや能率装置、すなわち機構とは異なることに注意を促したうえで、精神革命こそが科学的管理の本質であると述べている。すでにみたように、テイラーの二つの証言は、激しい労使対立という背景のもとで行なわれた。そのことは、本章で詳しく示したように、証言での質問者の厳しい質問内容、テイラー批判にも明らかであろう。したがって、証言におけるテイラーの精神革命の主張が、「労資協調の理念をしめすことに多くを傾けている」[104]、「科学的管理の導入に対する促進条件としてきわめて重要な意義をもつものである」[105]のも、当然である。

テイラーの精神革命の主張を正確に理解するのは、容易なことではない[106]。テイラー自身が多様に表現しているからである。しかし、筆者は、精神革命の主張がテイラーに対する批判をかわす方便では決してなく[107]、科学的管理の基本理念を示したものであると考える。精神革命は、科学に基づくこと、そして労使が生産性を高めるべく協力（協働）するということへの精神的態度の変化を意味する。すなわち、精神革命は、科学に基づいて協働を実現するというテイラーの一貫した信念であり、それを具体的に示したものが、科学的管理の四つの原理なのである。

周知のように、「出来高払制度」には「労働問題の解決への一歩」という副題がつけられている。テイラーは、この論文において、自ら考案したシステムならば労使の利害対立をなくして高い生産性を確保できると主張している。この要素別賃率設定部門および異率出来高払制度からなるマネジメント・システムによって、「労使双方の側の互いに好ましい精神的態度（proper mental attitude）」[108]を生みだすことが可能になると述べているのである。

「ショップ・マネジメント」においても、テイラーは、マネジメントの実践にとって労使関係の改善がもっとも重要であると述べている。

「労使双方に最終的な満足を与えず、労使双方の最高の利害が共通していることを明らかにせず、そして対立でなく労使双方が協調できるような完全に心からの協力を実現しないようなマネジメントのシステムや計画は、考慮に値しないといって間違いない」[109]

　労使関係を改善し、労使双方の最大満足をもたらす最良のマネジメントを保証するものは何か。科学的時間研究がまさにそれである。科学に基づく協働の実現、これが科学的管理の基本理念なのである。
　課業管理の基本思想、根本をなす原理を明示した『科学的管理の原理』においても、テイラーの主張は一貫して変わらない。

「科学的管理は、大発明でも驚くべき新発見でもない。しかしながら、科学的管理は、過去には存在しなかった要素が『結合』(combination) したものである。すなわち、古い知識を集めて分析し、分類して科学的法則や規則をつくり、そのことにより、管理者および労働者が、互いに、そしてそれぞれの責務と責任に対する精神的態度を変えるということである。また、労使双方が新たに責務を分担し、古いマネジメントの考え方では不可能なほど親密に信頼して協力するということである。……／科学的管理は単一の要素ではなく、それら全体の結合であり、次のようにまとめることができるだろう。科学（経験則でなく）。／調和（不和でなく）。／協力（個人主義でなく）。／最大生産（生産制限でなく）。／各人の発展（最大能率と繁栄への）」[110]

　この引用に、科学に基づき協働を実現するという理念がはっきりと示されている。テイラーにとって、科学は基準、すなわちだれもがしたがわなければならない法則なのである。それゆえ、労使双方がこの新しい考え方に立てば、労使の対立はなくなる。これがテイラーの精神革命の主張の意味するところなのである。

労使の責任の分担という科学的管理の第4原理は、科学を生みだす前提となる原理である。すなわち、この原理は、科学的管理をそれ以前のマネジメントのやり方（創意と刺激のマネジメント）と区別する決定的要素である。それゆえ、テイラーは、第1から第3までの原理について、「たいていの場合、『創意と刺激』のマネジメントのもとでも初歩的にわずかながら存在しているが、そこでは重要な意義をもつものではない。他方、科学的管理のもとでは、これらはシステム全体の本質をなす」[111]、と述べているのである。なぜならば、第4原理を欠くところに他の原理は十分に機能しえないからである。

管理者が科学の創造という新たな責務を引き受けて具体的に行うマネジメントの実践が、第1から第3までの原理に示されているのである。第1原理は経験則に替えて科学を発展させること、第2原理はすべての労働者を科学的に研究し、訓練教育することにより能力開発すること、第3原理は科学と訓練した労働者を結合することである。これらの原理の意味するところは、科学に基づく協働の実現なのである。

科学的管理の機構と基本理念を分離し、後者をシステムを批判から守るための手段にすぎないと主張するナドワーニー（Milton J. Nadworny）に対して[112]、アーウィック（Lyndall F. Urwick）は、テイラーの精神革命は科学的管理の本質であると反論し、次のように述べている。

「どのようなビジネスであっても、株主の所有する財産ではなく人間の協働システム（a system of human co-operation）であるとみなすべきだと、テイラーは述べていた。……協働システムはすべて、そこに参加する人々が、（a）共通の目的と（b）共通の思考方法をもっていなければ、十分に機能しない。テイラーは、ビジネスにおいて、この共通の思考方法が科学的方法であるべきだと考えたのである」[113]

アーウィックが指摘するように、テイラーは、労使双方が科学的調査およ

164   第6章 公聴会証言

び知識に依拠するという共通の思考方法が、余剰の増加という共通の目的をめざした労使の協力を可能にすると考えたのである。すなわち、テイラーは、人間の協働システムのマネジメントを、科学的基準に基づく思考方法の上に築こうとした。人間努力の調整としての労使の協力が、科学的思考方法の共有によって実現可能になると考えたのである。それゆえ、精神革命の主張は、批判を逃れるすべではなく、まさに彼のシステムの、科学的管理の基本理念なのである。

　科学的思考方法が労使の協力を実現するというのが、テイラーの信念である。しかしまた他方で、二つの証言における質疑でのテイラーへの厳しい批判にも示されているように、科学が協働の実現をもたらすとの精神革命の主張は、テイラーの入念な説明によってもなかなか受け入れられなかったという現実がある。すなわち、「科学に基づく労資協調というテイラーの説は労使対立の激化という事実によって裏切られ反証された」[114] のである。

　この事実を踏まえれば、テイラー自身がどのような理念をもっていたのかということとは別に、科学的管理の理念をどのように評価するのか、すなわち科学的管理の理念の限界は何かを明らかにすることが必要となる。この課題について、順次以下の章で検討したい。

注
1　Committee on Labor (1911), *Investigation of Taylor System of Shop Management*, Hearings before the Committee on Labor of the House of Representatives, 62nd Congress, 1st Session on House Resolution 90 (Washington, D. C.).
2　Special Committee (1912), *The Taylor and Other System of Shop Management*, Hearings before the Special Committee of the House of Representatives to Investigate the Taylor and Other Systems of Shop Management, under authority of House Resolution 90 (Washington, D.C.: U.S. Government Printing Office).
3　Commission on Industrial Relations (1914), *First Annual Report of the Commission on Industrial Relations* (Washington, D. C.), pp. 10-45; Commission on Industrial Relations (1916), *Industrial Relations*, Final Report and Testimony Submitted to Congress by the Commission on Industrial Relations Created by the Act of August 23, 1912, Vol. 1 (Washington, D. C.: Government Printing Office), pp. 763-1024.
4　Copley, Frank B. (1969, originally published in 1923) *Frederick W. Taylor: Father of*

Scientific Management (New York: Augustus M. Kelley Publishers), Vol. II, p. 347.
5 "Testimony of Mr. Frederick W. Taylor," (April 13, 1914), in Commission on Industrial Relations (1916), pp. 765-810.
6 科学的管理と労働組合との関係についての歴史研究を代表するものは、以下に示すマッケルヴィ（Jean Trepp McKelvey）およびナドワーニー（Milton J. Nadworny）による二つの研究である。両者は同じ時期（1900-1932年）を研究対象にしているが、問題意識を異にしている。書名に明らかなように、マッケルヴィは労働組合（AFL）の態度を、ナドワーニーは科学的管理と労働組合の関係を中心に分析している。両者ともにすぐれた研究であるが、科学的管理の研究としては、ナドワーニーのものがより深く、有益かつ示唆に富んでいる。McKelvey, Jean Trepp (1952), *AFL Attitudes towards Production, 1900-1932* (New York: Cornell University Press). 〔小林康助・岡田和秀／訳（1972）『経営合理化と労働組合』風媒社〕Nadworny, Milton J. (1955), *Scientific Management and the Unions, 1900-1932: A Historical Analysis* (Cambridge, Mass: Harvard University Press). 〔小林康助／訳（1977）『新版 科学的管理と労働組合』広文社〕
7 下院議長により任命された3名の委員からなる特別委員会の目的は、「テイラーおよびその他のショップ・マネジメント・システムの政府工場への適用可能性、従業員の健康と利益への影響、賃金と労務費への影響、ならびにこのシステム導入の結果を徹底的に理解するために関連するその他の問題を調査する」（Special Committee (1912), p. 3)、ということである。1911年10月4日の公聴会は午後2時から始まり、最初に証言台に立ったのは、鋳物工の代表 John R. O'Leary である。ウォータータウン兵器廠におけるテイラー・システムに関する代表的研究は、エイトケンの次の業績である。Aitken, Hugh G. J. (1985, originally published in 1960), *Scientific Management in Action: Taylorism at Watertown Arsenal, 1908-1915* (NJ: Princeton University Press).
8 ナドワーニーは次のように述べている。「科学的管理と組織労働者との紛争は、1911年に突然異常な激烈さを生み熱気を帯びたが、その後まもなく影をひそめるにいたった」(Nadworny, Milton J. (1955), p. 68. 〔小林康助／訳（1977）、111頁。ただし、訳文は必ずしも訳書と同一ではない。以下、同様〕）、「ほぼ2年間、比較的休止状態であった科学的管理と組織労働者との紛争が、ワシントンでふたたび公然と調査されつつあった。1914年に、労使関係のすべての局面に関する公聴会を行い、とくに関心のある領域を調査するために、合衆国労使関係委員会が設けられた。委員会は、『能率システムと労働』に公聴会の一部を当てた」(*Ibid.*, p. 73. 〔同上訳書、118-119頁〕)
9 労使関係委員会の最終報告書に含まれている研究調査責任者である Basil M. Manly の報告書（9名の委員のうち、委員長 Frank P. Walsh 他3名が署名）は、22の項目からなり、第18項目が「科学的管理」にあてられている。この報告書については、Commission on Industrial Relations (1916), pp. 11-152 を参照のこと。労使関係委員会は、1912年8月23日の議会制定法により設置され、1913年10月23日に最初の会合をもった。委員は上院の助言と同意を得て大統領が任命する9名（委員長 Frank P. Walsh）であり、労使それぞれの代表3名以上を委員会構成の要件としている（任期満了前の辞任、交代が1名）。公聴会の進行役は、委員会法律顧問 William O. Thompson

と研究調査責任者の Basil M. Manly である。以上については、次を参照のこと。Commission on Industrial Relations (1914), p. 1, 5, 10; Commission on Industrial Relations (1916), p. 6.

10 「1911年以降、AFLの年次大会はテイラー・システムを非難する決議を採択し続けたが、当時の労働組合機関誌では、この問題にほとんど注意が向けられなかった。しかしながら、組織労働者は、科学的管理の方法を政府に導入させない立法化の努力を続け、そのような議会行動が私企業においてもみならうべき例として役立つことを期待した」(Nadworny, Milton J. (1955), p. 67.〔小林康助／訳（1977）、101頁〕

11 McKelvey, Jean Trepp (1952), p. 12.〔小林康助・岡田和秀／訳（1972）、29頁〕

12 ナドワーニーは次のように述べている。「1910年以前における課業管理システムに対する労働者の態度は、これまで一般的に無視されてきた。というのは、管理者もマネジメント史の研究者も、Harlow S. Person の次の言葉を信じたからである。すなわち、『科学的管理に関する労働者と管理者との間の紛争は、……1911年より前にはなかった。ほぼ30年間テイラーはさまざまな工場において科学的な技法を発展させてきた。そして、労働者はこれに注意を払ってこなかった』、と。そして、そのことが労働指導者によってさえ、額面通りに受け入れられているのである。……加えて、システムに統一した名前がないことが（1910年になって〔1910年10月以降——引用者〕、『科学的管理』ないし『テイラー・システム』という名前が流布するようになった）、『科学的管理』に対する組織労働者態度を理解するのを非常に難しくしていた。それにもかかわらず、しばしばコンサルタントや雇用主が落胆したように、労働組合がこの新たな動きである諸方法に注意を向けたことは明らかである」(Nadworny, Milton J. (1955), p. 23.〔小林康助／訳（1977）、36頁〕

13 「1910年までに、科学的管理は成熟していた。すなわち、一連の明確なやり方を身につけており、考えを同じくする人々の集団と顧客を拡大していた。そしてまた、たくさんのライバルや模倣者がいた。労働組合は、反対の動きを示していた。落胆と失敗もあった。しかしながら、20世紀の最初の10年間は、押しなべて成功であり、テイラーや仲間たちにとってはまったく満足すべきものであった」(Ibid., p. 33.〔同上訳書、48頁〕)

14 テイラーの証言（Testimony of Mr. Frederick Winslow Taylor）は Special Committee (1912), pp. 1377-1508、彼の陳述（direct statement）は pp. 1377-1426 に収録されている。なお、証言は以下の文献にも再録されている。Taylor, F. W. (1912), "Taylor's Testimony Before the Special House Committee," in Taylor, F. W. (1947), *Scientific Management, Comprising Shop Management, The Principles of Scientific Management, Testimony before the Special House Committee* (New York and London: Harper & Brothers Publishers)〔F・W・テーラー著、上野陽一訳・編（1969）『科学的管理法＜新版＞』産業能率短期大学出版部〕本章において、上野氏の翻訳書を参照したが、引用文中の翻訳は特別委員会記録に基づき筆者が行ったものである。以下、引用が多数となるので注記は原書のみ示す。また、翻訳の文体は、会話体をとっていない。

15 Special Committee (1912), p. 1378.

16 *Ibid.*

17 *Ibid.* pp. 1384-1385.
18 *Ibid.* p. 1386.
19 *Ibid.* p. 1387.
20 *Ibid.* p. 1389.
21 *Ibid.*
22 *Ibid.* p. 1393.
23 *Ibid.* pp. 1393-1395.
24 *Ibid.* p. 1397. 科学的管理の第4原理については、少し説明が必要であろう。テイラーは、第4原理を説明する際、この原理が他のものより理解がもっとも難しいと述べ、これを労働者と管理者との間でのほぼ均等な仕事の分担であり、また両者の協力であるとも説明している（*Ibid.* pp. 1395-1396）。この引用からは、第4原理は、管理者が自らに相応しい役割を分担し、労使の持続的で親密な協力を実現するという管理者の責務を示したものだということになる。
25 *Ibid.* p. 1396.
26 *Ibid.* pp. 1397-1405.
27 *Ibid.* pp. 1405-1411.
28 *Ibid.* pp. 1411-1416. ここでテイラーが力説したいのは、次のことである。「科学的管理は検証されていない新しい理論ではない。単なる理論では決してない。科学的管理の理論に関心がもたれ調査の対象となったのは、ここ数年のことにすぎない。しかし、科学的管理自身は、ほぼ30年間の間にじょじょに進化してきたものである。……それゆえ、科学的管理は、理論ではなく長い間かかって進化した結果なのである」（*Ibid.* pp. 1415-1416）
29 *Ibid.* pp. 1416-1425. この事例は他の事例に比べて科学的研究の必要性がとくに大きいとして、テイラーが力説している事例であるので、特徴的だと思われる陳述を以下に引用しておく。「高度な仕事の場合、そこにおける科学的法則は非常に複雑であり、高給を得る機械工は、低賃金労働者以上に、自分よりも高い教育を受けた人々に協力してもらわなければ、法則を発見することやこれらの法則にしたがって仕事のできる人を選択、能力開発、訓練することができない」（*Ibid.* p. 1416）「金属切削の技法にはかなりの科学が含まれており、非常に複雑なので、年がら年中旋盤を扱うのに適している機械工では、専門家の手助けがなければその科学を理解することもその法則にしたがって仕事をすることも、不可能である」（*Ibid.* pp. 1418-1419）「『創意と刺激』のマネジメントの根本原理（すなわち、根本思想）は、あらゆる問題の解決を労働者個人の手に委ねるのに対して、科学的管理の思想は、解決を管理者の手に委ねる。……／科学的管理のもとでは、経験則に替えて法則を発展させることだけでなく、あらゆる労働者に公平にもっとも速く作業する方法を教えることが、管理者の責務であり喜びとなる。……科学的管理のもとでは、正確な科学的知識と方法が浸透し、遅かれ早かれ経験則にとって替わるのはまちがいない。他方、古いマネジメントのもとでは、科学的法則にしたがって働くことは不可能である」（*Ibid.* pp. 1419-1420）
30 *Ibid.* p. 1426.
31 Nadworny, Milton J. (1955), p. 60, 164. 〔小林康助／訳 (1977)、92、105頁〕ここでナ

ドワーニーは、この決議案に対して議会で多くの反対があったにもかかわらずウイルソンが巧みに通したと述べ、その経過の概要を示している。

32 以上の3人の人物概要は、主にCopley, Frank B. (1969), Vol. II, pp. 345-346 による。
33 Special Committee (1912), pp. 1429-1431; Taylor, F. W. (1911), "Shop Management," in Taylor, F. W. (1947), *Scientific Management*, pp. 30-35.
34 Special Committee (1912), pp. 1431-1433.
35 *Ibid.*, pp. 1433-1435.
36 *Ibid.*, p. 1436.
37 *Ibid.*, p. 1439.
38 *Ibid.*, pp. 1439-1440.
39 *Ibid.*, p. 1440. ウイルソンの質問の背後には、科学的管理が労働強化をともなうことを聞き出そうとする意図が読みとれる。それゆえテイラーは、本来働くべき速度よりも速く働かせることを意味する "speeding up" はない、と答えたのである。
40 *Ibid.*, p. 1441.
41 *Ibid.*, pp. 1441-1442. テイラーは次のように述べている。「私たちの工場において決められる課業は、ほぼ例外なく労働者であった人が設定する。……議長にはぜひ次のことを記憶しておいていただきたい。第1に、科学的管理のもとでは労働者と管理者はもっとも親しい友人だということ、第2に、科学的管理のもっとも特徴的なことの一つ（古いマネジメントの方法と区別される要素の一つ）は、働いている従業員はすべて、自分が公正に扱われていないと感じたとき管理者に伝えることができ、公正で入念な調査が行なわれるということを。労働者を完全に公正に扱おうとしないならば、科学的管理の存在する余地はない。それが科学的管理の本質そのものなのである」(*Ibid.*, p. 1442)
42 *Ibid.*, p. 1443.
43 *Ibid.*, pp. 1443-1445.
44 科学的管理のもとでは団体交渉が不要になると主張した後、テイラーは、「古いマネジメントのもとでのように、科学的管理のもとでもし労働者が求めるのであれば、団体交渉を認めるべきでない理由はまったくない」(*Ibid.*, p. 1444)、と自分が団体交渉否定論者ではない旨の発言をしている。
45 *Ibid.*, pp. 1445-1452. 質問の厳しさは、ウイルソンの次の言葉にもはっきりと示されている。「管理者のすべての力によって個人を圧迫し、管理者の方針を実行させるというのが、科学的管理、すなわちテイラー・システムのやり方なのではないのか」(*Ibid.*, p. 1451)
46 *Ibid.*, p. 1452.
47 *Ibid.* ここでテイラーのいう「優れた」労働者は、テイラーの周知の表現では「一流」労働者のことであるので、ウイルソンは一流という言葉を用いたのである。ウイルソンの質問の意図は、優れた労働者とはどのような労働者であるとテイラーが理解しているのかを明らかにすることにあったと思われる。
48 *Ibid.*, pp. 1452-1454.
49 *Ibid.*, pp. 1454-1456.
50 *Ibid.*, pp. 1456-1458. ここにはテイラーとウイルソンとの間で、一流労働者の「一流」

についての評価が大きく異なっていることが示されている。
51 *Ibid.,* p. 1458.
52 *Ibid.*
53 *Ibid.,* p. 1460. 一度目の質問については、p. 1440 を参照のこと。
54 *Ibid.,* p. 1462. テイラーは、これまで、科学的管理の「機構」(mechanism) が悪用されることもあり、その場合には科学的管理の存在はないと述べてきたのである。ウイルソンは、機構の悪用の可能性をテイラーに確認したにもかかわらず、その直後に、このような質問を行った。したがって、テイラーは、悪の力になる科学的管理はなく、また科学的管理に支配者はいないと反論している（*Ibid.*）。
55 *Ibid.,* p. 1463. この質問は、科学的管理のもとでは労働者も雇用主も規則や法則（rules and laws）に基づいて事業が行われる、すなわち法の強制があるとのテイラーの見解に対する批判である。すなわち、科学的管理のもとに雇用主という支配者がいると考えるウイルソンにすれば、規則や法則は雇用主の意のままになるものにすぎず、彼の不徳を統制することができないのである。
56 *Ibid.,* pp. 1462-1464.
57 *Ibid.,* pp. 1466.
58 *Ibid.,* pp. 1466-1471.
59 終了時間は記録されていないが、証言記録の分量は昼間の委員会よりも多く、少なくとも午後 11 時過ぎまで続いたと思われる。
60 *Ibid.,* pp. 1471-1473.
61 *Ibid.,* pp. 1473-1476.
62 *Ibid.,* pp. 1480-1483.
63 *Ibid.,* p. 1498.
64 *Ibid.,* p. 1499.
65 *Ibid.,* pp. 1499-1500.
66 *Ibid.,* pp. 1500-1503. テイラーは、オコンネルが労働組合機関紙で書いた批判文（1912年1月）の一部を陳述で示し、そこには次のように書かれているがまったくの誤りである、と述べている。「団体交渉の代わりに、テイラー氏は個人契約を主張する。組織労働者の方法のどのような主張も、免職となる。このシステムが試みられるところでは、労働紛争が起こるかシステムの導入が失敗している。だから、このシステムは、労働組織を破壊し、人々を事実上の奴隷にし、賃金を引き下げる。そして、人々の間に疑惑の空気を生み出して、人々は互いを裏切り者かスパイとみなすようになるのである」（*Ibid.,* p. 1501）。
67 *Ibid.,* p. 1508.
68 "Testimony of Mr. Frederick W. Taylor,"(April 13, 1914), in Commission on Industrial Relations (1916), p. 765. 委員会は、委員長のウォルシュを含め公益代表3名（John R. Commons, Florence J. Harriman）、使用者側代表3名（Frederic A. Delano, Harris Weinstock, S. Thurston Ballard）、労働側代表3名（John B. Lennon, James O'Connell, Austin B. Garretson）から構成されている。
69 *Ibid.,* pp. 766-770.

70　*Ibid.*, p. 771.
71　*Ibid.*, pp. 772-773.
72　*Ibid.*, p. 773.
73　*Ibid.*, pp. 773-774.
74　*Ibid.*, p. 775.
75　*Ibid.*, p. 776.
76　*Ibid.*, pp. 777-781.
77　*Ibid.*, pp. 781-788.
78　*Ibid.*, p. 784.
79　*Ibid.*, p. 785.
80　*Ibid.*, pp. 785-786.
81　*Ibid.*, p. 787.
82　*Ibid.*, pp. 788-789.
83　*Ibid.*, pp. 790-791.
84　*Ibid.*, pp. 792-793.
85　*Ibid.*, pp. 793-794.
86　*Ibid.*, p. 794.
87　*Ibid.*, pp. 794-795.
88　*Ibid.*, pp. 796-798.
89　*Ibid.*, pp. 798-806.
90　*Ibid.*, pp. 798-801.
91　*Ibid.*, p. 801.
92　*Ibid.*
93　*Ibid.*, p. 802.
94　*Ibid.*, pp. 802-803.
95　トンプソンは、「法則（a code of laws）は生命のないものであって、何も決めることはできない」と述べるが、テイラーは、「世の中に法則ほど力のあるものはない。発展させられた法則がものごとを決める。そして私たちは、法則が正しいかどうかをさまざまなショップに見に行くように労働者にいっている」と反論する（*Ibid.*, p. 804)。さらに、トンプソンが「あなたのシステムには最終決定するもの（final determining source）がないということか」と質したのに対して、テイラーは次のように述べている。「法則の漸次的進化を除いては。これらの法則は、一方ではなく労使双方の協力によってじょじょに進化する。労使双方に満足を与えることを通じて、それらは検証される。それが絶えずくり返されなければならない。法則はこうして進化する。慣習法が進化するのとまったく同じである。ショップの法則も、諸国を統治する慣習法とまったく同じように進化する」（*Ibid.*, pp. 805-806）
96　Taylor, F. W. (1911), "Shop Management," p. 69.
97　"Testimony of Mr. Frederick W. Taylor," (April 13, 1914), p. 810.
98　*Ibid.*
99　藻利重隆（1964）『労務管理の経営学（増補版）』千倉書房、295頁。ここでいう「テ

イラー証言」とは、1912年の下院特別委員会公聴会での証言のことである。
100 中村瑞穂（March, 1968）「『テイラー証言』考（中）――科学的管理運動史研究（5）――」『武蔵大学論集』、第15巻第6号、43-44頁。ここでいう「テイラー証言」も、1912年の下院特別委員会公聴会での証言のことである。
101 中村瑞穂（August, 1968）「『テイラー証言』考（下）――科学的管理運動史研究（6）――」『武蔵大学論集』、第16巻第2号、49頁。
102 向井武文氏は、精神革命の本質を「科学主義の実現による労使協調主義の達成」（向井武文（1970）『科学的管理の基本問題』森山書店、85-86頁）であると述べている。なお、「労資協調主義」および「科学主義」という精神革命の2要素の呼称は、藻利氏に基づいている。
103 テイラーは、古いマネジメントの最良のものに対する科学的管理の二つの利点のうち、管理者が新たな負担と責務を担うことがより大きな利点であると述べている。Special Committee (1912), p. 1393 および "Testimony of Mr. Frederick W. Taylor," (April 13, 1914), p. 775 を参照のこと。
104 本章、注100を参照のこと。
105 藻利重隆（1964）、331頁。
106 テイラーの精神革命についての解釈が多様であることは、向井武文（1970）、77頁に簡単に示されている。
107 「M. J. Nadworny は精神革命の意義をまったく否認し、これを科学的管理の濫用から生ずる非難を回避するための『いかがわしい策略』にすぎないと考え、この点に関するテイラーの主張は正直なものではないとまで極論している」（向井武文（1970）、77頁）向井氏が指摘するナドワーニーのテイラー批判については、次を参照のこと。Nadworny, Milton J. (1955), p. 42, pp. 62-63.〔小林康助／訳（1977）、64-65頁、94-95頁〕
108 Taylor, F. W. (1895), "A Piece-Rate System, Being a Step toward Partial Solution of the Labor Problem," *Transactions of the American Society of Mechanical Engineers*, vol. 56, p. 875.「出来高払制度」におけるテイラーのマネジメント思想については、本書第4章を参照のこと。
109 Taylor, F. W. (1911), "Shop Management," p. 21.「ショップ・マネジメント」におけるテイラーのマネジメント思想については、本書第4章および第5章を参照のこと。
110 Taylor, F. W. (1919, originally published in 1911), *The Principles of Scientific Management* (New York and London: Harper & Brothers Publishers), p. 140. また、次のようにも述べている。「『創意と刺激』のマネジメントを科学的管理に変える際の非常に大きな問題は、管理者ならびに労働者の精神的態度と習慣に完全な革命を起こすことである」(*Ibid.*, p. 131)
111 *Ibid.*, p. 37.
112 Nadworny, Milton J. (1955), pp. 41-42.〔小林康助／訳（1977）、64-65頁〕
113 Urwick, Lyndall F. (March, 1958), "The Integrity of Frederick Winslow Taylor," *Advanced Management*, 23 (3), p. 10. アーウィックはまた、ナドワーニーがテイラーの業績を一貫して「システム」と呼んでいると指摘している（*Ibid.*）

114 稲村毅 (February, 2006)「【書評】廣瀬幹好著『技師とマネジメント思想―アメリカにおけるマネジメント思想の生成、1880年〜1920年―』」『関西大学商学論集』、第50巻第6号、152頁。

第7章
工業経営技法の現状

第1節　管理に関する小委員会の報告

　ASME（The American Society of Mechanical Engineers）の第33回年次会合は、1912年12月3日（火）から6日（金）まで、ニューヨーク市で開催された。この大会は、会合委員会の小委員会（Sub-Committees of the Committee on Meetings）が中心となって企画した初めてのものであり、普段と違って多様な専門的なプログラムが実施された注目すべき大会であった。ASMEの年報には、会期中に開催された専門分科会は九つ、最終日（6日金曜日の午前）は「管理分科会（Administration Session）」だけに時間が割かれ、工業経営（Industrial Management）に関するこの分科会に多くの人が参加した、と記録されている[1]。

　この分科会において「管理に関する小委員会」（Sub-Committee on Administration）が作成した「工業経営技法の現状」（The Present State of the Art of Industrial Management）は、当時多くの機械技師の関心を集めつつあった重要な問題である工業経営という領域について、ASMEが初めて集団的に調査研究し、年次会合で報告した貴重な報告書である[2]。それゆえ、この報告書およびこれに関する議論は、当時機械技師がマネジメント問題をどのようにとらえていたのかを理解するのに有益な素材を提供しているのである。

　後に述べるように、ASMEを代表する人びとからなる委員会が作成したこの報告書は、F. W. テイラーを含めた近年の主なマネジメント改革の動向を調査したものであるが、とりわけテイラーの科学的管理を重視し、そのマ

ネジメント改革における貢献を高く評価している内容となっている。

その意味では、報告書およびこれに関する議論を詳細に検討すれば、科学的管理について当時の ASME の機械技師たちがどのような見方をしていたのか、すでに公衆に広く知られていた科学的管理に対する労働組合の厳しい批判をどのように受けとめていたのかということについて、ある程度の理解を得ることが可能であろう。テイラーのマネジメントについての考えと、他の機械技師たちの考えの共通点と差異を見いだすことが可能なのではないのか。科学的管理の非人間性批判がしばしばみうけられるが[3]、公平を期するためには、まずテイラーの理念を同時代の機械技師たちの中に位置づけることが不可欠である。

そこで本章では、当時の ASME 会員たちのマネジメント改革に関する基本理念を示していると考えられる「工業経営技法の現状」の報告と討論を素材として、科学的管理、すなわちテイラーのマネジメント理念が彼らにどのようにとらえられていたかを検討する。

委員会報告

管理に関する小委員会の報告書は冒頭、工業経営に関連する近年の顕著な現象として、次の八つの特徴をあげている。第1、鉄道運賃率の値上げをめぐる州際商業委員会の公聴会において示されたマネジメント原理への幅広い関心。第2、雇用主の側におけるこの問題へ強い関心の急増。第3、マネジメントの新たな諸方法に対する労働組合の反対。第4、これらの問題について調査するための各種委員会を設置したことなどにみられるアメリカ合衆国政府による認識。第5、マネジメントに関する文献の急増。第6、マネジメントの原理の適応を促進することを目的とした二つの協会の形成[4]。第7、マネジメントの新たな要素といわれるものを熱烈に支持する人びとと、それに断固反対する人びとへの分化。そして第8、もっとも顕著な現象としての、マネジメント原理の適用による作業の進歩という疑いなき証拠の存在。

以上のように、報告書は、まず委員会調査の背景であると考えられる工業

経営に関する近年の顕著な現象を列挙し、およそ以下に示す項目にしたがって説明する[5]。

＜製造業の原理＞

報告書が主張する製造業の原理とは、熟練の移転の原理であり、これが生産部門には十分に適用されてこなかったというのが、ここでの主張の要点である。

産業発展の基本原理は、分業の進展に加えて熟練の移転がある。労働節約的機械は、手工業から機械工業（製造業）へと産業の革命をもたらした。1794年のモズリー（Henry Maudsley）によるスライド・レストの発明が、熟練職人の行う旋盤の制御をスライド・レストの機械運動に置き換えたように、伝統的な職業上の熟練、すなわち設計者や発明家の特殊で独特な熟練が機械に移転されてから、熟練がまったくあるいはほとんどない作業者が機械を操作して製品をつくることが可能になった。これまでは機械に焦点を当て、これが生産の基本単位だとみなしてきたのである。

しかし、製造業を成功させるためには、単に良い機械を手に入れただけでは十分ではない。機械化以外の重要な要因、すなわち工場の経済性を入念に統制することが必要である、とバベッジ（Charles Babbage）が指摘しているが、これは、作業について事前に徹底して考え、この考えを労働者に移転するという近代的手法の重要性を指摘したものである。

バベッジの時代から現在まで、工場の経済性にもっとも寄与してきたのは製図室の進歩である。製図室では技術データの収集、諸結果の予測とスタッフ組織の形成が行われ、その結果として機械設計の技法が非常に発展した。19世紀の後半には、発明の急激な増加、機械や工具への熟練の移転の著しい進展があった。産業組織は一人の経営者が管理するにはあまりに巨大すぎるほどで、組織は設計部門と生産部門から構成され、各部門にはそれぞれ責任者が置かれるという状況である。設計部門に関していえば、この部門は機械および生産工具に熟練を移す手段であり、高度に発展を遂げて組織化され

てきた。実験、調査、詳細な研究が絶えず求められ、望む結果をえる助けとなった。仕事は高度に専門化され、従業員の給与も高く、管理者や経営責任者が自らの時間の多くをこの分野に割くことも、珍しくはない。

　他方、生産部門はといえば、近年までバベッジの時代とあまり変わらず、設計部門の発展と対照的な状態のままであった。労働者は、製図室で設計された工具や機械を与えられ、自らの熟練によって望ましい質と量の仕事をすることが期待された。生産部門や従業員にマネジメントの熟練を移転する努力がなされることはほとんどなかった。すなわち、労働者が生産の編成単位として考慮されることが、ほとんどなかったのである。

＜変化の特徴＞

　しかし、過去20-25年の間に、多くの生産管理者の態度にたしかな変化が生じた結果、労働者に対して大きな注意が向けられてきている。利潤分配、割増、ボーナスなどの労働者への報酬制度および福利厚生、産業改善、工場の物的条件の改善などが進んできた。また他の傾向としてあげられるのは、従業員間および労使の人的関係の改善であり、実験心理学を利用して工場の労働条件を最良のものにする努力である。

　だがもっとも重要なのは、生産問題に対する精神的態度の変化である。すなわち、問う態度、研究する態度、当該問題に影響するあらゆることを入念に調査する態度、正確な知識を探求し、発見された事実に基づいて行動を起こす態度の発展である。すなわち、調査の手段として時間研究や動作研究の利用、研究結果を実行するものとしての計画部門、そして労使協力を促進する賃金支払い方法が発展してきたのである。

　これらの変化はすべて、設計部門よりも生産部門により大きな影響を与えている。熟練の移転の原理が生産の領域に及んでおり、マネジメントの熟練が工場におけるすべての作業に意識的に適用されているのである。すなわち、「製図室は [機械——引用者] 設計の計画部門であり、計画部門は生産の製図室なのである」[6]。

＜マネジメント技法の新たな要素とは＞

　マネジメント技法に新たな要素はないとの見解がある一方、新たな要素を主張する見解が存在する。これらの見解は、事実を確認して研究し、これを労働者の教育および産業のあらゆる部門を統制するために体系的に適用するための意識的努力についての考え方を示している。そこで、これらの見解を熟練の移転という基本原理に照らしてみれば、現在の工業経営における顕著な要素を見いだすことができる。すなわち、「産業のあらゆる活動に熟練の移転を意識的に適用する精神的態度」[7]である、と。

　「あらゆる」という言葉が重要なのである。すでにみたように、機械や道具という限定的な領域へのこの原理の適用は、長きにわたって非常に発展してきた。だが、生産部門、とくに労働者への広範な意識的適用は、この四半世紀に行われるようになったにすぎない。

　報告書の主張を要約すれば、次のようになろう。いまや産業は、労働者の熟練を機械に移転する段階から、システムや方法としてのマネジメントの機構（mechanism）に移転する段階に発展しているということである。機械の効率化による生産の統制から、システムや方法を通じた生産の統制という生産問題に対する精神的態度の発展が、マネジメント技法の新しい要素である、と報告書はとらえているのである。

＜精神的態度の発展＞

　精神的態度の発展を例証するために、報告書は、付録2に示した16編の論文の内容を簡潔に紹介する[8]。そして、テイラーの"Shop Management"を「工業経営に関する最初の完全な説明であり、この著者の後の著述とともに、今日、工業経営に関して包括的に概説した唯一のものである」[9]と高く評価し、テイラーの研究を工業経営技法の現状の到達点であると位置づける。明示されていないが、その理由は、報告書がマネジメント技法の新しい要素とみなす「産業のあらゆる活動に意識的に熟練を移転するという精神的態度」を、テイラーの研究が代表しているからであろう。

＜労働節約的マネジメント＞

テイラーの功績を高く評価しながらも、報告書は、工業経営における新たな動向を説明する言葉を、「科学的管理」ではなく、「労働節約的マネジメント」と名づける。その理由を、次のように説明する。工業経営に関する論文が多数提出されるようになってから、科学的管理（scientific management）という言葉が一般的にまたあいまいな形で使用されるようになった。この言葉によって、一般的にはマネジメントが技法（art）でなく科学（science）であると受け取られている。しかしながら、科学的管理という言葉の正しい解釈は、科学的方法を用いたマネジメントということであり、主に物理学や心理学など諸科学の科学的方法を利用するということである。

他方、労働節約的マネジメントという言葉は現在の産業の傾向を示しており、過去の進歩としての労働節約的機械という言葉との完全な類似性があるので、より正確に理解されやすいという利点があるからである、と[10]。

＜工業経営を規制する原理＞

この労働節約的マネジメント、すなわち管理者が獲得した知識の労働者への移転（熟練の移転）を徹底するためには次の三つの原理が不可欠となる、と報告書は述べる。すなわち、第1に経験を体系的に利用し、第2に人びとの努力を無駄なく制御し、第3に適切なリーダーシップを通じて人びとからいっそうの努力を獲得するということである[11]。もっとも重要なものは第1原理であり、これは、過去の経験を体系的に蓄積し、標準化し、そしてこれをさまざまな活動に適用するということである。この原理を基礎に、第2は人びとの努力、すなわち諸活動を目標達成に向けて無駄なく調整すること、そして第3はこれらの人的努力を効果的にするということである。

わかりやすくいえば、過去の経験の徹底的な利用を通じ、人間的要素に十分な配慮を払いながら、人びとの努力、製造業において行われている諸職能を調整するということである。

＜マネジメントの実践＞

さらに報告書は、工業経営を規定する以上の三つの原理の説明に続き、労働節約的マネジメントを実践する（熟練を移転する）うえで経営側での十分な理解と準備が必要であるとして、次のように述べている。

近代マネジメントについての一般的な理解は、これが労働者を害するほど強いて生産を強化する傾向があるというものだが、この考えは誤りである。労働節約的マネジメントを実施するうえでもっとも影響を受けるのは一般労働者ではなく、経営者（executive）や生産に携わらない労働者（non-producing labor）である。彼らは、研究し計画し指揮しなければならない。知識と熟練を移転するためには、まずそれらを獲得しなければならない。

そのためには、実施を焦ってはならない。失敗する場合の原因は、たいてい二つある。経営者が精神的態度を獲得するのを失敗することと、適応をあまりに急ぎすぎるということであり、後者が主な失敗の原因である。当委員会としては、マネジメントの方法のどのような変化であれ、急ぐことの危険性を強調したい。

新たな方法を実施しようとする人が、必要な知識をもち、十分な標準を設定した後に、これらの方法を実施するという仕事を始めることができる。すなわち、最善の達成可能な作業条件を設定し、標準に達した各労働者への適正な報酬とともに明確な課業を与えることである。このようなやり方は、機転と忍耐が必要であり、リーダーシップと模範が力強い協力を獲得する上での強い支援となるのである。そしてまた、労働者の訓練は欠くことのできないものであり、必要とされる熟練を獲得するまで、すなわち、それが当たり前になるまで、辛抱強い教育と手助けが必要である。

＜労働節約的マネジメントの広範囲な成果＞

そして最後に、労働節約的マネジメントの実施がもたらす広範な成果に触れて、委員会は次のように報告書を結んでいる。

労働節約的マネジメントが成功しているところでは、広範な成果がもたら

されている。すなわち、生産費の減少、大幅に迅速な配送、賃金増加をともなう労働者の一日あたりの大幅な生産増加、労働者の満足の改善である。労働者の満足については、ストライキがほとんどないことに示されている。労働節約的機械は、今日私たちが享受しているものすべてを快適にした。労働節約的マネジメントも、そのような快適さをもたらすことを約束する。それが適正に実施されれば、労働を保護し、かくして社会全体に貢献する。消費者の便益は未だ一般的には感じられないであろうが、すでにある程度は達成されており、そして、生産の増大の当然の帰結として、達成され続けるだろう。

労働節約的マネジメント

以上が委員会報告の概要であるが、委員会が「科学的管理」という言葉を用いなかったことについて、少し検討しておきたい。とりわけ、委員会報告書の題名が「工業経営技法（the Art of Industrial Management）の現状」すなわち、工業経営の「技法」（art）であり、「科学」（science）とはしていないことに注目したい。すでに述べたことから明らかなように、委員会は、科学とは「物理学や心理学など諸科学の科学的方法」であるとみなしている。したがって、委員会の観点からすれば、テイラーの"Shop Management"に代表される工業経営の近年の新たな動向は、科学ではなく技法なのであり、それゆえ科学的管理という言葉を用いることは適切ではないことになる。報告書の題名に「技法」と記されているのは、それゆえであろう。

チャーチ（A. Hamilton Church）と委員会委員であるアルフォード（L. P. Alford）は、工業経営を規制する三つの原理を定式化した共著論文において、次のような見解を提示している。

「近年、マネジメントの技法に関して多くの優れた貢献がなされているが、それらは、特定のシステムに産業界の注意を向けさせるのに心を奪われるあまり、マネジメントの真に科学的な技法（real scientific art of management）の基本的な要素を進展させていない。／換言すれば、マネジメント問題の多くの『解決策』（solutions）が提示され、個人的な見解が表明されているが、それらは単に諸方法を経験的に組み合わせたにすぎず、良いものもあるが、その価値が明らかに疑わしいものもある。これらが重要であるかどうかの判定は、その解決策の提唱者の権威ではなく、厳密な論拠に基づくのである。／現在のところ、マネジメントは、科学の威信（dignity of a science）からはなはだ遠い位置にある」[12]

　上の引用には、テイラーの名前あるいは科学的管理という言葉は登場しない。しかしながら、現状のマネジメントは「科学の威信からはなはだ遠い位置にある」と断定するアルフォードにとって、テイラーのマネジメントは、科学性という観点からみれば承認できないはずである。それゆえ、引用文のように、マネジメントを科学とみなすテイラーに対する厳しい批判が示されているのであろう。

　しかし、委員会報告書における科学的管理に対する扱いに、これほど厳しい論調はみられない。そこでは、すでに述べたように、科学的管理という言葉を使用しない理由として、二つの点が指摘されている。まず第1に、科学的管理という言葉が広くまたあいまいな形で使用されるようになっており、その結果マネジメントが技法でなく科学であると受け取られているということ、さらに第2に、過去の進歩としての労働節約的機械という言葉との完全な類似性があるので、労働節約的マネジメントという表現を用いるほうが近年のマネジメント改革の動向をより正確に理解しやすい。それゆえ、科学的管理ではなく労働節約的マネジメントという言葉を使用したのである、と。

　報告書では、先の引用文のように「マネジメントの真に科学的な技法の基本的な要素を進展させていない」、「単に諸方法を経験的に組み合わせたにすぎず」、「現在のところ、マネジメントは、科学の威信からはなはだ遠い位置にある」という厳しい批判は行われてはいない。しかしながら、あれほど厳しく科学的管理を批判するアルフォードにとって、また報告書をとりまとめ

た中心人物であるとされるアルフォードにとって[13]、報告書においてマネジメントを「科学的」と表現することは容認できないであろう。したがって、程度の差はあれ、報告書においても上記引用に示された見解を共有しているのは明らかである。テイラーのマネジメント改革への貢献を評価しつつも、他方で、工業経営の現段階におけるマネジメントの科学化へのテイラーの貢献については否定的なのである[14]。

　事実上の執筆者であるアルフォードの見解が報告書の内容に大きな影響を与えているのはまちがいないにしても、それが委員会報告書である以上、アルフォードの見解と他の人びととの間に大きな意見のちがいがあれば、彼の草案が承認されるはずもない。なぜならば、ドッジ（J. M. Dodge）やタウン（Henry R. Towne）などのように科学的管理を高く評価する有力者たちも、委員会メンバーであったからである。したがって、科学性という点では懐疑的であっても、アルフォードが報告書でこの点を過度に強調することがないのは当然であろう。アルフォード自身、科学的管理という言葉を好まなかったとはいえ、すでにみたように、マネジメント改革へのテイラーの科学的管理の偉大な貢献は、認めているのである。

　そしてまた、テイラーの科学的管理だけがマネジメント改革への貢献ではないのも事実である。そこで、科学的管理も含めてマネジメント改革の動向をより広く表現する必要があると考えるのも、もっともなことである。委員会内部でどのような議論がなされたのかは不明だが、マネジメント改革への新たな動きを幅広く表現するために、報告書では、労働節約的マネジメントという表現を用いているのである。

第2節　委員会報告をめぐる議論

The American Machinist 誌の評価と委員会のまとめ

　The American Machinist 誌は、ASME の月刊誌に掲載されたこの報告書

を再録し[15]、その内容を次のように高く評価している[16]。大半が工業経営の近代的方法を実践している製造工場の所有者からなる ASME 委員会が準備したこの報告書は、注目に値する。そこでは、工業経営における近年の顕著な特徴は、あらゆる産業活動に熟練の移転の原理を適用しようとする態度であると述べている。そして、この新しい態度を科学的管理というよく知られた言葉ではなく、労働節約的機械と対比して労働節約的マネジメントと表現している。

労働者から機械へ熟練を移転した労働節約的機械によって計り知れないほどの恩恵を受けてきたのと同様に、熟練の移転（管理者から労働者への）を基礎原理とする労働節約的マネジメントも、よりいっそう大きな利益をもたらすといってよい。本誌は、これまで労働節約的機械の発展を一貫して支持してきたように、マネジメントが最善のものとなる労働節約的マネジメントの発展を支持する、と。このように、*The American Machinist* 誌の編集者は、近年のマネジメント改革の動向への支持を示している。

さて、委員会報告をめぐる議論は、午前中の分科会の予定時間（午前10時から午後1時）では足りず、大幅に延長して5時間を超えるほど白熱して行われた。*The American Machinist* 誌の編集者は、この議論の内容を次のように評価している[17]。

第1の特徴は、この分科会が年次会合最終日である金曜日に配置されたにもかかわらず、普通では考えられないほど出席者が多く、しかも熱心な議論が行われたということである。第2は、討論者がすべて、節度をもった建設的な議論を行っているということである。第3は、労働者に対する強制や駆り立ての態度ではなく、人間的精神（humane spirit）に立って議論が行われているということであり、これがもっとも重要なことである。討論者たちは、労使相互の利益という精神をもってリーダーシップを発揮することが従業員の協力を得ることを可能にするという考えを共有しており、このことが委員会報告のいう熟練の移転の意味するところである。

マネジメントに関する議論において、初期には人間的な精神という見方は

ほとんどなく、こうした変化がみられたのはここ4、5年のことにすぎない。多くの著名な製造業者たちがこのような観点を強調する議論に参加したことは、大変有意義なことである。このような変化は時代の流れに対応するものであり、近代工業経営を成功に導く特徴であろう。

さて、委員会報告に関する議論への参加者は26名に及んでいる。そして、報告内容は、おおむね好意をもって受け入れられたようである。議論の最後に委員会は次のように述べていることからも、そのことが推測される。

「報告について多くの議論が行なわれたこと、ならびに報告の受けとめられ方に、委員会は大いに満足している。／若干の異議も示されたけれど、報告は全体としては承認されたように思われる」[18]

もちろん、いくつか異議もあったが、これに対して委員会は、以下のように応答している。

まず第1は、ゴーイング（Charles B. Going）からの批判に対する反論である。ゴーイングは、報告書のタイトルと報告内容が一致しておらず、報告は委員会自身のマネジメント理論の表明であり、「工業経営技法の現状についての断片的アイデアの提示」にすぎないと厳しく批判している。これに対して委員会は、違った評価もあるとしてガント（H. L. Gantt）の委員会報告に対する高い評価を対置している。すなわち、「委員会は現在進行している運動の精神を完全に理解しており、45段落から58段落の記述〔「マネジメントの実践」の部分——引用者〕は、報告書の主題の優れたまとめである」、というのがガントの評価である。

第2に、トンプソン（C. B. Thompson）からの近代工業経営に対する労働組合による批判を過小評価すべきでないとの指摘や、労働者の非人間化という批判に対する取り組みが十分ではないとの指摘に対して返答している。前者については、工業経営（労働節約的マネジメント）のもたらす広範な成果についてすでに報告書で示していると反論するとともに、後者について

は、委員会報告をともに評価しているコバーン（F. G. Coburn）とガントの意見を対置している[19]。

労働節約的マネジメントと科学的管理

テイラーも、この議論の参加者の一人であった。彼は、報告を次のように評価している。たいていの著者たちは、これまで労働者の頭の中にあった知識を科学に替える必要性を強調してきた。目の子算から科学的知識に替えることについて詳しく論じ、その重要性を指摘してきた。しかし、委員会は、管理者によって獲得された後に労働者にこの知識を移転することに、主として焦点を当てている。この観点からすれば、科学的管理を「産業のあらゆる活動に熟練の移転を意識的に適用する精神的態度」として要約することは、まったく正しい。そして、科学的管理のもっとも重要な要素である労使双方における精神的態度の変化の重要性に委員会が注意を向けているのも、正に適切である。

テイラーの発言はかなり長いが、全体としてみれば委員会報告に対して肯定的に評価している。おそらくその理由は、委員会が科学的管理という言葉を使用していないけれども、科学的管理の精神を委員会報告が基本的に共有している、とテイラーが考えたからであろう[20]。ただし、熟練の移転という概念によって、委員会がもっぱら管理者から労働者への知識の移転を強調していることに対しては批判的である。テイラーは、発言の最後に近い部分で次のように述べている。

> 「『管理者から労働者への熟練の移転』という委員会による新しいマネジメントの定義を受け入れる場合、はっきりしているのは、管理者が自らこの知識を手にするまでは知識や熟練を移転できないということである」[21]

同様な批判が複数あり、科学的管理論者のハサウェイ（H. K. Hathaway）もその一人である[22]。

「委員会はこれまで第二義的重要性しかないとみなされてきた要素の一つを強調しているにすぎない。／熟練が移転される前に、まず管理者は知識と熟練を集め記録しなければならない。これらの知識や熟練は、今までは多くの労働者がばらばらに所有しており、その多くは無意識に継承されてきたものである」[23]

　この指摘は、委員会報告が知識の獲得を重視するのではなく獲得した知識の移転を強調している、との批判である。周知のように、課業管理としての科学的管理の本質は、作業の科学的研究によって課業を設定することである。それゆえ、科学的管理論者が課業の実施に力点を置く委員会報告を批判するのは当然である。

　とはいえ、委員会報告も、「工業経営を規制する原理」の第1原理で述べているように、知識や熟練の獲得という側面をまったく軽視しているわけではなく、委員会が科学的管理の基本理念を受け入れているのは、まちがいない事実であろう。また先に示したように、委員会報告は、過去20-25年の間の変化のなかで「最も重要なのは、生産問題に対する精神的態度の変化である。すなわち、問う態度、研究する態度、当該問題に影響するあらゆることを入念に調査する態度、正確な知識を探求し、発見された事実に基づいて行動を起こす態度の発展である。すなわち、調査の手段として時間研究や動作研究の利用、研究結果を実行するものとしての計画部門、そして労使協力を促進する賃金支払い方法が発展してきたのである」と述べているのである。

　以上のように、委員会報告を全体としてみれば、科学的管理を中心とするマネジメント改革の動向を反映したものであると思われる。

　では、科学的管理を含むマネジメント改革の労働者に及ぼす影響を、ASMEの技師たちはどのように考えていたのであろうか。科学的管理の評価に関わる重要な論点のひとつであるこの点について、次に検討することにしたい。

第3節　近代マネジメントと労働者

　委員会報告の説明において、またC. B. トンプソンによる指摘に対する委員会の返答にみられるように、ASMEの技師たちは、マネジメント改革が労働者に与える影響を肯定的にとらえていることがわかる。「近代マネジメントについての一般的な理解は、これが労働者を害するほど強いて生産を強化する傾向があるというものだが、この考えは誤りである」と委員会が述べているのは、その証左である。と同時に、委員会は、新たなマネジメント改革の適応を急ぎすぎることが主な失敗の原因であるとして、十分な準備の重要性と適応を急ぐことの危険性を強調している。
　さらに、委員会は、労働節約的マネジメントの広範な成果として、次のように述べているのである。

　「労働節約的マネジメントがうまくいっていると思われるところでは、生産費の低減、出荷日の設定とこれに対応する配送の大幅な迅速化、労働者の産出高増と賃金の増加、労働者の満足の向上、という成果がもたらされている。労働者の満足の向上は、新しいマネジメントのもとではストライキがほとんどないことや、変化した条件のもとで働く人々が、同じ工場にいながら新しい方法のもとで働いていない仲間の労働者たちのストライキに加わることを拒むという事実に示されている。こうした状況は、たびたび起こっているのである。……労働節約的機械は、私たち皆が享受している快適さをもたらした。労働節約的マネジメントは、この快適さをさらに拡大することを約束する」[24]

　議論の中で、C. B. トンプソンは次のように述べている。労働者が科学的管理に反対しているというのは事実であり、時間研究、事前の詳細な計画と細部にわたる指図、そして労使間の不公平な分配に対して、三つの根強い批

判が存在する。労働者に対する教育や労働組合の協力を得る努力を行っていくならば、このような問題を解決し、科学的管理を展開することが可能となる。さらに、科学的管理が「人間性を破壊する」(dehumanizing)との批判も、このシステムの下で実際に働いている人びとの実情に照らして判断することが大切である。すなわち、科学的管理を導入した工場の多くは、従業員の余暇、仕事への関心、知識が増加し、福利が向上しており、テイラーやとくにガントはこうした問題を無視してはいない。

また、ガントは労使の適正な関係を築くうえでの管理者の役割の重要性を強調しているし、キンボール(Dexter S. Kimball)は、労使間の分配問題は原理的に解決されるものではなくさらなる研究が重要であると主張している。しかしながら、科学的管理を代表とする近年のマネジメント改革が労働者に悪影響を及ぼすものだ、と主張する参加者はいなかったのである、と。

管理に関する小委員会が報告した「工業経営技法の現状」は、鉄道運賃率の値上げをめぐる州際商業委員会の公聴会を契機として雇用主のマネジメント問題への関心が急増し、またマネジメントの新たな諸方法に対する労働組合の反対がわき起こり、そしてこれらの問題を調査するために合衆国政府が各種委員会を設置するという状況の中で作成されたものである。多くの関心は、科学的管理に向けられていたのである。

したがって、機械技師のプロフェッショナル協会としてのASMEが工業経営技法の現状について調査するのは、当然のことであったと思われる。

すでに述べたように、委員会は、マネジメントの新しい動向を「熟練の移転」による「労働節約的マネジメント」であるとし、テイラーの科学的管理をその代表であるとみなした。そしてまた、議論に参加したASMEの機械技師たちも、この考えを基本的には了承したのである。ナドワーニー(M. J. Nadworny)も、「委員会報告の結論は、科学的管理が産業問題に対処し解決する最善の方法であるとの強い支持を与えた」、「近代工業経営の理念と技法を発展させてきたASMEが、科学的管理は『焦眉の課題』であると最終的に言明したとき、テイラーの勝利は明らかとなった」、と述べているよう

に[25]。

　C. B. トンプソンやキンボールが指摘するように、新しいマネジメントを展開するうえで、拙速を戒め労働者の教育と労働組合の協力を得ることの重要性や、労使間での分配の公平性の実現という問題が残されているとの認識は示されているが、ASMEの機械技師たちは、科学的管理が労働者に負担を強いる非人間的なものであるとはみなしていない。マネジメントが科学であるとのテイラーの考えは委員会の受け入れるところとはならなかったし、少数派報告などでの科学的管理を高く評価しすぎるとの批判も存在したが、ASMEの機械技師たちは、テイラーのマネジメント思想の進歩性を共有しているのである。

注
1　ASME (1912), "The Annual Meeting," *Transactions of the American Society of Mechanical Engineers*, vol. 34, pp. 602-606. 'Industrial Management' は、製造企業の経営管理を意味する言葉である。本章においては、これに「工業経営」の訳語を当てる。
2　管理に関する小委員会の報告書は次に示すように、多数派報告と少数派報告に分かれている。Dodge, J. M., et al. (1912), "The Present State of the Art of Industrial Management: Majority Report of Sub-Committee on Administration," *Transactions of the American Society of Mechanical Engineers*, vol. 34, pp. 1131-1150; Vaughan, H. H. (1912), "The Present State of the Art of Industrial Management: Minority Report of Sub-Committee on Administration," *Transactions of the American Society of Mechanical Engineers*, vol. 34, pp. 1151-1152.
　多数派は J. M. Dodge（委員長）、L. P. Alford（事務局長）、D. M. Bates、H. A. Evans、Wilfred Lewis、W. L. Lyall、W. B. Tardy、H. R. Towne の 8 名の委員からなり、少数派は Vaughan 一人である。また、内容的にみても、少数派報告書は多数派報告書を基本的には承認している。多数派報告書を完全な形では承認できないとして少数派報告書が批判するのは、多数派報告書には何か特定のシステムのみが万能であるかのような記述がみられるという点である（Vaughan (1912), pp. 1151-1152）。さらに、報告書の議論における Vaughan 自身の発言も参照のこと（"Discussion on 'The Present State of the Art of Industrial Management'," *Transactions of the American Society of Mechanical Engineers*, vol. 34, pp. 1215-1217）。以下、本章で「報告書」あるいは「報告」という場合、断らないかぎり多数派報告を指す。
3　たとえば、前章のテイラー証言をめぐる議論を参照のこと。
4　"The Society to Promote the Science of Management" および "The Efficiency Society" のことである。

5 アルフォードの伝記の著者は、管理に関する小委員会設置にはテイラーの *The Principles of Scientific Management* 出版をめぐる ASME 内部の問題がとくに関係しているとアルフォードが述べていると指摘している（Jaffe, William J. (1957), *L. P. Alford and the Evolution of Modern Industrial Management* (New York: New York University Press), p. 35)。しかし、この問題が委員会調査にどのような影響を与えたのかについては、残念ながら報告書の記述からは理解することができない。テイラーの論文掲載の事情については、本書第2章を参照のこと。
6 Dodge, J. M., et al. (1912), p. 1137.
7 *Ibid.*, p. 1139.
8 *Ibid.*, p. 1139-1140.
9 *Ibid.*, p. 1140.
10 *Ibid.*, pp. 1140-1141.
11 報告書では、以上の三つの原理は、報告書をまとめるうえでの調査結果を要約したものであると述べられている。しかしながら、ここに示した3原理は、本委員会の事務局長であるアルフォードとチャーチが共著論文の中で提示したマネジメントの3原理である（Church, A. Hamilton & Alford, L. P. (May 30, 1912), "The Principles of Management, " *The American Machinist*, pp. 857-861)。チャーチ自身が報告書の討論の中で、委員会が提示しているマネジメントの三つの規定的原理はアルフォード氏と私が導き出したものだが、この原理の定式化はかなりの程度アルフォード氏に負っている、と述べている ("Discussion on 'The Present State of the Art of Industrial Management', " p. 1157)。
12 Church, A. Hamilton & Alford, L. P. (May 30, 1912), p. 857. そしてさらに、レッドフィールド（W. C. Redfield）の次の言葉が現状を適切に描いているとして、引用している。「だが、マネジメントの科学はまだ確立していない。しかも、もし科学が、すなわち、事実に関する正確な知識に基づく明確な規則や原理を意味する科学が必要であるとすれば、それはまさにマネジメントの問題においてである」(Redfield, W. C. (April 18, 1912), "Scientific Spirit in Management, " *The American Machinist*, p. 612)。レッドフィールドは、民主党下院議員、製造業者であり、「テイラーおよびその他のショップ・マネジメント・システム」を調査するためのアメリカ合衆国下院特別委員会委員であった（本書第6章の注32を参照のこと）。
13 アルフォードは当時 *The American Machinist* 誌の編集長であり、また科学的管理の実施事例として著名なリンク・ベルト社を調査した論文を発表していたことから、管理に関する小委員会の委員に選ばれたようである。そして、アルフォードがひとりで調査を行い報告書を執筆し、彼が執筆した報告書を検討する委員会は一度開かれただけで、ほとんど修正はなかったとのことである。以上の点については、Jaffe, William J. (1957), pp. 34-36 を参照のこと。
14 この点については、チャーチの次の論文を参照のこと。Church, A. Hamilton (April, 1911), "The Meaning of Scientific Management, " *The Engineering Magazine*, vol. 41, no. 1, pp. 97-107; Church, A. Hamilton (July 20, 1911), "Has 'Scientific Management' Science ?, " *The American Machinist*, pp. 108-112. チャーチは、これらの論文におい

て、テイラーのマネジメントの科学への貢献を全面否定しているが、筆者は、チャーチの見解を容認できない。筆者の見解、チャーチ批判については、次の文献を参照のこと。廣瀬幹好（2005）『技師とマネジメント思想』文眞堂、199-212頁。
15　12月の年次会合に先立ち、報告書は、多数派報告の付録および少数派報告を除き、ASMEの月刊誌（*The Journal of the American Society of Mechanical Engineers*）1912年11月号に掲載されている。
16　The editorial (November 7, 1912), "Labor Saving Management, " *The American Machinist*, pp. 787-788.
17　The editorial (December 19, 1912), "Management, " *The American Machinist*, p. 1043.
18　"Discussion on 'The Present State of the Art of Industrial Management', " p. 1226.
19　「委員会は、科学的管理あるいは労働節約的マネジメントの『人的関心』という側面について述べている。この側面を欠いていると批判する人もいるけれども」、とコバーンが述べていること、および「ガントは近代マネジメントの最良のものによって労働者が利益を得ているということを明らかにしている」というのが、委員会の反論である（*Ibid.*, pp. 1226-1227）。
20　先に示したように、委員会は、テイラーの"Shop Management"を「工業経営に関する最初の完全な説明であり、この著者の後の著述とともに、今日、工業経営に関して包括的に概説した唯一のものである」ときわめて高い評価を与えている。
21　*Ibid.*, p. 1201.
22　ハサウェイ、ギルブレス（Frank B. Gilbreth）などの討論を参照のこと。
23　*Ibid.*, p. 1218.
24　*Ibid.*, p. 1147.
25　Nadworny, Milton J. (1955), *Scientific Management and the Unions, 1900-1932: A Historical Analysis* (Cambridge, Mass: Harvard University Press), p. 44, 45.〔小林康助／訳（1977）『新版　科学的管理と労働組合』広文社、68、69頁。ただし、訳文は翻訳書どおりではない〕

第8章
二つの科学的管理研究

第1節　科学的管理の評価をめぐって

　『科学的管理と労働組合』の著者ナドワーニー（Milton J. Nadworny）は、1920年以前の労働組合と科学的管理の敵対関係が1920年代に至って両者の協調へと変容していく様を詳細に分析している。そこでは、F. W. テイラーに代表される科学的管理（Scientific Management）に対して労働組合がどのような認識をもち対抗してきたのか、そしてこの動きに対してテイラー主義者がいかに科学的管理の理念を修正したのかに焦点が当てられている[1]。ナドワーニーによれば、テイラー主義者が労働組合と団体交渉を承認すること、すなわち、労働者の同意（consent）を承認することによって、マネジメント運動は、独裁から民主的見地への正常な変身を遂げたのである[2]。

　彼の研究は、科学的管理の父として知られるテイラーのマネジメント思想それ自体の評価を直接的目的としているわけではない。しかし、彼は、労働組合との団体交渉を認めないテイラーを産業民主主義の否定者として描き、テイラーのマネジメント思想を労使協調、すなわちナドワーニーの観点からすれば進歩に対する障害物であるとみなしている。

　ナドワーニーの著書に対して、リンダール・アーウィック（Lyndall F. Urwick）は、「フレデリック・ウィンスロー・テイラーの誠実さ」[3]と題する論文の中で次のように反論した。

　「フレデリック・ウィンスロー・テイラーの誠実さに関して、かなり重要な問題を含んだ書物が、1965年の春にハーバード大学出版局から出版さ

れた。著者のミルトン・J・ナドワーニーは、テイラーの往復書簡を利用して研究している。それらを多数参照している同書は、公平な研究の外観をまとっている。しかし、この学術的装置の背後には、彼の個人的偏向が見え隠れしている。同書は、テイラーならびに彼の理念の『名を汚す』ことを試みているのである」[4]

アーウィックは、テイラーの理念が非人間的であり、労働組合攻撃を目的とするものだとのナドワーニーの主張を、真正面から批判しているのである。

ナドワーニーは、「障壁の亀裂」(Cracks in the Barricades) と題する章のなかで、テイラーの労働組合についての理念がテイラー主義者や彼に近い人たちからも反対された事例をあげ、民主主義の「障壁」であるテイラーの理念の「亀裂」について論じている。そして、テイラーと意見を異にするロバート・ヴァレンタイン (Robert G. Valentine) を、産業民主化の最大の功労者の一人として高く評価するのである。

「〔1915年12月にヴァレンタインが発表した――引用者〕『能率と同意の漸進的関係』は、テイラー協会でそれまでに発表されたものの中でもっとも重要な論文の一つである。この論文は、テイラー協会がとるべき労働組合との関係の未来を予告し、科学的管理の考え方を広げて新しく不可欠なものとしての『同意』(consent) を含めるのに寄与した」[5]

「ヴァレンタインの民主主義の概念は、テイラーのそれとは異なり、同意の概念を基礎としていた。他方、テイラーは、もしも作業の『自然法則』(natural laws) が労働者と雇用者によってともに守られるならば、産業民主主義は自動的に達成されるであろうと信じていた。ヴァレンタインは、同意と能率の関係を肯定的なものとしてとらえていた。すなわち、高能率の持続は、従業員が集団として積極的かつ自発的に作業条件の決定に参加することなしには実現しえないものである、と。彼は、このような環境のもとでこそ、科学的管理方式がもっとも効果的に利用されうる、と確

信していた」[6]

　ナドワーニーとは違って、筆者は、批判の前にテイラーの貢献、すなわち人間協働を実現するための科学的研究を行ったという重要な歴史的貢献を、まずは正当に評価すべきであると考えている。
　テイラーは、人びとはだれも科学的研究によって発見される法則に従わねばならないという固い信念をもち、この法則発見のために献身した。しかし、実際に協働の役割を担うのは、機械でなく自由意思をもった人間である。それゆえに、C. B. トンプソン（C. Bertrand Thompson）が的確に指摘しているように、「人が一定の時間で一定の物事をすることが『可能である』（can）という事実は、それを行う『べき』（ought to）であるということを意味するわけではない」[7]。協働を担う人びとの意思、すなわち同意が不可欠とされる所以である。人びとの同意の意味するところは、労働組合の関与であり、団体交渉の承認である。
　テイラーは、労働組合の関与と団体交渉を頑なに認めなかった。それゆえ、テイラーの考えが労使協調の障壁であったとするナドワーニーの批判には、妥当性がある[8]。しかしながら、彼は、工業生産の能率向上などへのテイラーの貢献についてわずかに触れるだけで、「フレデリック・テイラーの工業経営における偉大な貢献を評価するのは、困難である」[9]と断定する。また、「テイラー理念のビジネスと産業への影響力がどのようなものであったのかについて、いまだわれわれは徹底的分析を行なっていない」[10]、などのあいまいな記述以上には、テイラーの貢献について論じようとしていない。さらに、テイラーの伝記に記された言葉を引用して、次のように述べている。

　「『もしもテイラーが1911年に労働運動の指導者によって開始された闘争の影響力を受けなかったならば、かれは恐らく人間的（human）にはなれなかったであろう』ということは、事実である」[11]

ナドワーニーの研究は、工業経営近代化へのテイラーの重要な貢献について考慮することなく、テイラーを産業民主主義の否定者として一面的に描くに止まっているのである。それゆえ、ナドワーニーの著書に対して、「同書は、テイラーならびに彼の理念の『名を汚す』ことを試みているのである」とアーウィックは批判したのである。

テイラーが独裁的見地に立った産業民主主義の否定者であったとするナドワーニーの主張は、はたして妥当であろうか。テイラーは、労働組合の破壊を意図していたのであろうか。テイラーのマネジメント思想を、そのようなものと断定してよいのだろうか。また、テイラーの同時代の人びとは、テイラーの科学的管理をどのように評価していたのであろうか。労働組合の視点からただ批判するにとどまらず、科学的管理の歴史的社会的意義を慎重に検討する課題は重要であるはずだが、依然として残されたままであると思われる。

本章では、以上の課題に取り組むに際して、まずドルーリー（Horace B. Drury）とトンプソン（C. Bertrand Thompson）の周知のアカデミックな研究を検討する[12]。

第2節　ドルーリーの科学的管理評価

1915年に、『科学的管理——歴史と批判——』[13] と題する研究書が発表された。

「この書物は……マネジメント運動についての最初の学問的研究であり、テイラー主義者の情報に部分的にだけ基づいて、第三者が書いたものである。新規性はほとんどないが、ドルーリーのこの著書は、マネジメント運動への関心が持続するのに役立った。そして、初期の科学的管理運動を概観した最良のもののひとつである」[14]

ナドワーニーは、以上のように述べながらも、不思議なことに、ドルーリーの研究内容にはいっさい触れていない。そこでまず、「マネジメント運動についての最初の学問的研究」であり、「初期の科学的管理運動を概観した最良のもののひとつである」とされる、ドルーリーの研究について検討する。

ドルーリーの著書の第2部は「科学的管理の重要な側面の批判的吟味」と題され、四つの章からなっている[15]。まず、科学的管理と労働組合との関係について、彼は、テイラーが労働組合指導者や労働者に敵意をもっていたのではないとして、次のように述べている。テイラーは、労使が敵対関係にある旧来のマネジメントのもとでは、労働組合の存在を必要なものであると認めていた。しかし、科学的管理のもとでは、作業の科学的分析と労働者の教育を通じて労使対立の原因が除去される。それゆえ、テイラーは、労働組合は労働者の教育と福利に関する仕事を続けるべきだとし、賃金、労働時間および生産に関与することには反対したのである、と。

このようにテイラーの考えを理解したうえで、ドルーリーは、次のような疑問を投げかける。第1に、管理者と労働者の関係は、本質的に調和的であるのでもまったく敵対的であるのでもないのではないか。第2に、労使の利害を完全に調和させうる科学的方法というものが存在するのだろうか。彼は、労働時間、賃率、賞与の割合の決定に、科学的という言葉を使うのは適切ではないと主張する。

「要するに、テイラー・システムの『協調』(harmony) と『科学』(science) は、非常に貴重なものではあるけれど、実際のところ、賃金決定の仕組みを順調に進ませるもっともらしい言葉であり巧みな処理にすぎないと考えられる」[16]

また、労使の力関係が決定的に異なる状況のもとでは、経営側の利害が優先されるので、労働者は労働組合を必要とするというのが、ドルーリーの見

解である。

「人と金銭的利害の対立があるところで、後者を代表する人々に判断をすべて任せるということは、道理のあることだろうか。……労働者にとって組織の必要性は、何にもまして重要であろう。というのは、個人には雇用者とうまく交渉することや利害の相反する領域で機会に通じる時間も能力もないのである。つまり、労働者には指導者が必要であり、組織が必要なのである」[17]

次に、ドルーリーは、科学的管理が労働を強化するという批判および人を機械のようにするという批判、すなわち科学的管理が非人間的であるという批判について検討している。

科学的管理と労働強化について、彼は次のように考える。仕事がもはや個性の自己表現ではなくなり、健全性が壊され、生活が単調で不健康な決まりごとになるという批判がある。しかし、科学的管理のもとでの計画化は、人びとが考えるほど統制的では決してない。そして、テイラー以前から仕事はかなり単調であって、科学的管理のもとでは旧来のシステムのもとにおいてほど単調さが大きいわけではない。このように、ドルーリーは科学的管理をバラ色に描いているのではないが、基本的には擁護する立場に立っている。

「科学的管理は、自動機械レベルにまで作業の監督を行なうことによって肉体の不調をもたらし、人々を自発性のない奴隷状態にする、との批判はあたらない。けれども、科学的管理がより高度な知的生活を損なわないということも、自明ではない。……科学的管理が有益であり少なくとも現在のところ推奨されているのは、あきらかに人々が野心的でも知的でもないような文明状態に、適合しているからだと思われる」[18]

このように述べたうえで、彼は、労使間の利益の公平な分配および労働者

のより知的な社会生活の実現という点に関しては、科学的管理それ自身では解決することができないとの考えを示している。

「科学的管理の貢献は、生産性を向上することによって労働者の状態を改善する可能性にある。しかし、これの実現は、これまでと同じく将来においても、工場経営者の利他主義よりも本質的で公正なものに基礎づけられるべきである。それゆえ、科学的管理が工場における人の福利という問題を完全に解決する見込みはほとんどない。しかしながら、科学的管理の指導者たちの影響力は、正しい方向へと非常に強く作用するだろう」[19]

ドルーリーは、科学的管理の利点を認めつつ欠陥を指摘し、その解決策を探ろうとする立場をとっている。以下の引用に、彼の基本的考えが示されていると思われる。

「科学的管理は、私たちにとって有益な力だと考えられるが、産業および社会の病弊をとりのぞく万能薬だとみなすべきではない。そうではなく、科学的管理は、個別のショップやマネジメントの活動領域をこえた社会的機関によって補完されるべきである」[20]
「科学的管理が重要であるのは、富を蓄積する新たな方法を世界に教えているからである。過去において、豊かになるためには人々を搾取するというのが常態であった。しかし、科学的管理のもとでは……『総体としての』（total）富をふやす努力を強調するように変わっている」[21]
「仕事に関する科学的管理の理念に独創性があるとすれば、それは、『重圧』（strain）でなく『能率』（efficiency）を強調することにある。科学的管理は、駆り立てでなく科学的方法の利用への累進的進歩である。以前には壊れるまで盲目的に駆り立てられていた人間機械が、いまや分析され、肉体的強さと特性に応じて仕事が与えられる。……科学的管理は、工業の諸過程における斬新さと革新の時代の産物なのである」[22]

以上の引用にみられるように、ドルーリーの見解は明快ではない。ナドワーニーのように労働組合の視点から科学的管理を評価したものでもなく、また科学的管理の利点のみを強調しようとしたものでもない。その意味で、公平な視点に立とうとした学問的研究であることがわかる。「初期の科学的管理運動を概観した最良のもののひとつである」といいながら、ナドワーニーがドルーリーの研究をほとんど無視したのも、ナドワーニーからすれば当然のことであろう。

要するに、「マネジメント運動についての最初の学問的研究」であるとされるドルーリーの研究は、科学的管理による労使協調の実現可能性については懐疑的ではあるが、時代状況を踏まえて科学的管理の意義を積極的に評価しようとした試みなのである。

第3節　トンプソンの科学的管理評価

科学的管理と実証主義

ドルーリーの研究とほぼ同じ時期、より包括的な科学的管理研究である『科学的管理の理論と実践』[23]が発表された。著者のトンプソンは、テイラーと面識があり、テイラー・グループの人達とともに仕事をしてきた人物である[24]。同書は、トンプソン自身による工場視察や面談等に基づく実証研究である。

彼は、科学的管理を「実証的マネジメント」(positive management)として特徴づけ、科学的管理という言葉を、テイラーおよび彼の協力者たちの経験から導かれた諸原理ならびにこれらを産業に適用する方法に対して用いる。トンプソンは、科学的調査によらず試行錯誤によって経験的に導き出された規則を実際的な知恵(policy)とよび、法則(laws)および原理(principles)と区別し、次のように述べている。

「『マネジメントを科学的にするのは、それが知恵にではなく、法則と原理に依拠するという事実である』。たしかに、マネジメントの法則と原理が確証されるまで、知恵が大きな役割を演じるということ、マネジメントが少なくともある程度まで部分的には技法にとどまるということは真実である。だが、知恵の領域を減らし原理と法則の領域を拡大する意識的努力を行なうものは、当然に科学的管理の名に値する」[25]

トンプソンによれば、科学的管理は最新の思考方法における「実証的」という動きを産業組織に適用する「実証的マネジメント」である[26]。それは、可能なかぎり偶然や個人の判断によらず、事実による統制、すなわち「統制の実証性」（positiveness of its control）を特徴とするのである[27]。彼は続ける。現行の能率システム（efficiency systems）の目的は、漏れの除去、無駄の排除、遅れの回避、すなわち負なるものを除くことによって組織を正常な水準に回復させることにある。これに対して、「科学的管理あるいは実証的マネジメントの目的は、組織をこの正常な水準を超えるものにすることであり、組織の能率をできるかぎり最高にすること、すなわち数学的に正の成果を達成することにある」[28]のだと。

科学的管理と労働者

科学的管理と労働との関係についてのトンプソンの見解をみておこう。具体的に彼が検討しているのは、基本賃金への影響、賞与の支払方法への影響、労働組合との関係についてである。前二者は、科学的管理の労働者に対する影響に関する分析であるので、まずこの点からみてゆく。

トンプソンによれば、科学的管理は、伝統的な知識や技能をもつ人を求めるのではなく、新しい方法にすばやく効果的に対応できる素質をもつ人を訓練によって獲得する。そして、職能化、専門化することによってそれまで必須と考えられていた万能の能力を不要にし、下位の労働者が昇進する機会を増やし、下級労働者と管理者集団（職長や事務職）との区分をなくすのであ

る。

> 「要するに、科学的管理のもつこれらの特徴により、職能集団内の伝統的な区分を壊し、同時に個人の特徴と能力を最大限に開発し、個人のもつ能力と獲得された能力基盤で新しい集団を作り上げることになる」[29]

このように、個人がもつ多様な能力を徹底的に開発することにより、現状ではあいまいにしか測定されていない労働者の価値の個人差を明確にできる、とトンプソンは考える。

科学的管理は労働者の熟練を破壊し創意を失わせ、労働者の地位を奪うという科学的管理批判に対しても、彼は、事実に照らしてそのようなことはなく、科学的管理の方法が十分に発展しているところでは、そうではない企業の労働者よりも熟練度は高いと反論する[30]。

> 「生産の増加は、優れた熟練によって、すなわち資材、道具、方法をよく理解し、これらの処理を熟知することによって可能となる。その理由に二つの原理がある。専門化、これが多様な分野での高い成果を可能にする。科学的方法による徹底的な個人の教育、これが労働者の能力を最大限に開発する」[31]

さらにまた、科学的管理が労働者の健康を害するほどにスピード・アップし、労働強化する装置だとの批判に対しても、事実に反すると反論したうえで、トンプソンは、「科学的管理の真の目的は、無知な駆り立てを努力の知的経済性に置き換えることであり、実際そうなっている」[32]、と述べている。そして、いわゆる「一流労働者」(first-class man)についても、多くの人びととは例外的な能力をもつ人しかテイラー・システムは必要としないと誤解しているとして、次のように述べる。

「科学的管理において、一流労働者とはそれぞれの職務に適した人のことであり……仕事に適する人の選抜に際して知性的な識別を行ない、職務をもっとも効果的に行なえるように人々を訓練するのに必要な注意を払うことによって、科学的管理は、すべての人を一流労働者にすることを目的としている。……このように、例外的な能力をもつ人を選抜し、平均的な人を排除することとはまったく異なる。すなわち、平均的な労働者を職務に例外的に適応できるようにすることなのである」[33]

トンプソンは、さらに続ける。科学的管理は、「苦汗制度による悪弊（sweating evil）と闘う新たな手段」であり、「駆り立て方式（driving methods）よりも大きな成果を生み出してきた」事実がある、と[34]。

科学的管理と労働組合

トンプソンは、労働組合との団体交渉を認めない考え方には基本的に批判的である。なぜなら、基本賃金の決定のように科学的方法だけでは完全には決定されない余地が残っているからである[35]。マネジメントの実証性を重視する彼の立場からすれば、当然のことであろう。しかしながら、とトンプソンはいう。

「〔団体交渉の必要性を——引用者〕理論的に考察することよりも重要なことがある。それは、現状での団体交渉は労働組合の承認を必要とし、その結果、組織労働を認めなれば完全に避けられる困難や対立を結果として引き起こすことになるということである」[36]

すなわち、基本賃率の交渉は、理論的には科学的管理と両立するけれど、実際には労働日の長さ、男女や子供の雇用、一日の仕事がどういうものかを決定することなどの多くの組織上の問題を含んでいる。さらに、そのような交渉は、専門化の程度、管理者の権限、技能水準の低い労働者の削減など多

くのこまごまとしたことについて、「駆け引き」(dickering)への道を開くことになる。労働者はマネジメントの原理や作業の詳細をほとんど理解していないので、このような労働者の委員会との協議は致命的事態をもたらす、というのが実証主義的立場をとるトンプソンの考えである[37]。

さらに、彼は次のように述べる。組合員資格の制限、徒弟規制、クローズド・ショップなどの労働組合政策や熟練に基づく組織の原理と、能率と教育に基づいて労働分類を行う科学的管理とは相いれない。したがって、現状のままでは科学的管理と労働組合とが共存することはできない。科学的管理の経済的利点を享受できるように、労働組合は変わらねばならない。そして、有利な立場にある雇用主に労働者が対抗するためには団体交渉が必要だが、妥協でなく事実に基づく団体交渉の発展のためには、労働組織の現在のリーダーシップが根本的に変化しなければならない、と[38]。

このように述べたうえで、トンプソンは、科学的管理が発展していくためには労働組合と何らかの協力関係を築く必要性を認めなければならないと考える。というのは、「社会経済的関係および個々人の相互作用を支配する法則は、未だ定式化されておらず、これが定式化されるまでは団体交渉の余地が残る」[39]からである。彼は、次のように述べている。

「科学的管理がもつ二重性を識別しなければならない。それは、一方での法則の集合としての性質であり、他方での一連の原理としての性質である。科学的法則(laws of science)は頭数を数えること〔多数決や交渉——引用者〕によって確定されるのではない。だが、自由社会における行為の原理(principles of conduct)は、関わる人々の同意によってのみ適用されうるのである」[40]

以上のように、トンプソンは、科学的管理が産業不穏の万能薬であるとは考えていない。しかしながら、科学的管理は不穏の範囲を狭め、労使の課題を明らかにし、結局は労使の争いが少なくなって双方にとっての公正が確保

されることにつながる、との見通しを示しているのである[41]。

社会的課題と科学的管理の未来

トンプソンが次に検討しているのは、科学的管理と社会的課題との関連である。彼は、「科学的管理はどのような進歩をもたらしてきたのか。生活費、失業の減少、教育と熟練の改善、所得不平等の除去、産業民主主義の発展という大きな問題の解決に向かっているのだろうか」[42]と問う。以下、労働問題と直接に関わる点についてみておきたい[43]。

失業問題について、トンプソンは次のように述べる。科学的管理は失業問題に深刻な影響を与えていない[44]。失業の最大の原因は景気変動という大きな経済的力であり、失業問題と密接にかかわっているのは労働者の教育および熟練である。万能的労働者の育成をめざす徒弟制度のような教育訓練方法はもはや役立たず、科学的管理のめざす個人の才能や能力開発を重んじるやり方が求められている。科学的管理は、普通の労働者を専門化し徹底して訓練することによって、生産性を高めようとするのである[45]。

もっとも重要な問題である科学的管理の産業民主主義への影響について、トンプソンは、産業民主主義を「少なくとも、産業統制への参加と自由な昇進機会があること」[46]と定義し、次のように述べている。

「慣習や意見ではなく、事実によって産業が運営されることが、民主主義的ということである。その意味では、事実をもたらすのが全般管理者であるか最下級労働者であるかはどうでもよいことである。恣意が排除され、すべての労働者が、最上位の経営者と同じく公正さの保証を事実による裁定に頼ることができる。この意味で、統制は非人格的なものになり、現在の恣意的で人的な統制からの前進である」[47]

事実による企業統治の実現、これがトンプソンのいう産業民主主義である。しかしながら、近代マネジメントにおける専門化の進展は、科学的管理

であるかどうかにかかわらず、中央集権的統制の傾向をもち、個人の自由をある程度制限する。それゆえ、この傾向を是正するために、統制される人びとの代表者かあるいは他の機関が統制するのかが、問題となる。だが、労使双方ともにその力をもっていない。すなわち、

「協調的な企業での経験に照らして、一般従業員からのリーダーの選抜は、実行不能である。他方、歴史が示しているように、えこひいき、情実、無関心、無知のために、所有者や管理者による恣意的選抜も得策ではない」[48]

それゆえ、トンプソンは、科学的管理のいう能力（capacity）による選抜が適切であると考える。すなわち、「実証された能力をもつ一流の人々（an aristocracy of demonstrated ability）」[49]による統制である。これにより、労働者の善意を確保し、自己規律がもたらされることとなり、その結果、健全な民主主義の方向に進んでいく、というのが彼の考えである。

科学的管理の発展如何は、直面しているいくつかの困難を科学的管理の固有の利点で克服しうるかにかかっており、現状はその方向に向かっている、とトンプソンは考える。彼のいう困難ないし障害とは、企業管理者の保守主義、科学的管理を推進しうる専門家の不足、そして労働組合などの反対である。このような問題があること、また科学的管理の原理の乱用や誤解の存在は認めなければならないけれど、全体的にみれば、科学的管理の進展は「不可避的で抗しがたい傾向である」[50]、というのが彼の基本的な考えである[51]。

第4節　二つの科学的管理研究

　ドルーリーは、重圧ではなく能率を強調する科学的管理の科学的方法の進歩性に大きな期待を寄せ、科学的管理を「工業の諸過程における斬新さと革新の時代の産物なのである」と高く評価した。しかし他方で、科学的管理が

労使の利害を完全に調和させうる方法であるとの考えにも、彼は強い懐疑心をもつ。それゆえ、労使の力関係のちがいが存在するもとで、労使の利害の調和を図りつつ科学的管理の利益を享受するためには、団体交渉や労働組合が欠かせない、との見解に至るのである[52]。

この点について、ドルーリーは、「産業能率の要素としての民主主義」[53]という論文の中で、民主主義が能率を促進するという立場をはっきりと示している。

多くの人びとは、規律、中央集権、専門家による統制の推進によって、能率（efficiency）が達成されると考えている。すなわち、もっとも有能な人に権限を与え、これらの人びとがすべての活動の最善の方法を考案し、人びとはこのもっとも能率的な方法に従うということが能率的である、と。しかし、この考えは改めなければならない。現在のような複雑な産業システムのもとでは、少数の人びとが支配することは困難であり、できるかぎりたくさんの人びととの知恵を集めることによって進歩がもたらされる。厳格な統制は知性の流動化にとって不適当であり、上からの調整は必要ではあるが、進歩はトップ・ダウンでなくボトム・アップによって生まれるのである。彼はいう。「科学的管理と秩序がアメリカ精神の新たな基調をなすのはまちがいない。しかしながら、この発展を推し進めるうえで、自由という基本原理（the basic principles of freedom）を忘れてはならない」[54]、と。

解決策を提示するには至っていないが、ここに、能率すなわち科学的管理と産業民主主義との調和を図ることによって、社会進歩を展望するというドルーリーの考え方、立場が、はっきりと示されている。

さて、トンプソンはどうか。団体交渉の必要性を認め、産業民主主義の重要性を説いているという点では、ドルーリーと共通した考え方をもっている。しかしながら、両者の産業民主主義観は大きく異なっている。トンプソンによれば、産業民主主義の実現如何は、マネジメントの実証性にかかっているのである。先にみたように、彼にとって民主主義的であるということは、事実によって産業が運営されることであり、統制が非人格的に行われる

ということである[55]。

　もちろん、科学のおよび得る範囲は無限ではなく、人間の行為を規制する原理は交渉に基づく同意からもたらされると考えるトンプソンにとって、科学的管理は産業問題を解決する万能薬ではない[56]。しかしながら、科学的管理は、推量や慣習を科学的法則および原理で置き換えることにより産業組織を実証的方向に進めるものであり、組織の資源と能力を平均的能率をはるかに超えて発展させるという結果をもたらす。トンプソンはこのように主張する。それゆえ、すでに指摘したように、全体としてみれば科学的管理の進展は「不可避的で抗しがたい傾向である」と述べたのである。

　理解は異なるが、両者の研究は、産業民主主義の実現という問題が、科学的管理とりわけテイラーのマネジメント思想において克服すべき最大の課題、すなわち科学的管理の欠陥である、との認識をはっきりと示している[57]。と同時に、両者ともに科学的管理とテイラーのマネジメント思想を非人間的なものであるとは決してみなしていないということも、忘れてはならない。要するに、ドルーリーとトンプソンによる科学的管理の古典的研究は、ナドワーニーのように批判に終始するのではなく、ともに科学的管理の進歩性を評価したうえで、克服すべき課題を識別し解決策を探求しようとするという立場、すなわち保守主義的立場に立つものであるといってよい。

注

1　Nadworny, Milton J. (1955), *Scientific Management and the Unions, 1900-1930: A Historical Analysis* (Cambridge, Mass.: Harvard University Press).〔小林康助／訳 (1977)『新版　科学的管理と労働組合』広文社〕ナドワーニーのいう「テイラー主義者」に厳密な定義があるわけではない。おそらく、1911年11月に設立された「管理科学推進協会（The Society for the Promotion of the Science of Management）」の会員たちの内、テイラーの考えに近い人たちをさすものと思われる（*Ibid.*, p. 45〔邦訳、69頁〕を参照のこと）。なお、以下では同書の邦訳頁を併記するが、訳文は必ずしも邦訳書どおりではない。

2　*Ibid.*, p. 145.〔邦訳、230-231頁〕

3　Urwick, Lyndall F. (March, 1958), "The Integrity of Frederick Winslow Taylor," *Advanced Management*, 23 (3), pp. 9-16.

4 *Ibid.*, p. 9.
5 Nadworny, Milton J. (1955), p. 98.〔邦訳、158 頁〕
6 *Ibid.*〔邦訳、159 頁〕
7 Thompson, C. Bertrand (1917), *The Theory and Practice of Scientific Management* (Cambridge, Mass: Houghton Mifflin Company), p. 29. 後に、ドラッカー（Peter F. Drucker）も同様の指摘をしている。「仕事を分析することと、この仕事が実際に行われることとの混同は、人的資源の特質の誤った理解である」(Drucker, Peter F. (1954), *The Practice of Management* (New York: Harper & Brothers publishers), p. 283.〔上田惇生訳（1996）『〔新訳〕現代の経営（下）』、149 頁〕）なお、訳文は必ずしも邦訳書どおりではない。同様の指摘を、技術史家のレイトンも行っている。「テイラーは測定できぬものの測定を試みたのである」(Layton, Edwin T. Jr. (1971), *The Revolt of the Engineers: Social Responsibility and the American Engineering Profession* (Cleveland, Ohio: The Press of Case Western Reserve University, p. 141)
8 ナドワーニーが指摘するように、テイラーの死以降 1920 年代は、労働組合と科学的管理の協調の時代といわれる。彼によれば、この協調を可能にしたのはテイラー主義者の理念の修正であり、テイラーの考えは、協調に対する障壁なのであった。
9 Nadworny, Milton J. (1955), p. 85.〔邦訳、134 頁〕
10 *Ibid.*, p. 86.〔邦訳、134-135 頁〕
11 *Ibid.*, p. 85.〔邦訳、133-134 頁〕
12 アカデミックな研究であるからといって客観性をもつとは必ずしもいえないが、両者の研究が公正を志向していることはまちがいない。
13 Drury, Horace Bookwalter (1915), *Scientific Management: A History and Criticism* (New York: University of Columbia Press), in Wren, D. A. and Sasaki, Tsuneo eds. (2002), *Intellectual Legacy of Management Theory* (London: Pickering & Chatto).
14 Nadworny, Milton J. (1955), p. 97.〔邦訳、157 頁〕ナドワーニーのこの記述からも、ドルーリーの研究の公正さがうかがえる。
15 Drury, Horace Bookwalter (1915), pp. 151-215. 第 2 部に含まれる四つの章は、第 6 章「科学的管理の生産性」、第 7 章「労働問題の解決策としての科学的管理」、第 8 章「人間的側面」、第 9 章「その他の批判および結論」である。
16 *Ibid.*, p. 183.
17 *Ibid.*, p. 185.
18 *Ibid.*, p. 197.
19 *Ibid.*, pp. 203-204.
20 *Ibid.*, p. 205.
21 *Ibid.*, p. 207.
22 *Ibid.*, p. 212.
23 Thompson, C. Bertrand (1917), *The Theory and Practice of Scientific Management* (Cambridge, Mass.: Houghton Mifflin Company, The Riverside Press), in Wren, D. A. and Sasaki, Tsuneo ed. (2002), *Intellectual Legacy of Management Theory* (London: Pickering & Chatto). 本書第 5 章は「科学的管理の文献」と題され、ほぼ 100 頁にわた

り包括的な文献解題がつけられている (pp. 173-269)。各節のタイトルは、次のとおりである。第1節「科学的管理の発展および理論全般」、第2節「現行の科学的管理」、第3節「科学的管理と鉄道」、第4節「諸方法」、第5節「科学的管理における人的要素」、第6節「科学的管理と組織労働」。

24　Nadworny, Milton J. (1955), p. 79.〔邦訳、125-126頁〕トンプソンのマネジメント史における貢献については、次の文献を参照のこと。Wren, Daniel A., Greenwood, Regina A., Teahen, Julia, and Bedeian, Arthur G. (2015), "C. Bertrand Thompson and management consulting in Europe, 1917-1934," *Journal of Management History*, 21 (1), pp. 15-39.

25　Thompson, C. Bertrand (1917), pp. 5-6.

26　この点について、トンプソンは次のように述べている。「推量や慣習を科学的法則および原理で置き換えるということについては、思考の過程が『神学的』段階から、『形而上学的』段階へ、そして『実証的』ないし科学的段階へと進歩するというオーギュスト・コント (Auguste Comte) の進歩の理論が、強く思い出される」(*Ibid.*, p. 12)

27　*Ibid.*

28　*Ibid.*, p. 13.

29　*Ibid.*, pp. 117-119.

30　*Ibid.*, p. 131.

31　*Ibid.*, p. 132. トンプソンは、熟練について次のように述べている。万能的機械工が熟練機械工だと考えられている、すなわち、ある職種でたくさんのことを生半可にする能力が、少しのことを完全にする能力よりも熟練がある証拠だと思われがちだが、この考えはあやまりである、と (*Ibid.*)。

32　*Ibid.*, p. 134.

33　*Ibid.*, p. 135.

34　*Ibid.*, p. 137.

35　「科学的管理の理念が実現されれば、団体交渉の可能性がまったくなくなると考える人たちがいる。彼らは、正確な科学的決定に還元できないものはない（基本賃率でさえ）、との信念をもっているからである。……私を含め、これと別の考えをもつ人たちもいる。基本賃率が何らかの自然法則や社会法則によって決定されるということは疑いがないけれど、その法則は未だ正確かつ明確には定義されていない。それゆえ、少なくとも理論的には、基本賃率は団体交渉事項となり得るだろう」(*Ibid.*, pp. 146-147)

36　*Ibid.*, p. 147.

37　*Ibid.*, p. 148.

38　*Ibid.*, pp. 150-153.

39　*Ibid.*, pp. 153-154.

40　*Ibid.*, p. 154.

41　*Ibid.*, pp. 154-155. 1912年に開かれたアメリカ機械技師協会（ASME）の管理部会での報告「工業経営技法の現状」についての討論において、トンプソンは、およそ次のような発言を行っている。労働者が科学的管理に反対しているというのは事実であり、時間研究、事前の詳細な計画と細部にわたる指図、そして労使間の分配の公平性に対し

て、三つの根強い批判がある。しかし、労働者に対する教育や労働組合の協力を得る努力を行うことにより、このような問題を解決し、科学的管理を展開してゆくことが可能となる。さらに、人間性を破壊するという批判も、このシステムのもとで働く人びとの実情に照らして判断すべきである。科学的管理を導入した工場の多くは、従業員の余暇、仕事への関心、知識が増加し、福利が向上しており、テイラーやとくにガント (Henry. L. Gantt) はこうした問題を無視してはいないのだと。次の文献を参照のこと。"Discussion on 'The Present State of the Art of Industrial Management'," *Transactions of the American Society of Mechanical Engineers*, vol. 34, pp. 1159-1162.

42　Thompson, C. Bertrand (1917), p. 156.
43　生活費について、トンプソンは次のように述べている。「科学的管理がこれまでに生活費の削減に寄与したということを示すのは、不可能ではないとはいえ、困難である。少なくとも、生活費を構成する商品等の価格の低下によって証明されるまでは」(*Ibid.,* pp. 156-157)
44　「科学的管理のもとで人員削減が行なわれたという例はなく、人員を増加させた例がいくつかあるといってよい」(*Ibid.,* p. 161) 他のところでも、トンプソンは次のように述べている。「これまでのところ、……科学的管理が失業問題に深刻な影響を与えたということはできない」(*Ibid.,* p. 91)
45　*Ibid.,* pp. 161-164.
46　"We will assume that it means at least a share in the control of industry and free opportunity for advancement"(*Ibid.,* p. 166)
47　*Ibid.,* pp. 166-167.
48　*Ibid.,* p. 167.
49　*Ibid.*
50　*Ibid.,* p. 172.
51　*Ibid.,* pp. 169-172. トンプソンは、科学的管理がうまくいかなかったときの原因について、彼の調査に基づき次のように述べている。「うまくいかなかった原因はすべて、専門家か管理者・所有者、または両者にあり、決して労働者との間の問題ではなかった。そして、労働者が組織されているかどうかに関係はなかった」(*Ibid.,* p. 101)
52　ドルーリーが科学的管理に対して下からの自由な活動を認めるべきだと述べている、とトンプソンも指摘している (*Ibid.,* p. 261)。
53　Drury, Horace B. (May, 1916), "Democracy as a Factor in Industrial Efficiency," *The Annals of the American Academy of Political and Social Science*, vol. 65, pp. 15-27.
54　*Ibid.,* p. 27.
55　本章、注47を参照のこと。
56　トンプソンは、科学的管理が「産業保全の科学 (Science of Industrial Conservation)」と「産業組織の原理 (Principles of Industrial Organization)」からなるとし、前者を科学的管理の法則、後者を科学的管理の原理と呼び、次のように述べている。「科学的管理の原理は、組織された集団内における個人の関係を支配する原理である。……産業保全の科学は、自然法則に基づくものであり……多数決によって変えられるものではない。……行為の規則としての原理は、変化しうるし、実際に同意や協定によって絶えず

修正される」(Thompson, C. Bertrand (1917), p. 8)
57 ただし、労働者の参加や産業民主主義について、トンプソンは次のように述べている。「テイラーや彼と同じような訓練と経験をもつ人々は、従業員には企業管理の統制権や参加権はないとの考えをもっている。まさにこのことが事実ならば、科学的管理において、労働組合、団体交渉、その他の相互協定を認める余地はない」(*Ibid.*, p. 262)

第 9 章
科学的管理と労働

第 1 節　いわゆる「ホクシー報告書」

　いわゆる「ホクシー報告書」(『科学的管理と労働』) は、その公表以来、科学的管理を評価する基準として大きな影響力をもってきた。その理由は、一般に、アメリカ合衆国労使関係委員会の要請によって専門的な調査者が科学的管理と労働との関係を公平な立場から調査研究したものであり、その調査研究結果の労使関係委員会への報告書であるとみなされているからである。しかしながら、ホクシー (Robert F. Hoxie) の調査研究は、労使にとって公平な立場から正確に調査されたものなのであろうか。そして、彼がまとめた著書『科学的管理と労働』を、労使関係委員会の報告書とみなしてよいのであろうか。これらの疑問に対する説明が、十分になされているとは思われない。

　一般には、ホクシーの著書は「ホクシー報告書 (Hoxie Report)」と呼ばれている。ナドワーニー (Milton J. Nadworny) の周知の著書においても、ホクシーたちが調査研究した「すぐ後、報告書は労使関係委員会に提出され、1915 年秋に書物として出版された」[1]、と書かれている。この文章からすれば、ホクシーの著書が労使関係委員会に提出され、委員会がこれを出版したように読める。だが、以下で示すように、事実はそうではない。

　労使関係委員会に提出された報告書がどのようなものであるか、正確にはわかっていない。そして、ホクシーの著書は、労使関係委員会が議会に提出した最終報告書でもないのである。すなわち、いわゆる「ホクシー報告書」は、ホクシーと二人の調査助手が科学的管理について調査研究した結果をま

第1節　いわゆる「ホクシー報告書」　213

とめたものではあるが、労使関係委員会が公式に承認した議会への報告書ではない。それゆえ、ホクシーの著書が労使関係委員会の報告書であるかのような誤解を避けるためには、ホクシーの著書を「ホクシー報告書」と呼ぶべきではない[2]。

さらに、ホクシーの調査研究の公正性についても検討が必要である。というのも、調査助手二人は科学的管理の実践者の代表と労働組合の代表それぞれ1名からなっているはずだが、科学的管理の代表者の適格性に対して批判が寄せられているからである[3]。

以上のように、いわゆる「ホクシー報告書」は、労使関係委員会の要請の下に生まれたものであるため、一般に、科学的管理を評価するうえで信頼を得ている研究である。それゆえに、調査の性格および公正性について、厳密に検討する必要があるように思われる。そして何よりも、ホクシーの著書の内容を正確に理解することが大切であろう。以下、これらの点について検討する。

一般に「ホクシー報告書」として知られる『科学的管理と労働』の「はしがき」冒頭、ホクシーは次のように述べている[4]。まず、同書は、合衆国労使関係委員会の求めにより彼が行った科学的管理と労働との関係についての調査に基づくものであるということ。そして、労使関係委員会に提出した報告書および「調査の結論」には、助手として調査に参加した二人、雇用管理の専門家であるヴァレンタイン（Robert G. Valentine）と労働問題の専門家であるフレイ（John P. Frey）がともに署名していること。さらに、この『科学的管理と労働』が二人の全面的承認を得ていることである。

ホクシーの説明からは、同書の性格を正しく理解するのは困難である。だが、彼が労使関係委員会に対して、彼および調査助手二人が署名した二つの文書を提出していることは明示されている。ひとつは、同書とまったく同一内容であったかどうかは不明ではあるが、調査の報告書であり、他のひとつは、同書に付録として収録されている「調査の結論」[5]である。

さらに、同書は、労使関係委員会の最終報告書ではなく、また同委員会が

出版したものではない。その理由は、同委員会の委員長ウォルシュ（Frank P. Walsh）の言葉にはっきりと示されている。

「調査者の各報告書に関しては、議会がこれらを印刷する必要はないと考える。調査内容がきわめて価値ある情報を含んでいるのは間違いないが、その内容は、労使関係委員会の最終報告の中に完全に集約されている。さらに、それらが明らかにしている主な事実は、報告書の作成の過程で新聞や雑誌を通じて公衆に伝えられている。付け加えれば、時間不足のために、調査者の報告書はどれも労使関係委員会によって公式に承認されたものではなく、その結果、それらは個々人の見解にとどまっているのである」[6]

ウォルシュの言葉に明らかなように、いわゆる「ホクシー報告書」は、ホクシーと二人の調査助手が承認した調査結果ではあるが、労使関係委員会の公式見解ではない。すなわち、一般に「ホクシー報告書」といわれているものは、ホクシーたちが調査した結果をまとめた調査研究書であり、労使関係委員会が議会に提出した最終報告書ではないのである。

コモンズ（John R. Commons）は自伝において、次のように述べている。

「彼ら〔ホクシーたち——引用者〕はともに多くの企業を訪問した。そして、彼らの一致した見解を示した『最終報告書（final report）』を労使関係委員会に提出した。だが、これを労使関係委員会は印刷しなかった」[7]

レン（Daniel A. Wren）は、ホクシーが「科学的管理の調査半ばでウォルシュによって解任された」[8]こと、「このことが、委員会の最終報告書にホクシー報告書が含まれず、後に書物として出版された理由を説明している」[9]とコモンズが述べていることを指摘している。とはいえ、なぜホクシーが解任されたのか、そして解任された時期である「調査半ば」がいつ頃なのか、

さらに、ホクシーたちが労使関係委員会に提出した報告書の内容も、正確なところはわからない[10]。

さて、調査者としての役割を解任されたのち、ホクシーは彼の調査した資料をもってコモンズを訪問している。コモンズは、ホクシーの資料が科学的管理を本当の意味で科学的に研究した最初のものであり、それを出版しないとなれば大変不幸なことだと述べ、出版社を紹介することを約束した。その結果、いわゆる「ホクシー報告書」(『科学的管理と労働』) が出版されたのである。しかしながら、コモンズによれば、ホクシーは自らの理想どおりの科学的研究が完成していないと批判されることをひどく恐れていたのである。コモンズは、調査研究が完成しておらず出版を迷っていたホクシーに対して出版を強く勧めたことは失敗であり、そのことが彼の死につながったと思う、と述懐している[11]。

そこで、いわゆる「ホクシー報告書」がどのようなものなのか、まずその構成を概観しておきたい。同書は次のように、二つの部分および付録からなっている[12]。

第1部「調査の観点と方法」(1-19)[13]
　1.「調査の起源と性格」(1-6)
　2.「労働に対する科学的管理の主張」(7-13)
　3.「科学的管理に対する労働組合の異議」(13-19)
第2部「科学的管理と労働との関係についての徹底的調査」(20-136)
　A.「労働と社会に対して科学的管理がもたらす利益の可能性」(20-25)
　B.「科学的管理の実践」(25-122)
　C.「科学的管理と労働福祉」(123-136)

付録 (137-302)
　Ⅰ.「調査の結論」(137-139)[14]
　Ⅱ.「テイラーによる科学的管理の主張」(140-149)

Ⅲ.「ガントによる科学的管理の主張」(150-151)

Ⅳ.「エマーソンによる科学的管理の主張」(152-168)

Ⅴ.「科学的管理に対する労働組合の異議」(169-177)

Ⅵ.「科学的管理者の主張に基づく科学的管理と労働との間の重要課題」(178-186)

Ⅶ.「科学的管理への労働組合の異議に基づく科学的管理と労働との間の重要課題」(187-195)

Ⅷ.「質問票:科学的管理と労働」(197-302)

第2節　労使関係委員会の最初の報告書

　労使関係委員会は、1912年8月23日の議会制定法により設置された委員会であり、1913年10月23日に最初の会合をもち活動を開始した。委員は上院の助言と同意を得て大統領が任命する9名、労使それぞれの代表3名以上を委員会構成の要件とし、公益代表委員のウォルシュが委員長になっている[15]。

　労使関係委員会の任務は委員会法第4条に定められており、そこでは合衆国の主要産業における労働の全般的状況を調査することを始め多岐にわたる課題が提示され、産業における不穏の根本原因を発見し報告することが、委員会に義務付けられている[16]。

　労使関係委員会は1年後の1914年10月23日、委員全員の署名を得て最初の年次報告書(First Annual Report)を第63議会に提出した。この委員会の組織は、大きく二つの部門に分けられている。ひとつは「公聴会」部門であり、もうひとつは「研究調査」部門である。そして、これら二つの部門の関係は、研究調査部門の業務内容に関する次の記述に明示されている。

　「研究調査部門の業務は以下の二つからなる。a.たくさんの事実を収集し精査する必要がある産業上の問題についての集中的研究。b.公聴会で委

員会に提出された証言では完全には明らかにならない諸点についての入念かつ徹底した調査」[17]

この研究調査部門の責任者に任命されたのは、マッカーシー（Charles McCarthy）であり、その他のスタッフとしてホクシーを含む9名の名前があげられている[18]。また、公聴会部門では、労使関係委員会の法律顧問であるトンプソン（William O. Thompson）と研究調査部門のスタッフであるマンリー（Basil M. Manly）が責任者に選ばれている[19]。

公聴会は、1913年末から1914年9月までワシントンD. C. やニューヨーク市など多くの場所で行われた。この内、「能率システムと労働（Efficiency Systems and Labor）」については、1914年4月13日から16日にかけて行われ、テイラーも4月13日に証言を行っている[20]。証言者は319の組織代表者からなり、その内訳は82の労働組織、使用者団体36、企業113社、市民組織38、公共機関50である。そして、使用者側代表181名、労働側代表183名、どちらにも属さないもの150名、合計514名が証言を行った[21]。

研究調査部門の報告は、「科学的管理」を含めた13の項目からなっており、「科学的管理」に関しては、およそ次のように記されている。

科学的管理と産業との関係は、現在関心を呼んでいる話題のひとつである。公聴会において、さまざまなシステムの提唱者は、実施されているシステムの目的、方法、成果について多様な意見を表明した。同様に、組織労働の代表者たちは、システムの目的に対して率直に批判し公然と反対しているけれども、批判点に一致はみられなかった。労働組合代表者は、科学的管理が旧来の出来高払制度・課業制度以上のものではなく、組合組織を破壊するものだとの証言を行った。科学的管理の実践者は、一般に労働組合主義は科学的管理および最高の生産性と相いれないと主張し、労働組合は、いわゆる科学的管理は真に科学的ではなく労働者の福祉と相いれないと主張している。その他の人たちは、団体交渉を科学的管理と結合することは可能であるばかりか望ましく、使用者と労働者の双方に雇用条件を定めるうえで均等の

発言権を与えることになるとの証言を行った。意見が大きく分かれたところでは、慎重を期すために、有能な専門家たちにそれらの問題の調査を依頼している[22]。

ホクシー調査は、このような事情から生まれたのである。彼自身、「この研究は、1914年4月に合衆国労使関係委員会によって行われた科学的管理についての公聴会から生まれた」[23]、と述べている。

第3節　最終報告書における「科学的管理」

最終報告書をめぐる対立

労使関係委員会の最終報告書（Final Report）は、1915年8月23日、第64議会に提出された。この報告書がどのような性質のものであるのか、まず確認しておこう。というのも、後述するように、この報告書には科学的管理についての委員会見解がその一部として含まれている。したがって、最終報告書それ自体の位置づけを明確にすることが、労使関係委員会の科学的管理評価を理解する前提となるからである。

公益代表委員の一人であるコモンズは、次のように述べている。

「労使関係委員会において、私は3人の労働側委員と意見が食い違い、苦しい状況に立たされることになった。最終的に、私は、ハリマン婦人（Mrs. J. Borden Harriman: Florence J. H. Harriman）と私が署名し、……3人の使用者側代表が承認した独自の報告書を作成した。他の報告書は、ウォルシュ氏と3人の労働側代表が署名した。各人は、それぞれの報告に対して自身の主張や異議を述べた。

委員会最終報告書が5対4に分裂したのは、労働運動が政治を目指すべきか団体交渉を目指すべきかという課題をめぐる意見の対立からである。当時、私は、3人の労働側代表は労働不安を政治活動に誘い入れるという

過ちを犯していると考えた。私は、彼らが政治を避け、使用者団体と対等の能力をもつ強力な自治労働組合をつくるというゴンパーズ（Samuel Gompers）の方針の方向に、彼らの努力を向けることを望んだ。……私には、ウォルシュ氏が政治家の典型であるように思えた」[24]

同じく公益代表のハリマンも、委員会の最終報告書に署名しなかった理由について、次のように述べている。

「私は彼〔ウォルシュ——引用者〕の報告書に署名することを拒否した。…… 彼は極めて親労働側代表的であり、公益代表の一人としての彼の適性について、私はまったく疑問に思っている。彼は労働条件の改善にはきわめて真剣だが、資本について彼が下した多くの結論は、完全に公平性を欠いている。…… 彼は常に法律家であって、裁判官ではなかった。すなわち、資本が被告席にいるかのような尋問と、労働側が共感を得るような手助けを常に行なった」[25]

「ウォルシュ氏がマッカーシーを予告なく解任してマンリーを責任者にしたことを知った時、使用者側委員たちやコモンズ教授と私は驚いてしまった。…… 私の知るかぎり、労働側委員以外のだれにも相談せず、ウォルシュ氏は、私たちが2年間にわたって調べてきた大量の証言を要約した報告書の作成ならびに多くの勧告を、マンリーに行なわせた。ウォルシュ氏と3人の労働側委員はこの報告書に署名し、そして私に署名を迫るあらゆる努力が行なわれたのである」[26]

ハリマンは、さらに続ける。

「私は、労働の問題と同じように資本の問題を理解しないのは不誠実だと考えている。ウォルシュ報告書は独断的な労働側の報告書にすぎない、と私は思っている。それは、生産の技術上の問題を正当に評価していない。

／コモンズ教授と私は、独自の報告書を作成した。実際には、この報告書が委員会の多数派報告である。なぜなら、バラード（S. Thurston Ballard）、ウェインストック（Harris Weinstock）、アシュトン（Richard H. Aishton）委員を含めた 5 名が、この報告書に署名しているからである」[27]

ハリマンやコモンズは、労使の利害が調和する可能性を展望していた。ハリマンは、労働法行政のための永続的な産業委員会の設置を提唱するコモンズに賛意を示している。彼らは、労働法が定められたとしても資本と労働との対立は永遠になくならないが、他方、資本と労働の利害が調和しうる点があり、対立が起こらない領域は当初考えた以上に広いと考える。それゆえ、彼らは、永遠の対立（permanent opposition）と漸進的調和（progressive cooperation）という二つの事実を認識することが敵対を緩和する出発点となると主張したのである[28]。

ハリマンは、ウォルシュ報告書（彼女の主張では、「少数派報告」）の発見事実に印象づけられたとしながらも、それが労働側の不平を復唱するだけで永続的で平和的な解決機関の設置に関心を示しておらず、その勧告は理想主義的で社会主義的であり、現実的なものではないと批判する。そして最後に、次のように述べている。

「永続的産業委員会の設置は、使用者と被用者との軋轢を最小化する知的で大きな次の一歩であるということを、私はコモンズ教授とともに信じている。だが、それには、その設置を労働側が要求するまで待たねばならない。現在のところ、労働者の間には、政府を信頼してそのような手段を講じようとの信念は十分には存在しない」[29]

コモンズおよびハリマンの回想によれば、労働組合運動の進むべき方向をめぐって、労使関係委員会の最終報告書は大きく二つに意見が分かれたので

ある。すなわち、マンリー執筆のウォルシュ報告書（少数派報告）は労働側代表の意見表明であり、それゆえ公益代表の二人と使用者側代表はこの報告書に署名しなかったのである。

以上の経緯から、最終報告書は大変複雑な構成になっているのである。

報告書は、「委員会の最終報告」および「公聴会証言」の二つの部分に分かれており、前者には、「マンリー（研究調査責任者）報告書および個々の委員の報告書と主張」が含まれている[30]。もう少し詳しくみれば、報告書は、「公聴会証言」を別にすれば、4部構成となっている。第1部は、マンリー報告書に加え、これに署名した4名の委員であるウォルシュ、ギャレットソン（Austin B. Garretson）、レノンとオコンネル（John B. Lennon, James O'Connell：共同執筆）の各補足意見書からなる[31]。第2部は、コモンズとハリマン両名による共同報告書、ウェインストック、バラード、アイシュトンそれぞれが作成した三つの報告書、およびバラードによる補足意見表明である[32]。第3部は、産業教育についてのレノンによる報告書である[33]。最後は、「補足的事項、結論、勧告」となっている[34]。

最終報告書における「科学的管理」

マンリー執筆の報告書は、すでに述べたように、委員長のウォルシュと労働側委員3名だけが署名したものだが、22の項目がとりあげられている。そのうちの第18番目の項目が「科学的管理」に関する部分であり、その内容は、「労働と社会に対して科学的管理がもたらす利益の可能性」、「科学的管理の実践―その多様性と欠陥」、「全般的労働問題」、「結論」からなっている[35]。マンリー報告書が、労働側委員の意見表明であるとの先の指摘を踏まえれば、それに含まれる「科学的管理」についても、先のハリマンの主張にしたがえば、「少数派報告」となろう[36]。この点に留意しつつ、以下順に科学的管理についての記述内容を概観しておきたい。

まず、「労働と社会に対して科学的管理がもたらす利益の可能性」は、1ページ余りの簡単な記述である。そこでは、科学的管理の制度それ自体や労

働条件の標準化の試みなどが組織労働と利害が完全に対立するというわけでなく、また科学的管理のそのほかの主張も利益をもたらす可能性がある、と指摘されている。

次に、「科学的管理の実践—その多様性と欠陥」では、最初に次のように述べられた後、11項目の欠陥が列挙されている。

> 「実際のショップの状態は、制度の理念と一致しておらず、それら制度に統一性はない。実態調査は、科学的管理の実践が、その提唱者たちの理論的説明と比べて著しく不完全であり、多様であったことを疑いなく示している。実践におけるこの不完全性と多様性は、個々の事象に当てはまるばかりでなく、テイラー、ガント、エマーソンのような代表的な人々が考案したショップにおいてさえ、科学的管理の本質的な特徴の多くにおいてもそうなのである」[37]

さて、指摘された欠陥のうち、比較的多くのページが割かれているのは、「時間研究および課業設定の科学性と公正性」、「賃金率決定方法の科学性と公正性」、「過重労働および疲労からの保護」、そして、「科学的管理の下での民主主義の欠如」に対する批判である[38]。とくに、科学的管理と産業民主主義の関係については、ホクシーの著書では「科学的管理と産業民主主義」との見出しの下、非常に詳しく論じられていた問題である[39]。マンリー執筆の報告は、これを「科学的管理の下での民主主義の欠如」と題して次のように結論づける。

> 「要するに、一般に科学的管理の実践は、個々の労働者の競争力を弱め、ショップでの集団の形成を挫折させ、集団の団結を弱体化させる。さらに、科学的管理は、一般的に労働者の考えや不満の声を聴き不平を民主主義的に考慮し調整するために必要な手立てや機構を欠いている。労働者にとって重要な問題の決定に際して、通常、団体交渉の余地はない。……

労働組合主義は……一般に毛嫌いされる。……それゆえ、実践からみれば、科学的管理は専制的であると明言しなければならない。傾向からみれば、産業における専制政治への逆行であり、労働者を使用者の公正概念に身を委ねさせ、彼らの民主主義的保護手段に制約を課すものである」[40]

「全般的労働問題」は、ホクシーの著書の第2部C「科学的管理と労働福祉」と題された、彼の著書の結論に相当する部分である[41]。

そこでは、次のような科学的管理批判が展開されている[42]。科学的管理の特徴としての職能別職長制、時間研究、課業設定、能率給によって、労働者の専門化はいっそう進み、労働者は単純で限定的作業しかできなくなる。また、労働者が定めた標準は壊され、安定的な作業および支払い条件の確立が困難になる。したがって、労働者および労働福祉の観点からすれば、「科学的管理は、完全かつ適切に適用されたものであっても、不可避的に既存の職業上の技能を絶えず破壊し、熟練を不断に排除する傾向をもっている。……このような状態は、まちがいなく現在の労働組合主義を破壊し、労働組合がもっとも本質的なものだと考える問題に関して効果的な団体交渉を不可能にする」[43]。

ホクシーは、「科学的管理と労働福祉」の最後の部分に「近代産業と職業上の熟練」の小見出しをつけ、著書を締めくくっていた。この内容が、マンリー執筆の報告書においても、「全般的労働問題」の最後に、以下のように要約的に記されている。

「科学的管理が一般に労働者や社会の状態や福祉に与える影響については、機械の発明と同様だというのは大いに真実である。すなわち、科学的管理は、18世紀後半から19世紀を特徴づけた産業革命に新たな勢いを与え、その全般的影響と傾向を強化するものである。この革命の主たる特徴は、職人の技能と職業を破壊し、近代産業を細分化された技量と半熟練や不熟練労働者の時代に変えていることである。科学的管理は、このような

時代にわれわれを押しやるもうひとつの力であるように思われる」[44]

「結論」では、ホクシーの著書では付録とされていた「調査の結論」が、以下のように簡潔に述べられている。

「われわれの産業は、正確な知識によって不正確さに替え、経済的無駄を体系的に排除するあらゆる方法を採用すべきである。最良のものとしての科学的管理は、制度の諸部門を有機的に体系化し、以前にはできなかった諸職能の調整を可能にして、産業に大きな利益を与えている。／しかしながら、科学的管理が生み出した社会問題は、この領域にあるのではない。その社会的帰結についていえば、組織労働者であるか否かにかかわらず、科学的管理には、生活水準の保護、産業教育のための進歩的手立て、労働者が自ら経営に対して漸次的に有効な参加の可能性をみいだすための産業民主主義の機会がない。それゆえ、未組織労働者にはこれらの人権を求めて活動する手立てがまったくないために、組織労働者が不断に断固たる行動を起こすことがきわめて重要な義務となる。もし必要であれば、これらの人権の発展に適した条件を含まないばかりか、多くの点で敵対的となるような産業発展と戦うことも、きわめて重要な義務なのである」[45]

第4節　ホクシーの著書と科学的管理

最終報告書とホクシーの著書

先にみたように、最終報告書におけるマンリー執筆の報告書の「科学的管理」についての記述は、かなり断定的な批判となっている。さらに注意を要すべきは、科学的管理の理念ではなく実践についての評価であるとしながらも、実際には、テイラーをその代表とする科学的管理の理念そのものについて厳密な検討をすることなく、理念と実践を一体化した批判に及んでいるこ

とである。そのことは、次の言葉に明らかであろう。

「訪問したショップ (shops) は、ほぼ例外なく科学的管理の権威者であるテイラー、ガント、エマーソンなどが指導しているものであり、科学的管理の最善の成果を代表するものである。言い換えれば、調査は科学的管理の最善のものに限定されている。それゆえ、以下に指摘する欠点は、最良の条件下でのこれら制度の特徴なのである」[46]

ホクシーは著書において、マンリー執筆の報告書ほど断定的な科学的管理批判を行ってはいない。既述のように、ホクシーの著書では「科学的管理と産業民主主義」と題されていた部分を、この報告書は「科学的管理の下での民主主義の欠如」とし、ホクシーが科学的管理の実践に関して下した結論のみを採用しているのである。

ホクシーは、次のように述べていた[47]。テイラーと労働組合とは、まったく異なる産業民主主義概念をもっている。すなわち、テイラーの考えは科学による民主主義であり、労働組合の考えは労働組合および団体交渉の承認による民主主義である。そして、科学的管理の民主主義的性格を考える場合には、まずテイラーの考えがどの程度実践されているのかを明らかにすべきである、と。

「テイラー氏の民主主義概念は、少なくともかつてのサン・シモンのように崇高な理想であり、実現可能なときが来るかもしれない。しかしながら、それ以前に、心理学がめざましく発展し、産業が現在よりも格段の規則性と安定性を達成し、そして、科学の指令を発見し表明する人、使用者と労働者の間で公正な判定者となる人が、現在横行している時間研究者および課業設定者とは大きく異ならなければならない。科学的管理が労働者にとって専制的か民主主義的かについての実際的判断は、使用者と比べて、労働者が意見を表明し要求を実現する力と機会を手にする程度によっ

てなされねばならない」[48]

また彼は、次のようにも述べていた。

「科学的管理が団体交渉と労働組合主義に対して根本的に敵対的なものであるかどうかについては、後の考察に委ねたい。ここで問題とするのは、現在存在している事実のみである。現在の調査からは、テイラーの主張が現状を説明するものではないことが明らかになっている」[49]

「テイラー氏の考える民主主義の概念は、少なくとも現在のところは非現実的な夢である。実際問題として、科学的管理の実践者の産業民主主義に対する態度は分かれている。精神と目的において真に民主主義的である者はきわめて少ない。また、自分では民主主義的だと思っているが、その考えと行動を分析すれば、実際には慈善的専制主義の支持者である者もいる。より多くの者は、明らかに使用者の通常の専制主義的態度をとっている」[50]

以上に明らかなように、ホクシーは、実践されているものとしての科学的管理に対して評価している。そして、科学的管理の実践がテイラーの理念と大きく異なっている現状を批判しながらも、テイラーの科学的管理思想については、評価を留保しているのである[51]。

マンリー執筆の報告書の「全般的労働問題」の結びは、すでに述べたように、科学的管理が産業革命の全般的影響を強化するもの、すなわち職人の技能と職業を破壊し、近代産業を細分化された技量と半熟練や不熟練労働者の時代に変えようとするもうひとつの力であるとの主張であった。だが、ホクシーは、このような主張に続けて次のように述べていたのである。

「このような状況の下で本当に必要なことは、〔科学的管理に対する——引用者〕抑制や直接的統制ではなく、社会的な埋め合わせと知識の増加であ

る。主に求められていることは、この趨勢を率直に認識し、専門化の進展と古い徒弟制度の破棄の結果として労働者が失いつつある生活の内容を回復する方法なのである」[52]

　科学的管理は機械の発展と同様に、労働者から熟練を奪い、労働者の生活を低下させるものである。しかし、この傾向を抑制するのではなくこれに適合し、労働者の福祉向上をめざすべきである。著書の結論部分でのこの主張が、ホクシーの基本的考えなのである。彼はテイラーの理念が実践されていない現状を厳しく批判する一方で、科学の進歩が不可避であることを十分に理解していた。彼は次のように述べている。

　テイラーの理念に忠実に従った科学的管理、テイラーの科学的管理の理念は、近代産業発展の延長線上にある。すなわち、経済的無駄を省き、いい加減なマネジメントのやり方をシステムで置き換え、産業の過程や方法を改善し、生産性を向上させることに関しては、科学的管理は発展を意味しており、また不可避であろう。したがって、専門化の進展や旧来不変であった基準などを壊すことは、産業発展のために支払わねばならない代価の一部にすぎない。そのこと自体は批判する必要はなく、むしろ一時的な弊害を緩和し、永続する否定的な影響を抑え除去する積極的で建設的な努力が必要である。それゆえ、科学的管理に責めをすべて負わすことはできず、問題はもっと幅広く、近代化一般の問題と同じく社会的なものなのである、と[53]。

　すでに指摘したように、マンリー執筆の報告書の「結論」は、まず科学的管理の産業に与えうる利点について述べた後、科学的管理の生みだす社会問題について述べている。しかしながら、結局は組織労働者による科学的管理批判に完全に賛意を示す内容であった。一方で、ホクシーの主張は、これとは異なる。彼は、どちらの側面も等しく重要であり、双方を調和させる道を探ることの重要性を強調した。しかし、その課題は調査委員会には荷が重すぎるとして、その解決を連邦政府機関に委ねたのである[54]。

ホクシーの著書とその評価

ホクシーの著書については、いくつか書評が書かれている。

ジョンソン（Alvin S. Johnson）は、ホクシーの調査研究の公平性、およびその調査方法を高く評価する。そして、ホクシーは科学的管理の厳しい批判者だが、ただ批判するだけでなく、科学的管理が工業生産を増加させる大きな可能性を持つ力であること、生産の増加が貧困問題の解決にとって本質的なことを理解していると評価したうえで、次のように述べている。すなわち、科学的管理は、労働節約的機械と同じく進歩的なものである。しかし、それが手放しで受け入れられるべきものでは決してないのと同様に、科学的管理も労働に対する固有の脅威がないわけではない。もし科学的管理が団体交渉と相いれないものならば、結局、労働組織にその再編という厳しい試練を与えることになるだろう[55]。

ジョンソンと同じく、コモンズの書評もホクシーに好意的である。ホクシーは、著書のはしがきにおいて、科学的管理の実践者たちと組織労働者との間の重要問題を十分に検討しておらず、後日これらの問題を研究したいと述べていた。この点について、コモンズは、これらの問題を検討しなければ現在の研究はまったく一面的なものでしかないゆえに、研究を完成させるようにとの期待を示している。そのうえで、ホクシーの著書の主張を次のように簡潔にまとめている[56]。

ホクシーは、科学的管理の指導者たちの理念ではなく、実践されている最良のものとしての科学的管理について評価している。そして彼は、それらの工場において、科学的管理の指導者たちがその本質だと主張しているもの、すなわち民主主義が存在しないということを見いだしている。だが、彼は、科学的管理がビジネスの能率向上にとって避けがたいということを理解している。それゆえ、この趨勢を率直に認識し、専門化の進展と古い徒弟制度の破棄の結果として労働者が失いつつある生活の内容を回復する方法が求められていると結論するのである、と。

第4節 ホクシーの著書と科学的管理

キンボール（Dexter S. Kimball）は、コモンズと同じように、ホクシーが科学的管理の進歩性と欠点を認識し、科学的管理の下での人権保護の重要性を主張していることに賛意を示す一方で、ホクシーの主張は、新しい諸方法についての彼の実際の知見からでなく、人びとの諸見解の分析から導き出されているとの厳しい批判を行っている。しかしながら、基本的にはホクシーの研究を擁護している。

「科学的管理の欠陥の大部分は、システムに固有なものではなく新しくまだ十分に理解されていない諸方法を導入している人々がしばしば無知だからである、と彼が記していることを付け加えておかねばならない。彼は、次のような結論を下している。すなわち、われわれにとって必要なことは、科学的管理の真の性格と方法に関して、また科学的管理の実践者の性格、知性、および精神に関して、より徹底した研究を行ない、世間が関心を示すことである、と」[57]

以上の評者とは異なる観点から、ミクスター（Charles W. Mixter）は、次のように厳しい批判を展開する。ホクシーの著書では、科学的管理の主張と調査したショップで発見した事実との多くの不一致が示されている。だが、それに対する批判も多い。科学的管理は労働者を個々に区別するが、労働組合主義者は労働者の団結という立場をとる。ホクシーも同じである。それゆえ、個々の労働者が科学的管理に抑圧されているということではなく、産業民主主義が苦難の状況にあるというのが、彼の見解である。

また、同書は、その意図がどうあれ、科学的管理の実践に関する誤った理解を助長することになる。さらにいえば、テイラーのシステムが実践されているのではないところを調査することによって彼の原理を検証しようとするのは、明らかに不適当であった。最後に述べておくべきは、ホクシーの調査助手二人は、ともに「完全に労働側の人たち（out and out labor men）」だという事実である。このように述べた後、科学的管理運動を評価する社会的

にもっとも有益な機会を、敵意によって逸した、とミクスターは厳しく批判する[58]。

さて、ホクシー自身が認め、またキンボールやコモンズが指摘しているように、ホクシーの著書は科学的管理と労働に関する彼の最終評価を示したものではなく、いわば中間報告なのである。ホクシーの意図は、科学的管理やこれに関する論争の一方を支持あるいは批判するのでなく、誤った考えや理解を正すべく事実と真実を発見し明らかにすることであった。

「現在必要なことは、科学的管理と組織労働者との間での重要な争点を、明確かつ簡潔に示すことである。それゆえ、ここに示したものは、この問題の重要な局面すべてを完全に考察したものでは決してない。重要な問題のいくつかをごく簡単に議論しているが、重要課題の一つである、科学的管理に対する労働組合からの不確かで証明されていない批判は、まったく検討していない。後日、その問題を全面的に検討し、ここで除外したことについての明確な証拠を示すと同時に、テイラー、ガント、エマーソンのショップで発見した結果の違いをできるかぎり明らかにしたいと考えている。

しかしながら、本書の付録には、科学的管理の実践者と組織労働者との間での重要な争点の完全な提示、科学的管理が実践されているショップにおける労働条件等の調査と検証に必要な基礎的情報の分析が含まれていることを述べておきたい」[59]

以上の説明からは、ホクシーの著書で扱われた「重要な問題のいくつか」が何か、なぜ「ごく簡単に議論」したのか、その理由はわからない。しかしながら、引用後段の記述からすれば、ホクシーは、科学的管理の実践についての調査が十分かつ公正に行われたと考えているように思われる。はたしてそうなのであろうか。すでに指摘したように、ミクスターは、ホクシーの調査助手であるフレイとヴァレンタインの二人がともに「完全に労働側の人た

ち」だと述べている。

　ホクシーは、専門家としての調査助手二人の選任に際して、アメリカ労働総同盟（AFL）委員長のゴンパーズとテイラーにそれぞれ推薦依頼をし、AFL はフレイを推薦した[60]。ホクシーは、テイラーへの手紙の中で、「あなたや他の有力な科学的管理の実践者が完全に信頼している能率技師」を推薦してほしいと述べている[61]。テイラーは何人かの名前をあげたが、ヴァレンタインについては科学的管理の実践にふさわしい経験を持たないとして、除外していた。しかしながら、結局は彼が科学的管理の代表に選ばれた。テイラーの門弟であるガント（Henry L. Gantt）も、テイラーへの手紙の中で、ヴァレンタインは「決してマネジャーでもなくまたビジネスマンでもない」と述べ、彼の選任という事態に驚きを示しているのである[62]。

　ヴァレンタインは、労使関係委員会おいて、自らを産業カウンセラー（industrial counselor）だと証言している。彼によれば、産業カウンセラーとは、「使用者、従業員、および公衆の関係を研究することにすべての時間を費やしている人」[63] であり、労使関係の交渉者ではなく「使用者と従業員との関係を確立する科学者」[64] である。科学と民主主義が併存する社会を理想だと考えるヴァレンタインは、彼が友人たちと呼ぶ科学的管理の実践者たちとの大きなちがいは民主主義の観点だと述べている。すなわち、従業員の同意と協力が不可欠だとの考えを示している[65]。

　ヴァレンタインは、ミクスターのいうようにまったくの労働側の人物であるとは思えないが、科学的管理の実践者を代表する人物として適格であるとは考えられない。ネイランド（Chris Nyland）は、もう一人の調査助手であったフレイが、自身の回想録において、ヴァレンタインは科学的管理の技師たちから彼らの代表者として承認された人物であると書いているのは、明らかに嘘であると主張する[66]。ネイランドのこの批判は、正しいであろう。

　ホクシー調査の調査助手の選任は、明らかに公正を欠いていた。したがって、ホクシーがまとめた著書に対しても、科学的管理を代表するものの意見が十分には反映されていない、と考えざるをえないのである。

第5節　ホクシーと科学的管理

ホクシーは、著書の出版以降、科学的管理に関する論文をいくつか発表している。*The Survey* 誌（1916年3月4日号）に発表した「科学的管理と社会福祉」と題する論文も、そのひとつである[67]。彼は、著書にまとめた調査の主目的が、科学的管理に対する労働組合の主張の妥当性の検証、科学的管理と労働との調和可能性の判断、科学的管理に関わる人すべての福祉の保護と推進であり、私的偏見を排除して事実を発見することであったと述べている[68]。

テイラーの理念が実現されるかぎり、科学的管理は労働者と社会に便益を与える可能性をもたらすが、実際の調査から得た結論は、現在のところテイラーの民主主義概念は非現実的な夢にすぎない。だが、科学的管理の欠点はあらゆる社会発展の幼年期ないし試行錯誤の段階につきものの欠点であり、時の経過とともに是正されるだろう。ホクシーは、このように主張する。

すでに指摘したように、彼の研究は、科学的管理の理念の評価ではなく、事実の調査を目的としていた。しかしながら、この論文の結論に相当する部分において、実践されている科学的管理の評価ではなく、それを超えて「完全にそして正しく適用された」[69]科学的管理を想定して、すなわち科学的管理の理念そのものについての評価を下している。ホクシーは次のようにいう。

「科学的管理は、完全で正しく適用されたとしても、既存の職業上の熟練を絶えず破壊し、職業上の知識と熟練を狭め排除する傾向をもっている」[70]

「全体としてみれば、科学的管理は、特に以前は労働者が保持していた知識を集め体系化することによって、著しく資本主義を強化する傾向がある。」[71]

「労働組合主義が現存し、労働組合主義者が彼らの組織ないし規則や規制の破壊者として科学的管理をみなすかぎり、……労働組合主義が科学的管理に反対し続けるのはまちがいない」[72]

このように述べた後、機械の発明と同じように科学的管理の発展によって、社会は解決に長期間を要する大きな問題に直面することになると結んでいる。

The Journal of Political Economy 誌（1916年11月号）に発表した「科学的管理と労働福祉」においても、先の調査結果に基づいて、ホクシーは科学的管理の労働福祉への影響について検討している[73]。この論文において、ホクシーは、科学的管理の科学性について、機械的ないし物的要素および人的要素の観点から評価すべきであるとし、その科学性に疑問があると述べたうえで、上の引用と同様の主張を展開する。そして、*The Survey* 誌の論文と同じく、短く抽象的ではあるが労働福祉に関する問題の解決策は、科学的管理の発展を「抑えるのではなくその欠陥を補う（not repression, but supplement）」[74]ことだと主張している。

ホクシーの死後発表されたもうひとつの論文は、*The Quarterly Journal of Economics* 誌（1916年11月号）に掲載された「なぜ組織労働者は科学的管理に反対するのか」である[75]。この論文は、雑誌の編集者の求めに応じてホクシーが生前に執筆したものである[76]。科学的管理の評価については、彼の著書およびその後に執筆された二つの論文と変わらない。しかし、本論文のタイトルにはっきりと示されているように、彼の主張をよりいっそう明瞭に示す内容となっている。ホクシーは、科学的管理と労働組合が対立する根本原因が、「科学的管理の基本理念と主流派労働組合主義の理念との本質的非両立性」[77]にあると主張する。すなわち、

「私は次のように考える。『科学的管理は、産業状態が絶えずかぎりなく変化する前提でのみ十全に機能できる』…… 他方、『主流派労働組合主義

は、既定の産業状態を維持することによってのみ十全に機能できる』……それゆえ、一方に有効な条件が、他方の有効性と相いれないのである」[78]

ホクシーは、科学的管理と労働組合主義は理念的に両立不可能であるとして、次のように結論する。

「『なぜ組織労働者は科学的管理に反対するのか』という問いに対する私の最終的解答は、次の通りである。正しく適用され正常に機能したとしても、科学的管理は、それが一般化するようになれば、今日存在する有効な労働組合主義の終焉を招くであろう」[79]

以上みてきたように、『科学的管理と労働』やその他の論文を通してホクシーが述べているのは、科学的管理の理念は実現されておらず、たとえそれが実現されたとしても労働福祉と相いれない、ということである。彼は、科学的管理の理念の実現可能性についても懐疑的である。と同時に、上の論文の結論に示されているように、彼は、科学的管理の理念それ自体が必然的に労働組合主義の終焉（破壊）と労働福祉の低下を招くとの見解をもっている。

ミクスターがホクシーの著書を酷評したように、ホクシーの立場は、著書出版以降も揺れているように思われる[80]。その理由は、彼が、科学的管理に進歩的性格をみようとするのではなく、不変の現状を是とする労働組合主義を容認する一方で、迫りくる力としての科学的管理の展開の不可避性を認識しようとするあいまいな立場をとっているからである。

パーソン（Harlow S. Person）は、ホクシー調査は、「無意識的偏向（unconscious bias）」によって事実を観察し解釈するという大きな誤りを犯していると批判する。

「報告書を通して、産業社会の進化の歩みとして、現在の実践の正当で実

現可能な進歩として、また既存の産業体制に取り入れねばならない原理や機構として、科学的管理を判断していない。科学的管理を現状の他のマネジメントと比較するのでなく、産業民主主義が現在よりも十分に発展している体制の下でのマネジメントと比較しているのである。それゆえ、ホクシーの報告書は、個人や国家が基づくべき信頼に足るものではない」[81]

パーソンの批判は的確であると思われる。ホクシーの立場、すなわち科学的管理と労働組合の理念を相いれないものだとし、前者を変化に適合的、後者を安定状態に適合的だとする二元論的思考方法は、社会の進化、発展、進歩の視点を欠いているからである。科学的管理の進展が必然であるとみなすのであれば、科学的管理の欠陥、具体的には労働福祉に対する弊害を改善するにはどのようにすべきなのかという視点から、研究すべきであったのではないだろうか。この点がホクシー研究の最大の弱点だと思われる。

こうした結果に至った最大の理由は、科学的管理の代表者が調査研究に参加していないということにある。「ホクシーの主張は、新しい諸方法についての彼の実際の知見からでなく、人々の諸見解の分析から導き出されている」とのキンボールの批判は、労使双方の主張の整理にとどまっているとの指摘であり、科学的管理実践の現状の正確な理解がなされていないことを厳しく批判したものだと思われる。現実の正確な認識、産業発展の趨勢の適切な理解がなければ、現状の容認とならざるをえない。パーソンは、ホクシーのこの姿勢を「無意識的偏向」と批判したのだと思われる。

いわゆる「ホクシー報告書」は、アメリカ合衆国労使関係委員会の要請から生まれたものである。政府の支援があることによって、ホクシーは、科学的管理と労働に関して全面的な調査研究を行うという絶好の機会を得ることができた。しかしながら、「科学的管理運動を評価する社会的にもっとも有益な機会を、敵意によって逸した」とミクスターが批判するように、ホクシーは、その好機を十分に活かすことができなかったのである[82]。

さらに、「テイラーと彼の協力者たちの誠実な努力が否定され、彼らの主

張を検証する重要な機会が無駄になった。ホクシーの研究は、学問的に十分でないにもかかわらず強力な影響力のある文書を世に出すという大失敗をおかした」[83]、との厳しい批判もある。

筆者は、ホクシーの研究がミクスターの批判するように科学的管理に対して敵意をもったものであるとは考えない。すでに指摘したように、ホクシーは、科学的管理の進展という趨勢を率直に認識し、専門化の進展と古い徒弟制度の破棄の結果として労働者が失いつつある生活の内容を回復する方法が求められていると主張している。そして、時間がかかるけれども、科学的管理の可能性と限界について徹底的に研究し、世間に知らせていくことが必要だと述べ、著書を結んでいるのである[84]。労使関係委員会に提出した「調査の結論」（著書に付録として収録）においても、ホクシーは、科学的管理が産業発展を利する一方で、産業民主主義に敵対するという二面性をもつことを指摘している。そして、どちらか一方の発展を求めるのではなく、両者がともに発展する道を探すことの必要性を強調しているのである。もっとも、「科学的管理は、広範な産業問題の一要因にすぎない」[85]と述べ、すでに指摘したように、自ら解決策を提示することなく労使関係委員会のような政府機関に解決を委ねたのであるが。

また、筆者は、ホクシーの著書出版が大失敗であるとも思わない。コモンズが述べているように、ホクシーは、研究の不十分さを自覚して著書出版を逡巡したようである。彼自身も著書における研究の不十分性を認めている。しかし、キンボールやコモンズが指摘する科学的管理の実態調査の不十分さを除けば、テイラーを中心とする科学的管理の実践者の主張と労働組合の主張がそれぞれ詳細に整理されている。そして、同書におけるホクシーの主張を労使関係委員会の最終報告における「科学的管理」と比較すれば、彼の著書が労働組合側に過度に偏ったものではないということは、明らかである。

しかしながら、以下の点を十分に認識しておかねばならない。第1に、ホクシーが出版した著書『科学的管理と労働』は、科学的管理を評価するうえで強い影響力を与えた書物であるが、労使関係委員会の報告書ではなく、彼

自身が出版を躊躇した中間的な調査研究書であったという事実である。第2に、ホクシーの調査研究は、政府の要請で行われたにもかかわらず、科学的管理の代表者として適格な調査者が選ばれず、科学的管理の実践を評価する絶好の機会が十分に活かされなかったということである。

そして第3に、ホクシーは、変化と安定の二元論的解釈によって科学的管理と産業民主主義の非両立性を主張しているが、進歩という視点を欠いているということである。科学的管理は社会進歩の一側面である。それゆえ、ホクシーには科学的管理の理念を否定できなかった。機械の発展それ自体が拒否されるべきものでないのと同様に、科学的管理の理念それ自体は否定されるべきものではない。科学的管理の進展が不可避であり、同時に産業民主主義の実現が不可欠であるとするならば、社会進歩という視点から科学的管理の欠点を是正し、産業民主主義の実現を図る道を探ることが大切であろう。だが、彼はこのような立場をとらず、現状の維持に重きを置いた。この点が、いわゆる「ホクシー報告書」(『科学的管理と労働』)の最大の欠陥であり、労働側に偏った研究であると批判される所以なのだと思われる。

注
1 Nadworny, Milton J. (1955), *Scientific Management and the Unions, 1900-1932: A Historical Analysis* (Cambridge, Mass: Harvard University Press), p. 89.〔小林康助／訳 (1977)『新版 科学的管理と労働組合』広文社、144 頁。ただし、訳文は翻訳書のとおりではない。また、以下では翻訳書の記載は省略する〕
2 ナドワーニーの著書第 6 章は「ホクシー調査 (The Hoxie Investigation)」と題されているが、本文の中では何度も「報告書 (Report)」という表現を使用しているため、それが労使関係委員会の報告書であるかのような誤解を生む恐れがある (*Ibid.*, p. 89, pp. 90-94)。
3 Nyland, Chris (December, 1996), "Taylorism, John R. Commons, and the Hoxie Report," *Journal of Economic Issues*, 30(4), p. 1012.
4 Hoxie, Robert F. (1915), *Scientific Management and Labor* (New York: D. Appleton and Company), p. v.
5 *Ibid.*, pp. 137-139.
6 Walsh, Frank, P. (1916), in "To print final report of Commission on Industrial Relations, " Senate Report, No. 143, 64th Congress, pp. 4-5. ここでいう調査者の各報告書は 27 冊あり、そのうち 2 冊が、1915 年に労使関係委員会によって印刷されている。

ウォルシュの説明からすれば、この2冊は労使関係委員会が公式に承認したものだと考えられる。調査委員会責任者（director）のマンリー（Basil M. Manly）は、労使関係委員会への「具申」において、これらの報告書が労使関係委員会の最終報告書の付録として印刷されるよう望む旨の提案を行っている。この点については、次を参照のこと。Manly, Basil M. (1916), "Letter of Submittal," in Commission on Industrial Relations (1916), *Industrial Relations*, Final Report and Testimony Submitted to Congress by the Commission on Industrial Relations Created by the Act of August 23, 1912, Vol. 1 (Washington, D. C.: Government Printing Office), p. 14. しかしながら、コモンズによれば、議会は彼の要望を受け入れなかった（Commons, John R. (1964, originally published in 1934), *Myself: The Autobiography of John R. Commons* (Madison, Wisconsin: The University of Wisconsin Press), p. 177）。労使関係委員会がマンリーの要望を認めなかったので、この結果は当然である。

7　*Ibid*., pp. 178-179. ここでコモンズのいう「最終報告書」がホクシーの著書と同じものであるかどうかは、不明である。
8　*Ibid*., p. 177.
9　Wren, Daniel A. (2005), *The History of Management Thought*, 5th Ed. (New Jersey: John Wiley & Sons, Inc.), p. 244. また、次も参照のこと。Wren, Daniel A. and Bedeian Arthur G. (2018), *The Evolution of Management Thought*, 7th Ed. (New Jersey: John Wiley & Sons, Inc.), p. 205.
10　ホクシーは、自著の付録「調査の結論」について、これが労使関係委員会への報告書の最初の部分だと述べている（Hoxie, Robert F. (1915), p. 137）。「調査の結論」に続くのがホクシーの著書の本文であったのかどうかは、不明である。
11　Commons, John R. (1964), p. 179. ホクシーは、1916年6月22日に自殺している。
12　Hoxie, Robert F. (1915), pp. xi-x.
13　括弧内の数字は頁数である。
14　これが調査報告書の最初の部分として労使関係委員会に公式に提出されたものである。
15　任命された委員は、公益（the public）代表3名（Frank P. Walsh, John P. Commons, Florence J. Harriman）、使用者側代表3名（F. A. Delano, Harris Weinstock, S. Thurston Ballard）、労働側代表3名（John B. Lennon, James O'Connell, Austin B. Garretson）の合計9名であった。しかし、Delano委員は連邦準備制度理事会の委員となったため途中で辞任し、1915年3月以降、Richard H. AishtonがDelanoの後任を務めた。コモンズは1913年6月、ウイルソン（Thomas Woodrow Wilson）大統領が労使関係委員会の委員長に任命する意向である旨の電報をラ・フォレット（Robert Marion La Follette）上院議員から受け取ったと述べている。コモンズは引き受けることができないとの返事をするつもりであったが、彼が断わる前に、しかも彼がウォルシュの事務所を訪ねていたその時に、委員長職を依頼するウイルソン大統領からの電報がウォルシュに送られてきたという「奇妙な偶然（curious coincidence）」（コモンズ自身の表現）が起こっている。その場で、ウォルシュは、コモンズに委員への就任を要請した。しかし、大学業務を離れることができず、休暇中にのみ委員会業務に携わるこ

と、および研究調査委員会のスタッフを組織するということが認められた。そこで、ウォルシュの事務所から、彼がラ・フォレットに委員就任を承諾するとの電報を打ち、同時にウォルシュもウイルソン大統領に委員長職を受け入れる旨の電報を打った。以上の事情については、Commons, John R. (1964), pp. 165-167 を参照のこと。また、公益代表のハリマンは、ブランダイス（Louis Brandeis）が委員長職を受け入れなかったのでウォルシュがその職に就いたと述べている（Harriman, Florence J. H. (1923), *From Pinafores to Politics* (New York: Henry Holt and Company, p. 133）。両者の説明は、ウォルシュが委員長の第一候補ではなかったことを示しているが、それ以上の詳細を知ることはできない。

16　Commission on Industrial Relations (1914), *First Annual Report of the Commission on Industrial Relations* (Washington, D. C.), pp. 1-2. コモンズも、委員会が設置された主たる理由として労働不穏の存在をあげている（Commons, John R. (1964), p. 166)。
17　Commission on Industrial Relations (1914), p. 8.
18　*Ibid.*, pp. 7-9.
19　*Ibid.*, p. 10. マンリーは、労使関係委員会の最終報告書（1915年8月9日付）には「研究調査」部門の責任者として記されており、当初責任者として任命されたマッカーシーの名前はない。しかし、この点についてはコモンズの興味深い指摘がある。「ウォルシュ氏は、私の友人であるウィスコンシン州議会図書館のマッカーシーの任命に同意していた。だが、ともにキラーニー（Killarney）出身のアイルランド人であるウォルシュとマッカーシーは、まったく意見が合わなかった。ウォルシュはマッカーシーを解任し、私が選任した調査者たちもすべて、解任されるか自ら辞職した」（Commons, John R. (1964), p. 176）ネイランドによれば、マッカーシーが解任されたのは、1915年3月1日であり、他の調査者の解任、辞任もこのすぐ後であった（Nyland, Chris (December, 1996), p. 1003）。
20　テイラーの労使関係委員会での証言内容については、本書第6章の第2節を参照のこと。
21　Commission on Industrial Relations (1914), pp. 12-18.
22　*Ibid.*, pp. 50-51.
23　Hoxie, Robert F. (1915), p. 1.
24　Commons, John R. (1964), pp. 167-168.
25　Harriman, Florence J. H. (1923), pp. 135-136.
26　*Ibid.*, pp. 172-173.
27　*Ibid.*, p. 173. ハリマンは 'Ashton' と記しているが、'Aishton' の誤りであろう。
28　*Ibid.*, pp. 173-174.
29　*Ibid.*, p. 175.
30　"Final Report of the Commission on Industrial Relations including the Report of Basil M. Manly, Director of Research and Investigation and the Individual Reports and Statements of the Several Commissioners"
31　Commission on Industrial Relations (1916), pp. 11-167.
32　*Ibid.*, pp. 169-252. コモンズ＝ハリマン報告書は、使用者側代表であるウェインストッ

240　第9章　科学的管理と労働

ク、バラード、アイシュトン3名すべてが署名している多数派報告である。
33　*Ibid.*, pp. 253-261. この報告書に関しては、ウォルシュと労働側代表3名に加えて、使用者側代表のバラードも署名している。
34　"Additional Findings of Fact, Conclusions and Recommendations, " in Commission on Industrial Relations (1916), pp. 263-269. これらは、満場一致の決議、労働側3名と使用者側1名およびウォルシュを含む多数が採択した勧告、労働側委員3名とウォルシュが承認した勧告、労働側委員2名とウォルシュが承認した勧告からなるが、科学的管理との直接的な関係がないために、内容の説明を省略する。
35　"Manly Report, " in Commission on Industrial Relations (1916), pp.127-143. マンリーは報告書の「序」において、ホクシーたちの調査が徹底したものであること、彼の報告書がホクシーの調査を要約したものであることを強調している。また、報告書でいう科学的管理という言葉は、「テイラー、ガント、エマーソンおよび彼らの追随者たちによって考案され適用され、ショップのマネジメントおよび作業の能率を向上させようとするもの」を意味すると述べている (*Ibid.*, p. 128)。なお、コモンズとハリマンの報告書には、科学的管理の項目は見当たらない。
36　ナドワーニーは、労使関係委員会の最終報告書について、次のように述べている。「不幸なことに、委員会は異なる派閥に分かれ、各自が報告書の提出や意見を表明した。そのほとんどは、科学的管理の問題を無視した。このような事情によって、ホクシー報告書は、研究調査を命じた委員会の多数が承認するものとはならなかったのである」(Nadworny, Milton J. (1955), p. 93)
37　*Ibid.*, pp. 129-130.
38　*Ibid.*, pp. 130-136.
39　Hoxie, Robert F. (1915), pp. 98-112.
40　"Manly Report, " in Commission on Industrial Relations (1916), p. 136.
41　*Ibid.*, pp. 123-136.
42　*Ibid.*, pp. 139-141.
43　*Ibid.*, p. 141.
44　*Ibid.*, pp. 142-143.
45　*Ibid.*, p. 143.
46　*Ibid.*, p. 128.
47　Hoxie, Robert F. (1915), pp. 98-103.
48　*Ibid.*, pp. 103-104.
49　*Ibid.*, p. 110.
50　*Ibid.*, p. 112.
51　マンリー執筆の報告書の「科学的管理の下での民主主義の欠如」の結論は、先に引用した次の文章である。「それゆえ、実践からみれば、科学的管理は専制的であると明言しなければならない。傾向からみれば、産業における専制政治への逆行であり、労働者を使用者の公正概念に身を委ねさせ、彼らの民主主義的保護手段に制約を課すものである」。しかしながら、ホクシーは、彼の著書ではこの文章の後に次の一文を添えていた。"Whether it is fundamentally and inevitably so will be considered later." in Hoxie,

Robert F. (1915), p. 112.
52　*Ibid.*, pp. 135-136.
53　*Ibid.*, pp. 128-129.
54　*Ibid.*, p. 138.
55　Johnson, Alvin S. (December 4, 1915), "A Model of Social Investigation: Review of *Scientific Management and Labor*," *The New Republic*, 5, pp. 126-127.
56　Commons, John R. (March, 1916), "Review of *Scientific Management and Labor*," *The American Journal of Sociology*, 21(5), pp. 688-692.
57　Kimball, Dexter S. (January, 1916), "Review of *Scientific Management and Labor*," *The Journal of Political Economy*, 24(1), pp. 194-197.
58　Mixter, Charles W. (June, 1916), "The Review of *Scientific Management and Labor*," *The American Economic Review*, 6, pp. 373-377. 1914年4月14日、労使関係委員会の公聴会において証言台に立ったミクスターは、職業をコネティカット州ニューヘブンのSentinel Automatic Gas Appliance 社の「時間研究係（time study man）」だと述べている。さらに、ジョンズ・ホプキンズ大学を卒業後ハーバード大学大学院で2年間学んだこと、ハーバード大学で4年間インストラクターとして、またヴァーモント大学では教授として勤めた経歴をもっていることもつけ加えている。ミクスターの証言については、次を参照のこと。"Testimony of Mr. Charles W. Mixter, " (April 14, 1914), in Commission on Industrial Relations (1916), pp. 834-852.
59　Hoxie, Robert F. (1915), pp. vi-vii.
60　Nyland, Chris (December, 1996), p. 1002.
61　1914年8月31日付のホクシーからテイラーへの手紙（同上文献より再引用。*Ibid.*）。
62　1914年12月31日付のガントからテイラーへの手紙（*Ibid.*, p. 1003）。
63　"Testimony of Mr. Robert G. Valentine, " (April 14, 1914), in Commission on Industrial Relations (1916), p. 852.
64　*Ibid.*, p. 858.
65　ヴァレンタインの証言については、次を参照のこと。"Testimony of Mr. Robert G. Valentine, " (April 14, 1914), pp. 852-862.
66　Nyland, Chris (December, 1996), p. 1012.
67　Hoxie, Robert H. (March 4, 1916), "Scientific Management and Social Welfare, " *The Survey*, 35, pp. 673-680, 685-686. ホクシーの論文中に挿入された編集者のいわゆる「ホクシー報告書」についての紹介文は「『三つ撚りの』報告書」と題されており、題名に示されているように、調査を行った三人の協力関係の緊密さといわゆる「ホクシー報告書」の公正さを強調している（*Ibid.*, p. 675）。
68　*Ibid.*, p. 673.
69　*Ibid.*, p. 680, 685.
70　*Ibid.*, p. 685.
71　*Ibid.*, p. 686.
72　*Ibid.*
73　Hoxie, Robert F. (November, 1916), "Scientific Management and Labor Welfare, "

The Journal of Political Economy, 24(9), pp. 833-854. 本論文の結論部分は、*The Survey* 誌の論文の結論部分とほぼ同一の記述である。ただし、どちらが先に執筆されたのかは、不明である。ホクシーは1916年6月22日に死去しているので、この論文は彼の死後に発表されたものである。論文掲載誌は、ホクシーが准教授として勤務していたシカゴ大学が発行していたためか、本論文に続き、ホクシーの業績を紹介する二つの論文と仮業績一覧が掲載されている。

74 *Ibid.*, p. 853.
75 Hoxie, Robert F. (November, 1916), "Why Organized Labor Opposes Scientific Management, " *The Quarterly Journal of Economics*, 31, pp. 62-85.
76 *Ibid.*, p. 62.
77 *Ibid.*, p. 77. ここでホクシーが「主流派労働組合主義」と呼んでいるのは、アメリカ労働総同盟（The American Federation of Labor: AFL）の指導者が提唱する理念や方法のことである（*Ibid.*, pp. 71-73）。
78 *Ibid.*, p. 78.
79 *Ibid.*, pp. 84-85.
80 ミクスターは、ホクシーの著書のように「ほとんどすべての所で著しく意見がころころと変わるような書物を、評者はおもいつかない」、と記している（"Testimony of Mr. Charles W. Mixter, " (April 14, 1914), p. 377）。
81 Person, H. S. (February, 1917), "The Manager, the Worker, the Scientist: Their Functional Interdependence as Observers and Judges of Industrial Mechanisms, Processes and Policies, " *Bulletin of the Taylor Society*, 3(1), p. 6.
82 ナドワーニーも次のように述べ、ホクシー研究の不公正さについて半ば認めている。「ずっと後に、ギルソン（Mary B. Gilson）は次のように書いている。ホクシーの報告書は『立派だが偏見に満ちた分析』である。しかし、テイラー主義者たちの『自己満足』を揺るがせ、彼らの欠陥に目を開かせた。そしてまた、彼らの労働への対応の仕方を変化させるのを助けたのである」（Nadworny, Milton J. (1955), p. 171）つけ加えれば、ギルソンは次のようにも述べているのである。ホクシーたちは、自分たちの工場への訪問ではオフィスで短時間面談しただけであり、再訪する約束も果たさなかったため、職長や監督者たちはホクシー調査の結論の妥当性を疑っていた。だが、ホクシーの著書は、科学的管理の導入によって起こりうる欠陥や危険性を避けるために注意して読むならば、同書には計り知れないほどの価値がある。Gilson, Mary Barnett (2007, originally published in 1940), *What's Past Is Prologue* (TX: Ehrsam Press), pp. 93-94.
83 Nyland, Chris (December, 1996), p. 1013. ネイランドは、次のようにも述べている。「『科学的管理と労働』は、近代の学者たちがテイラーと彼の起こした運動を悪者扱いするために必ず持ちだす文書である。その妥協的な性格に気づくことなく、テイラーの批判者たちは、科学的管理が『第1に労働者の状態を改善する手段である』との彼の主張を傲慢に退けることを正当化するために、ホクシーの報告書を利用しているのである」（*Ibid.*, p. 1014）
84 Hoxie, Robert F. (1915), p. 136.
85 *Ibid.*, p. 139.

第10章
科学的管理と産業民主主義

第1節　能率と同意

　アメリカ経営学会（The Academy of Management）のマネジメント史部会（Management History Division）は、1970年代半ば、過去200年間でアメリカのビジネスおよびマネジメント思想と実践にもっとも貢献した人物についてのアンケートを行った[1]。その結果、圧倒的な支持を得て第1位の座についたのは、F. W. テイラーであった。あとに続くのは、バーナード（Chester I. Barnard）、ギルブレス（Frank & Lillian Gilbreth）、メイヨー（Elton Mayo）、スローン（Alfred P. Sloan Jr.）、フォード（Henry Ford）などの著名な人たちであった。経営史家やマネジメント史家へのアンケートであったとはいえ、彼らはまちがいなくテイラーの歴史的貢献を高く評価している。

　他方、テイラーの貢献、彼の科学的管理の理念を批判するにとどまり、その進歩的側面を評価しようとしない人たちもいる。ナドワーニー（Milton J. Nadworny）、エイトケン（Hugh G. J. Aitken）、ブレイヴァマン（Harry Braverman）などの周知の研究は、その代表的なものである[2]。

　この対照をなす状況をどのように理解すべきであろうか。ナドワーニーやエイトケンは、テイラーの科学的管理の理念と労働組合の同意を承認するテイラーの後継者たちの理念とを区別し、テイラーの理念を「専制的」あるいは「権威主義的」であると批判する[3]。ブレイヴァマンも、次のように断定する。

「いわゆる科学的管理は、急成長を遂げている資本主義的企業のなかでますます複雑化していく労働統制の問題に科学の方法を適用しようとする試みである。それは、その仮説が生産諸条件に関する資本家の見解の反映以外のなにものでもないがゆえに、真の科学の特質を欠いている。それは、時おり逆の意見が表明されるけれども、人間の視点から出発するものではなく、資本家の視点から、すなわち、敵対的な社会関係という枠組みのなかで御し難い労働者群をどのように管理するかという視点から出発するものである」[4]

テイラーへの批判は、彼の著述が広く世に知られるようになった1911年の春以来、労働組合を中心に展開されていた[5]。それゆえ、以下に述べるように、アメリカ合衆国下院も過去3回、いわゆる科学的管理を審議対象とする公聴会を開催したのである。その中で、1913年12月末から1914年9月にかけて労使関係委員会が行った産業不穏に関する公聴会と研究調査の中のひとつに、「能率システムと労働（Efficiency Systems and Labor）」が含まれていた。これの研究調査結果とみなされているのが、前章で検討したいわゆる「ホクシー報告書」[6]として広く知られている調査研究である。

すでに述べたように、ホクシー（Robert F. Hoxie）は、同書において、変化と安定の二元論的解釈によって科学的管理と産業民主主義の非両立性を主張している。彼は、科学的管理に進歩的性格をみようとするのではなく、不変の現状を是とする労働組合主義を容認する一方で、迫りくる力としての科学的管理の展開、すなわち変化の不可避性を認識しようとするあいまいな立場をとっている。すなわち、彼は、現状の維持に重きを置いた。この点が、いわゆる「ホクシー報告書」の最大の欠陥であり、労働側に偏った研究であると批判される所以なのである。科学的管理の進展が不可避であり、同時に産業民主主義の実現が不可欠であると考えるならば、社会進歩という視点から科学的管理の欠点を是正し、産業民主主義の実現を図る道を探ることが大切であろう。彼の研究は、科学的管理が社会進歩の一側面であるとの視

点が不十分であったのである。

　科学的管理、テイラーのマネジメント思想は今なお高く評価される一方で、うえにみたような厳しい批判も依然として存在する。筆者は、テイラーを賛美する立場をとらないが、また他方、いわゆるテイラー主義というような表面的で一面的な断定にも与しない。とりわけ、人間機械視、労働強化の思想との評価はまったくの誤りである、と筆者は考える。もしテイラーがそのような思想をもっていたならば、既述のアメリカ経営学会のきわめて高い評価を理解することは不可能である。多様な視点からの批判に耳を傾けることが大切であることはいうまでもない。しかし、もっとも重要なことは、批判の視点にとどまるのではなく、批判的摂取という視点に立つことであろう。

　本章は、以上のように今もなお評価が大きく分かれる科学的管理、テイラーのマネジメント思想を、批判的摂取という視点から再評価しようとする試みである。すなわち、その限界を見極めるとともに、歴史的意義を確定しようと試みる。

科学的管理と人的要素

　上に述べたように、いわゆる科学的管理を審議対象とする合衆国下院の公聴会の最初は、労働委員会が実施した「テイラーのショップ・マネジメント・システム調査（Investigation of Taylor System of Shop Management）」（1911年4月28日～5月1日）であった[7]。次は、科学的管理が導入されていた政府所有のウォータータウン兵器廠での鋳造工たちによるストライキ（1911年8月1日～7日）をきっかけとした、「テイラーおよびその他のショップ・マネジメント・システム（The Taylor and Other Systems of Shop Management）」を調査するための特別委員会による公聴会（1911年10月4日～1912年2月12日）[8]、そして第3回目は、すでに述べた労使関係委員会による「能率システムと労働」に関する公聴会（1914日4月13日～16日）[9]である。

それぞれの公聴会においては、科学的管理に対して厳しい意見も表明されている。労働委員会による調査は、政府所有のロックアイランド兵器廠への科学的管理導入に反対する国際機械工組合の動きに対応して行われたものである。しかしながら、ナドワーニーによれば、労働委員会調査における「証言の大半はテイラーの著述への攻撃からなっているが、何ら結論は出なかった」[10]。

また、政府所有のウォータータウン兵器廠で1911年8月に起こったストライキを契機として行われた、「テイラーおよびその他のショップ・マネジメント・システム」に関する下院特別委員会の議会への調査報告書（1912年3月9日）においても、厳しい批判が示されている[11]。しかし、同委員会は、報告の論調とは異なって立法化すべきとの結論は出さなかった。すなわち、

「さまざまな政府工場において、どのようなショップ・マネジメント・システムを選択するかは、大いに運営上の問題（a matter of administration）であり、本委員会は今回の問題について、立法化の勧告が望ましいとも、またそれが適切であるとも考えていない」[12]

この事実は、テイラー・システムに不信感を示す人びとの意向に反して、「マネジメント・コンサルタントたちの明らかな勝利」を示すものである、とナドワーニーは評価している[13]。また、C. B. トンプソン（C. Bertrand Thompson）はもっとはっきりと、「おそらく主張された批判がテイラー・システムには当てはまらないがゆえに、勧告が不要であるとの結論にいたった」、と述べている[14]。

労使関係委員会の報告書に収録されている「能率システムと労働」も、その結論において次のように科学的管理に対して厳しい批判を展開している。

「最良のものとしての科学的管理は、制度の諸部門を有機的に体系化し、

以前にはできなかった諸職能の調整を可能にして、産業に大きな利益を与えている。／しかしながら、科学的管理が生み出した社会問題は、この領域にあるのではない。その社会的帰結についていえば、組織労働者であるか否かにかかわらず、科学的管理には、生活水準の保護、産業教育のための進歩的手立て、労働者が自ら経営に対して漸次的に有効な参加の可能性をみいだすための産業民主主義の機会がない。それゆえ、未組織労働者にはこれらの人権を求めて活動する手立てがまったくないために、組織労働者が不断に断固たる行動を起こすことがきわめて重要な義務となる。もし必要であれば、これらの人権の発展に適した条件を含まないばかりか、多くの点で敵対的となるような産業発展と戦うことも、きわめて重要な義務なのである」[15]

　すでに前章で述べたように、委員は労使それぞれ3名と公益代表3名から構成されており、公益代表の一人が委員長であった。しかしながら、労使関係委員会のこの最終報告書に署名したのは、委員長と労働側代表の3名のみであり、全9名中4名の委員しか署名していない。公益代表2名および使用者代表3名の合計5名、すなわち過半数が署名をしておらず、この報告書を多数派報告とみなすことはできないのである。
　下院が設けた上記三つの委員会の調査が行われた時期は、労働組合と科学的管理の対立がもっとも激しい時期であった[16]。それゆえ、委員会の公聴会においても科学的管理に多くの批判が寄せられたのである。労働組合およびその支持者は、テイラーとその後継者たちのマネジメントの理論と実践は労働者を酷使して労働強化を行おうとするものだ、と厳しく批判した。テイラーは人的要素を軽視し、労働者を機械のように扱って労働強化を図ろうとしているのだと。しかしながら、このような厳しい批判の存在にもかかわらず、立法化による科学的管理の導入制限、禁止が勧告されなかったという事実には、留意が必要であろう。
　テイラーも長時間にわたり証言台に立った[17]、下院特別委員会の報告内容

を重視した The Iron Age 誌は、報告書の全文を 1912 年 3 月 21 日号に掲載した。先に述べたように、立法化による科学的管理の導入制限、禁止は勧告されなかったとはいえ、特別委員会報告書は、マネジメント・システムの導入に対して、最後の部分で次のような懸念を示していたのである。

「マネジメントは、労働者の協力を十分に得るようにあらゆる努力を行なうべきである。それゆえ、労働者の利益に影響する行為については事前に相談や説明をする機会を提供して、開かれた公平な方法で労働者を取り扱うべきである」[18]

同誌は、また、この報告書が「人的要素（human factor）」の重要性を提示したものであるとして、著名な企業指導者 5 名からこの報告に対して寄せられた手紙を、「科学的管理における人的要素」と題して、同誌の 4 月 11 日号に掲載している[19]。以下、その内容を要約的にみておこう。

スミス（Oberlin Smith）は、科学的管理の真の目的は物的手段だけでなくそれを使う人的手段にとってすべてのものを快適にすることであると述べる。報告書は、テイラー・システムを標準化、システム化、刺激の三つの部分に分けて説明しているが、前二者の限界についての指摘は当を得ている。しかし、報告書は労働者の奴隷化について過度に懸念している。テイラーと彼の後継者たちは人的要素の取り扱いについて十分な経験をもっており、また最近では、彼らのやり方を統一化しようとする新しい科学的管理協会に多くの人が参加しているのである、と[20]。

ヒギンズ（Aldus C. Higgins）も、報告書の内容はすぐれたものであり、その内容のほとんどに同意するとして、次のように述べた[21]。テイラーの業績は偉大なものであり、作業の科学的研究はマネジャーに重要なデータを提供する。だが、それはデータなのである。労働者の協力と善意の精神がなければシステムはうまく機能せずに壊れてしまう、と報告書が述べているのは適切である。労働者の十分な協力があって初めて、標準化やシステム化は可

能となるのである。

　カルダー（John Calder）は、「統治される者の同意（the consent of the governed）」を第一に考えねばならないとの委員会の主張に従えば能率の達成は見込めず、また労働者の能率向上を研究することに対しての委員会の反対には賛成できないが、労働者を機械と同じようにみなし働かせることには反対であるとの意見を述べている[22]。

　ファルケナウ（Arthur Falkenau）は、報告書がテイラーやその他のマネジメント・システムの核心的原理が労働者の労働を節約することにあるという本質をみていないと批判する[23]。すなわち、テイラーが人的要素を軽視しているのではないというのが、ファルケナウの主張である。

　タウン（Henry R. Towne）も、科学的管理が人的要素を軽視しているとの批判に対して反論するとともに、「統治される者の同意」を求める報告書の主張を厳しく批判する。さらに、報告書が述べる「刺激（stimulation）」は「酷使（sweating）」と同義のものとされているが、テイラーや彼の後継者たちは、逆に労働者の教育と訓練によって負担なく能率的に働くことを主張しているのだとの意見を表明した[24]。

　以上のように、5名の企業指導者たちは、人的要素を考慮することの大切さ、労働者の協力を得ることの重要性を認めている。と同時に、彼らは、テイラーや彼の後継者たちが人的要素を軽視しているとはみなしておらず、科学的管理が労働強化を図るものだとは考えていない。しかしながら、人的要素を考慮するということの意味については、さらに検討を要する。

労働者の同意

　いわゆる「ホクシー報告書」の調査助手として知られる産業カウンセラーのヴァレンタイン（Robert G. Valentine）は、テイラー協会において二度講演を行っている。1914年12月5日に行われた「科学的管理と組織労働」[25]と、翌年12月10日に行われた「能率と同意との漸進的関係」[26]である。両講演において、彼は、労働組合を支持する立場から自らの考えを展開した。

1914年の講演において、ヴァレンタインは、どのようなものであれ労働組合主義こそが民主主義の明確な発展形態であると主張する[27]。これに対して、ヴァレンタインのいう産業民主主義は現状では実現困難であるとの意見や、理論としては理解できるとの意見が述べられた。さらに、ほぼ同様な趣旨からであると思われるが、労働組合の承認およびこれと協調することには賛成するが、その際、現在のような生産制限などの方針を採らず科学的管理の原理を受け入れることが不可欠だとの発言もあった[28]。

この議論に、ホクシーも参加している。彼は、科学的管理の原理と団体交渉との調和が抽象的には困難ではないが、双方の無理解のために実際にはむずかしいと述べ、この状況を解決する方法として、相互が組織的に交流すべきであるとの提案を行っている[29]。

翌1915年の講演において、ヴァレンタインは自らの主張をより明確に提示し、テイラーの産業界への貢献はじょじょに人類の進歩にとっての重要な貢献となるだろうと述べつつも、次のように主張している[30]。

マネジメントの良し悪しを判断する基準は、労働者の完全に自主的で組織的な同意を認めるかどうかであり、強制（compulsion）、すなわち同意なき奉仕の時代は終った。同意には個人的同意（individual consent）と工場の内外での集団的同意（group consent）があり、ともに集団をより能率的にする基礎をなす。それゆえ、生産能率の最新の成果と民主主義の科学や技法の最新の発展を結びつけること、すなわち販売、生産、財務と同じく労働者が重要だということを理解する必要がある。彼はこのように述べた。

以上は講演原稿での主張だが、彼はさらに、講演当日に次のように述べている[31]。当協会は2種類の重要な問題を調査すべきである。ひとつは、最良の組織、作業遂行の最前の方法に関するものであり、もうひとつは、組織や方法の運営にともなう社会的、産業上の影響に関するものである。労働者は、新しい技術や装置が用いられるべきか、またどのような条件でそうすべきかの決定に自ら参加する権利があると考えている。自分が能率と同意の関係として論じているのはこのことであり、当協会が十分に研究しなければな

らない問題である。もっとも重要な研究課題は、労働者の自分に影響することへの同意という問題である、と。

自らに影響することの決定への労働者の参加を求めるだけでなく、さらに集団的同意とりわけ労働組合の同意を認めよというヴァレンタインの主張に対しては、かなり多くの批判的な意見が出された。

製造業のマネジャーのウォルフ（Robert B. Wolf）は、科学的管理を生産性向上のための科学的方法だとみなすのはまったくの誤りであり、真の科学的管理は労働者の創造的能力である個性を奪うものではない、とヴァレンタインを厳しく批判した[32]。

ジョセフ・ファイス社のファイス（Richard A. Feiss）も、ヴァレンタインの民主主義観を批判している[33]。ヴァレンタインは、民主主義を従業員や工場外の労働組合がビジネスの運営の細部にわたり参加することだと考えている。しかし、自分は、従業員が専門的意見や科学的決定や純粋に経営的活動に参加する能力や権利をもっているとは思わない。ヴァレンタインは理想の労働組合像を描いており、産業における実現可能な民主主義がどういうものかを説明していない。

コンサルタント技師のS. E. トンプソン（Sanford E. Thompson）も、主に集団的同意について批判的な意見を述べている[34]。ヴァレンタインの二つの提案、すなわち人的仕組みがうまく機能して初めてマネジメントが科学的であるということ、また個人が同意する権利をもつことがマネジメントによって常に認められるということは承認する。しかし、個人的同意に加えて組織的同意（organized consent）をマネジメントの判断基準とすることには、承服しかねる。人はだれも、作業方法を議論し労働条件に反対する権利をもっており、そして組織化の権利をもっている。だが、組織の意思決定は意見でなく事実に基づかねばならない以上、複数の工場をまたぐ集団的同意（inter-factory consent）というものは考えられない。

コンサルタントのチップマン（Miner Chipman）は、ヴァレンタインのいう同意の意味について批判した[35]。彼が主張する同意は、説得（persuasion）

に基づくものであり、テイラーの考える同意はそれとは異なるものである。テイラーは、信頼（confidence）による同意、すなわちショップにおいて標準や計画に従うことへの同意は、科学的管理の原理と実践への信頼によって得られると考えたのである。ヴァレンタインのいう同意の概念は、科学的方法とはまったく逆であり、組織的同意が必要であるという彼の主張は、政治的駆け引きとしての同意である。

科学的管理論者のハサウェイ（H. K. Hathaway）も、ヴァレンタインが現在の労働組合を満足すべきものとみているが、労働組合主義は利己主義的動機に基づくものだと批判している[36]。

ミクスター（Charles W. Mixter）は、次のように述べている[37]。人を人として扱うということは、リーダーシップと則るべき当然の規則に個人が同意するということであり、民主主義以前の当然のことである。しかし、ヴァレンタインは、集団的同意によって労働者にマネジメントと同等の発言権を与えることを求めている。この考えは、産業における統制の二元化であり、致命的結果をもたらすだろう。

The Survey 誌の編集者フィッチ（John A. Fitch）は、ヴァレンタインを支持する数少ないひとりであった[38]。使用者と従業員の利害は対立しており、利益分配の科学的な方法は存在しない。それゆえ、客観的立場からみて、私は、ヴァレンタインが同意について述べていることは真実であり、組織的同意が不可欠だと考えている。ショップ・マネジメントの根本的事項において、政治的民主主義と同じく代表制をとることが重要である。

以上のように、テイラー協会内での討論者の大半は、労働者の個人的同意の重要性は認めつつも、集団的同意、すなわち労働組合の同意は人的要素の考慮と同じではないと批判しているのである。

統制と同意

さらに1年後の1916年12月9日、テイラー協会の年次会合において、「統制と同意」というタイトルの下、「産業における指図、創意、および個人

主義」についての議論が行われた[39]。やむをえぬ事情から予定が変更されてウォルフが講演し、議論が行われることになった[40]。ウォルフは次のように述べる。

「私は、ドルーリー教授と同じ結論に至っている。すなわち、すべての人が自らの創造的能力を発揮し、それによって満足や自由を実現する固有の権利をもっていることを理解すべきだということである。満足や自由を感じるのは、日々の労働において自らを表現することによってのみ可能になるからである」[41]

ウォルフは、科学的事実といわれるもの、すなわち厳密な科学が適正な領域を超えて適用される危険性を指摘する。彼によれば、マネジャーが扱う領域は、自然法則が支配する領域、人の意志を扱う領域、および人びとの協働に関わる領域からなるがゆえに、労働者の創意（自由意志）を利用することが重要なのである。すなわち、

「マネジャーとしての数年間の経験から、私は次のような結論に至った。すなわち、たとえマネジメントが作業遂行の最良の方法を巧みに決定したとしても、労働者が作業をそのやり方で行なうことを望まなければ、それは最良の方法ではないのである」[42]
「あらゆる労働者に対して、自らの個性を伸ばし、外的力にただ反応するのではなく『自発的に』働く機会を与えることが必要である。この前提に立てば、『完全に科学的な』管理にとって、組織構成員により多くの責任を意識的に与えること、そして『製造の細部にわたるすべて』を中央計画部門からの命令によって統制するのをやめることが必要だということは明らかである」[43]

ウォルフは、「人々が創造的な仕事をする機会を否定する組織は科学的と

みなすことはできない」、と述べているのである[44]。

続く討論において、労働組合の主張に共感する立場をとるポートナー（A. J. Portenar）は、システムを強調しすぎてほとんど人間性に配慮しないのでテイラー・システムに反対だが、ウォルフの話を聞いて自分がテイラーの考えをまちがって解釈しているか、そうでなければあなたたちの中に異端者がいるのかと思ったと述べている[45]。ニューヨーク博愛慈善学校書記（Secretary, New York School of Philanthropy）のディヴァイン（Edwin Devine）も、ポートナーが重視する産業の人間化に賛意を示すとともに、労働者が経営意思決定に参加することの重要性を強調している[46]。

一方で、ジョセフ・ファイス社のファイスは、テイラーの原理は人間を発達させるための適切な原理、すなわち人びとの労苦を減らして富をつくりだすための研究であり、人間に配慮したものだと主張した[47]。

ここでの議論は、科学的管理への厳しい批判や反批判の応酬があったわけではない。しかしながら、ファイスが述べたように、テイラーの原理が人的要素に配慮し人びとの労苦を減じて富を創造しようとするものであったとしても、その原理をさらに発展させるうえで何らかの限界があることが、ウォルフの講演やポートナーの発言に示されているように思われる。

第2節　科学的管理と進歩

科学的管理──過去と未来

テイラー協会は、会報（1916年11月号と1917年2月号）において、「科学的管理と進歩」と題する論文[48]ならびにそれをめぐる議論[49]を掲載している。議論のねらいは、科学的管理が現在（当時）の産業問題にどの程度対処しているのか、そして将来はどうなるのか、ということを明らかにすることにあった。論文の執筆者は、Ohio State Universityのドルーリー（Horace B. Drury）である。彼は、この論文と同じタイトルの講演を、1916年10月

26日〜28日に同大学工学部の後援によって実施された「人間工学会議」(Congress of Human Engineering) で行っている[50]。彼は、先に述べた「統制と同意」の議論が行われたのと同じ日、1916年12月9日のテイラー協会年次会合において再度、同一内容の講演を行ったのである。

ドルーリーは、科学的管理の根本原理の時代的制約について、彼の言葉を借りれば、「現在の論争の根本原因であり、明日の世界が修正した形でしか受け入れないだろうテイラー・システムの諸側面」[51]、について論じた。彼は、労働組合が批判するような労働者の酷使や熟練の衰退については根拠薄弱だとしながらも、科学的管理が労働者の真の価値を評価せず、彼らの人間性を軽視しているという点が問題であるとした。しかし他方で、彼は、科学的管理が形成された諸条件を思いおこすならば、テイラーがたどった道はやむをえないものであり、また称賛さえもせざるをえないとも述べている[52]。もう少し詳しく、彼のいうところをみておこう。

テイラーの時代、彼が労働者の創意を認めなくても責めることはできない。当時の労働者は自ら統治できる能力をもっておらず、使用者の厳格な統制や計画と実行の分離、指示への服従を容認する時代状況にあったからである。それゆえ、テイラーも、労働者の忠誠心を得るための社会化されたシステムを展開できなかった。しかしながら、将来は、知的で創意ある従業員に対処できる、より民主主義的な統制と責任の広がりがみられるようにならなければならない。抑制と命令でなく、個人の自己表現によって能率を確保するという考えに変わらなければならない[53]。

また、テイラーの後継者たちも、従業員の人間性の重要性を見落としていたわけではない。科学的管理を導入している二つの会社の事例は、科学的管理がより人間的で社会的なシステム、人間関係の真の科学への歩みを示しているのである。

さらに、「産業の科学 (science in industry)」と「労使関係の調和 (harmony in industrial relations)」というテイラーの信念は、時代を超えて妥当性をもつものだが、彼の考案した科学は、自ら認めているように完全なものではな

い。とくに、社会制度の変化とともに、科学の人間的側面が作り直されなければならない。同時に、労使関係の調和についても、テイラーには限界があった。ドルーリーはいう。

「科学的管理の下で設定された基準がますます科学的になり、資材と人間双方の本質を考慮に入れるようにすることが、人間工学の任務であるだろう」[54]

以上のドルーリーの主張を要約すれば、次のようになるであろう。テイラーやその後継者たちは、労働者を酷使するという意図をもっていたわけではない。しかし、時代的制約のために、労働者の創意（能力）軽視による使用者の非民主的で厳格な統制を是とする考え方をもっていた。このようなテイラーたちの人間観、これが将来的に科学的管理が発展するうえでの制約となるというのが、ドルーリーの主張なのである。

科学的管理と進歩

ドルーリーの論文は、コンサルティング技師が多く参加したテイラー協会で読まれたためか、批判も多く寄せられた。たとえば、ガント（Henry L. Gantt）は次のように述べている[55]。テイラーの活動と理念についてのドルーリーの議論は、その多くがテイラーの活動をよく知らない人たちの意見に基づいている。テイラーは、将来の産業は伝統や意見でなく事実に基づくべきであり、意見に基づく恣意的法則に自然法則がとって代わるべきであるとの信念をもっていた。つまり、事実にのみ基づくということは同じ基準で判断するということであり、専制を民主主義に替えるのである。

ポラコフ（Walter N. Polakov）も、厳しい批判を展開している[56]。ドルーリーは、労働者と資本家の階級闘争がわれわれの社会経済構造を特徴づけているとの考えをもっており、そのような考えの下では、使用者と従業員の利害の調和を考えることができない。彼は、科学的管理運動それ自体の進化を

完全に見落としている。

　ハサウェイは、「ドルーリー氏がテイラー氏について述べた結論に対して、強く反対する」として、次のように述べた[57]。ドルーリーの論文は、ホクシーの著書やヴァレンタインの論文と同様に、実際に存在しない理論上の条件と比較している。彼は労働者がショップのマネジメントに何の役割も担っていないと述べているが、そうではない。私は Tabor Manufacturing 社の副社長だが、会社を運営しているのは私ではなく、また社長でもない。会社を運営している人たちはすべて、労働者から昇進してきた人たちである。テイラー・システムの下では、労働者がマネジメントにおいて大きな役割を担っている。時間研究についても、時間研究担当者と労働者が、協力して最善の方法を開発しているのである。

　S. E. トンプソンも、ドルーリーの批判の多くは当てはまらないとして、次のように反論した[58]。科学的管理の主目的のひとつは、行き当たりばったりで専制的な意見を科学的分析に基づく基準に置き換えることである。ドルーリーは科学的管理が労働者の創造性の機会を奪うと述べているが、科学的管理以外のマネジメント方法で労働者に創造する機会を与えているものがあるだろうか。そしてまた、科学的管理を実践しているいくつかの会社において、離職やストライキが少ないことを、どのよう説明すればいいのだろうか。

　議論の参加者は、批判者ばかりではなかった。ペンシルヴェニア大学ウォートン・スクールのウィリッツ（Joseph H. Willits）は、科学的管理には工場で働く人に対してよりいっそうの注意を払う責任があるというドルーリーの主張には同意するが、生産と関係のない福利事業のようなものが必要なのではなく、人の科学あるいは人間工学と科学的管理の両者を結びつけることが求められているとの意見を表明した[59]。

　同じく、コロンビア大学ビジネス・スクールのヘイグ（Robert M. Haig）も、経済学者としてドルーリーに賛成する立場から議論に参加している[60]。彼は次のように述べた。技師をめざす学生が将来的に成功するためには、人

間問題を理解することのできる教育が提供されなければならない。ドルーリー批判の大半は、彼が科学的管理を十分に理解していないためだと述べている。しかし、彼は、あなたたち技師の抱える問題を熱心に理解しようと試みているのであり、技師たちも経済学者の意見を理解しようとする義務がある。科学的管理の目的や理念がわが国の多数の労働者に受け入れられているわけではないのであり、科学的管理が存続するには、人間問題に対処することがもっとも重要であろう。

　以上の議論を受けて、ドルーリーは次のように応答している[61]。自分は科学的管理を批判しようという目的をもって論文を書いたわけではない。敵意をもった批判ではなく、建設的な意図をもって書いたのである。ここで述べたかったことは、「科学的管理の現在の実践が将来のニーズを満たすのに適切であるのかどうか」、という問題を取りあげたのである。それゆえ、科学的管理の一定の側面が理想的なものでなくともテイラーや彼の業績を非難すべきではなく、科学的管理が形成された諸条件を思いおこすならば、テイラーがたどった道はやむをえないものであり、また称賛さえもせざるをえないと述べたのである。

　科学的管理は社会に対して重要な貢献を行っている。だが、私がいいたいのは、これで十分だということはないということである。すなわち、科学的管理が労働者の創意を抑制しないということには反対しないが、労働者の能力を引き出すという問題に将来的にも注意が払われなければならないということである。

　テイラー協会での議論だということもあってか、ドルーリーは、言葉を慎重に選んで科学的管理が労働者の自由を奪っているとは思わないと述べている。しかし、彼は、科学的管理がさらに発展するためには、労働者の創意を引き出すということについてのテイラーたちの現在の考え方に限界があり、変化が必要だと考えているのである。そのことは、「抑制システムがもっとも有効であった時代は過ぎ去った」[62]との発言に、はっきりと示されている。

　ドルーリーは、「科学的管理と進歩」の発表に先立ち、同じような趣旨で

「産業能率の要因としての民主主義」と題する論文を発表していた[63]。この論文において彼は、集権や統制ではなく民主化が能率を高めるということを主張している。彼は、科学的管理が時代に対応して進化すべきことを求めているのである。ドルーリーのいう民主主義とは、社会を構成する多数の人びとが自己決定（self-direction）を積極的に認める状態のことである。それゆえ、彼は、次のように結論する。

「より高い標準、確固たる規律、専門家の助言に留意する新たな才能を求める時代になっている。科学的管理と秩序が、アメリカ精神の新たな基調となるべきである。しかしながら、これらの新たな発展を進めるうえで、自由という基本原理を軽視してはいけない」[64]

第3節　科学的管理と民主主義

テイラー協会と科学的管理

これまで述べてきたことから明らかなように、科学的管理の将来的な発展にとって検討すべき重要なことは、民主主義という問題である。科学的管理論者とこれを批判するものとの根本的な対立点は、民主主義の内容の解釈にある。前者は、専門家の発見する事実に基づく経営が民主主義を意味すると考えるのに対して、後者は、労働者の意志の反映そしてまた労働組合のマネジメントへの参加が民主主義にとって不可欠であると考えるのである。

テイラーは、明らかに前者の立場をとっている。しかし、テイラー協会の会員たちや協会の会合に出席する人びとの中には、程度の差はあれ、後者の意味での民主主義に共感する者もいた。

テイラーは1915年3月21日に亡くなった[65]。彼の追悼会が同年10月22日夜、ペンシルヴェニア大学（University of Pennsylvania）においてテイラー協会主催で行われ[66]、挨拶に立った中には著名な弁護士のブランダイス

(Louis D. Brandeis) もいた。協会報は、彼の挨拶を次のように要約している。

「テイラー氏の後継者たちは、彼の偉大な仕事があらゆる勤労者の繁栄と福利の増大に結実するように努めるべきである。この重要な任務は、一般の労働者階級とくに労働組合と関係をもつ人々に、科学的管理の基礎をなす根本原理を認識させることである。これらの原理を認識し、協力することによってのみ、労働者は、求める成果を変わることなく手にすることを望めるのである。このことを労働者に理解させ、科学的管理が適用されるすべての人々の同意を得ること、これがテイラー氏の後継者たちに課せられた特別の任務である」[67]

ブランダイスは、いう[68]。労働指導者が科学的管理の導入に敵意を示す理由の大部分は、誤解によるものであろう。しかし、教育を通じてこの誤解を解こうとしたとしても、解決できない領域がある。民主主義社会においては、課された条件の変化によって影響を受ける人びとは、相談を受けるべきなのである。労働者は、科学的管理が明らかにしている産業上の真理(industrial truths) を確信するだけでなく、これらの真理が人間的真理 (human truths) と呼ぶべきものと矛盾しないことを確信しなければならない。そのためには、科学的管理の導入と実施のあらゆる段階で、労働者の代表の同意と協力を得なければならないのである。

格調の高い追悼の辞において、ブランダイスは、仕事の喜びや労働者の自由と能力開発のようなテイラーがやり残した問題を解決することこそ、彼に最高の敬意を払うことになるとともに人類への最高の奉仕となるであろう、とテイラーの後継者たちや協力者たちに対して期待を込めて述べた。「真の意味での労働問題」[69]の解決なくして科学的管理のさらなる発展はありえない、ブランダイスはこのように主張したのである。

科学的管理をめぐる議論は、テイラーの後継者たちが集うテイラー協会に

おいて、さらに進展をみる。1917年3月に開かれた同協会のボストン会合において、会長のパーソン（Harlow S. Person）は、「マネジャー、労働者、そして社会科学者」と題する講演を行い、次のように述べた。

「過去2～3年間で私たちの関心をとくに引く問題の議論において、マネジャーの観点からだけでなく、労働者と社会科学者の観点が付け加わった」[70]

どれかひとつの視点からだけでは科学的管理の問題を理解することができず、それぞれに長所と短所がある。テイラーを支持する人びとは、科学的管理のあらゆる側面についての幅広い議論、すなわち労働者の観点および社会科学者の観点からの議論を受け入れるべきである。パーソンはテイラー協会会長として、このように述べたのである[71]。

パーソン講演の議論に参加したハーバード大学ロー・スクール教授のフランクフルター（Felix Frankfurter）は、現在は科学的管理の歴史の第3段階にあるという[72]。それは、科学的管理が自らに対する批判を認める段階、科学的管理が科学の一部にすぎないことを人びとが理解している段階、すなわち科学的管理が完全に科学的にならなければならない段階である。それゆえ、他の科学的研究によって明らかにされた諸要因を考慮し、それらを統合して体系化しなければならず、パーソンが主張するように、マネジャー、労働者、社会科学者の利害を調和させることが大切なのである。フランクフルターは、このように述べた。

この議論に参加したタフツ大学教授のメトカーフ（Henry C. Metcalf）も、パーソンの主張に具体性がないのはとても残念だとしながらも、協会への重要な貢献であると高く評価した。メトカーフは、次のように述べている。社会の価値概念は物から人へと移行しており、あらゆるビジネスを人間の観点から考えざるをえない。産業の福利厚生的観点を受け入れ、ビジネスの物的側面と同様の厳密な科学的プロセスと方法では人的要素を扱えないと

考えるマネジャーが急速に増えているのである、と[73]。メトカーフはいう。

「現在とりわけ必要とされていることは、経済民主主義の発展である。これを発展させるうえで、人間性という本質的事実を取り入れなければならない。／社会科学者は、将来、『事実（facts）』により広い意味を与えなければならないだろう。そして、真の産業能率との調和のためには、『事実』を構成するものの発見、解釈、同意のための真に協同的な方法が考えだされなければならないだろう」[74]

The Survey 誌の編集者フィッチも、科学的管理がこれまでは取り扱ってこなかった多くの問題に取り組もうとしていることを示した、とパーソンの主張を高く評価している。

「産業における民主主義的代表制の必要性の認識について、科学的管理を代表して行なわれた最良の主張である。そのような主張が初めて行なわれたとはいわないけれど、協会が行なった最良かつ明確な主張である」[75]

もちろん、討論に参加した者すべてがパーソンの主張に賛成したわけではなかった。経営者でありコンサルティング技師のハサウェイは、会社の業績や経営の失敗に責任をもつのはマネジャーだけであるので、三者の均等責任ではなくマネジャーのみが意思決定すべきだと強く主張した[76]。しかしながら、この議論において、彼のような主張は少数派であった。テイラー協会での科学的管理をめぐる議論は、確実に進歩しているのである。

科学的管理と民主主義

ナドワーニーは、著書『科学的管理と労働組合』の第5章を「障壁の亀裂」（Cracks in the Barricades）と題して、テイラーの労働組合についての理念が彼の後継者や彼に近い人たちからも批判された事例をあげ、民主主義

の「障壁」であるテイラーの理念の「亀裂」について論じている[77]。彼は、労働組合との団体交渉を認めないテイラーを産業民主主義の否定者として描き、テイラーのマネジメント思想を、労使協調すなわち自らの観点からすれば進歩に対する障害物であるとみなすのである。

彼は、テイラー協会を中心とするテイラーの後継者たちの労働組合と団体交渉を承認する方向への議論の発展を、「マネジメント運動の成熟による独裁から民主的見地への正常な変身」と述べ[78]、テイラーと意見を異にするロバート・ヴァレンタインを、産業民主化の最大の功労者の一人として高く評価するのである[79]。

すでにみたように、テイラーの提唱する科学的管理に限界があることは、テイラー協会での科学的管理をめぐる議論にも示されている。しかしながら、テイラーのマネジメント思想を進歩に対する障害物、民主主義に敵対する独裁だとして否定的にしかみないナドワーニーの見解は、適切なテイラー評価であるとは思えない。

テイラーは、人間協働を実現することによって組織の能率を高めようと努力した人物である。彼は、科学決定論者であるとともに、規範論者であった。彼は、労働者を抑圧し駆り立てるという古いマネジメント思想を根本から否定し、協働確保の科学的基礎を築いて労使双方が公正なものとして受け入れる基準をつくろうとしたのである。しかしながら、テイラーは、労働者の創造的能力を軽視するという制約された人間観、労働者の多様な欲求を軽視し組織への献身と勤勉を規範とする倫理観をもっていた。

ドルーリーが時代的制約を認めつつも厳しく批判したのも、テイラーのこのような考え方に対してであった。テイラーの限界は、人間協働の有効性を工学的基準に還元し、これを倫理的基準にまで高めようとしたことにある。このことが、マネジメントという人間協働の科学への彼の貢献を制約したのである。

C. B. トンプソンが的確に指摘しているように、「人が一定の時間で一定の物事をすることが『可能である』（can）という事実は、それを行う『べき』

(ought to) であるということを意味するわけではない」[80]。協働を担う人びとの意志、すなわち同意が不可欠とされる所以である。テイラーは、科学的管理の下では労働組合の関与と団体交渉は不要であるとして、これを頑なに認めなかった。だが、人びとの同意の意味するところは、労働組合の関与であり、団体交渉の承認なのである。

テイラーは、労働組合との交渉は政治的駆け引きであり、科学とは相いれないと考えたのであろう。その考えは、当時の事実認識としてはまちがいではなかったであろう。しかし、労働者はたとえ使用者の指揮下に置かれようとも、自由意志をもつ生身の人間である。人びとは、多様な性格、動機、欲求、意欲をもって働いているのである。たとえ科学的に設定された基準であっても、それを素直に受け入れるとはかぎらないし、受け入れるべきであるともいえない。それゆえ、真に労働者の協働を確保するためには、何らかの形での参加が保障されねばならないのである。人間協働の科学、すなわちマネジメントの科学は、工学的基準に還元することはできないのである。

藻利重隆氏は、次のようにテイラーの思想の限界を指摘している。

「初期の科学的管理は……生産過程を合理化することによって、同時に、端的に労働問題をも処理し、解決しようとするものであったことが、想起せられなければならない。それは、経営の二重構造性を自覚しないで、経営問題を、もっぱら生産機能的にのみ解決しようとしたものであり、そして、そのことのゆえにこそ、労働組合の強烈な抵抗を甘受しなければならなかったのである。科学的管理における経営独裁制の弊は、根本的には、これを労務管理と並立する生産管理へと転換させることによってのみはじめて打開の方途を見出しうることとなるのである」[81]

「生産管理的理解のうちに埋没せられた労働問題にあっては、労働者に関する、したがって、人間に関する経営社会的関連はおのずから閑却せられ、それはたんに、生産の経営技術的構造関連のうちにおいて、その構成要素をなす作業者の問題としてのみ把握せられるにすぎない。換言すれ

ば、各労働者は、そこではたんに、その担当する作業を通じて、協業ないし分業に参加する者としてのみ観察せられ、作業能率的観点のみがその前景に押し出されて、労働者の経営社会的側面、すなわち、経営社会を構成する人間としての面が、その背後に押しのけられ、閑却せられる結果を招来する」[82]

藻利氏が的確に指摘しているように、テイラーの最大の欠陥は、労働者を能率向上のために作業する労働力として理解するにとどまり、労働を発揮する労働力の所有者としてとらえることができなかったことである。すなわち、彼は、生産管理の問題として労務管理問題を解決できると考え、実行したのである。

このような弱点や限界をもっていたとしても、科学的管理、テイラーのマネジメント思想が進歩の障害であるとみなすならば、その理解は、完全に誤っている。科学的管理は、推量に基づく駆り立て方式のマネジメントを近代化し、事実に基づくマネジメント、すなわち、実証的思考方法を産業組織に適用するという進歩性をもつ、「実証的マネジメント」[83]のパイオニアなのである。

フォレット（Mary P. Follett）も次のように述べ、科学的管理の実証性を高く評価している。

「命令を非人格化する傾向があるということが、科学的管理の最大の貢献のひとつだと思う。科学的管理の本質は状況の法則を発見しようと企てることである、と考えることができるであろう。科学的管理の下では、マネジャーも労働者と同じように命令を受ける立場にある。なぜならば、両者がいずれも状況の法則に従うからである」[84]

テイラーとマネジメント思想

　本章の冒頭で述べたように、テイラーにはきわめて高い評価がある一方で、厳しい批判が存在する。そして現在もなお、両者は平行線をたどっているように思われる。筆者は、本書を通じてその理由を明らかにするとともに、テイラーのマネジメント思想をできるかぎり正確に理解し、正当に評価しようと試みた。平行線をたどる理由を結論的にいえば、社会発展の視点から歴史的に評価しようとする意図、すなわち批判的摂取の精神が不十分だからである。テイラーの、科学的管理の限界を見極め、それのもつ進歩性を正しく把握すること、この姿勢が重要なのである。

　テイラーは、『科学的管理の原理』の「序」において、次のように述べている。

　「過去においては、人が第一であった。将来は、システムが第一となるにちがいない。しかし、このことは、すぐれた人が必要でないということを意味しているのではない。そうではなく、良いシステムの第一の目的は、一流の人々をつくりだすことであり、システム化されたマネジメントの下では、すぐれた人は、これまでよりも確実かつ速やかに最上の地位につくのである」[85]

　引用の前段のみに目をやれば、人間軽視の表現のようにもみえる。すなわち、人間をシステムに置き換えることを主張しているように。しかしながら、テイラーの真意はそのようなことではない。人任せ、すなわち個々人の経験にのみ頼っている現状を、「人が第一であった」と批判し、これをシステムに置き換えねばならないと述べているのである。当然ながら、良いシステムはすぐれた人びとを必要とする。それゆえ、一流の人びとを育成することの重要性を強調しているのである。

筆者はかつて、次のように述べた。

「彼は、科学的計画化こそが管理者に求められる最も重要な職能だと考え、システムを通じて工場組織の能率化を実現しようとした。こうして初めて、生産部門の能率化が、成り行きではなく計画的に実現される可能性が開けたのである。／テイラーはまた、生産の場が同時に労働の場であることを十分に承知していた。それゆえ、人々が心から協力して働くことの重要性を、繰り返し訴えた。生産の場が人間協働の場であることを明確に意識していたからである。しかし、工学的基準に照らした彼の科学的思考は、彼の人間観と倫理観を制約し、働く人々の創造的能力を軽視した。テイラーが人間を機械視しているといわれるのもそれ故である。しかしながら、制約された人間観を持っていることと人間を機械視することとを混同してはならない。テイラーのマネジメント思想が人間協働の科学として弱点を持っていることはすでに指摘したが、彼の思想には、同時代の技師の能率意識が投影されているのである。この意識は彼のマネジメントの科学への貢献を制約したが、そのことをもって、人間機械視の思想であると決めつけるべきではない。能率偏重であるとの批判は基本的には正しいが、テイラーの思想的基盤をなしている技師のプロフェッショナリズムの意義を矮小化するとすれば、そのような見方は誤りである。テイラーのマネジメント思想は、その本質において、技師のプロフェッショナリズムの発展、進化として理解すべきであろう。……われわれは、人間協働の学としてのマネジメントの出発点にテイラーが位置することを再確認するとともに、マネジメント思想への技師の貢献を、正当に評価すべきであろう」[86]

筆者のテイラー評価は、これとまったく変わることはない。労働問題の解決、労使協調の実現こそがマネジメントの最大の課題であると考え、その部分的解決から出発したテイラーのマネジメント改革は、彼の存命時には十分に実現しなかった。しかし、個々人の経験ではなく事実に基づく経営という

彼の思想は、マネジメントにおける普遍的真理であり、現在に継承されている[87]。マネジメントの科学は、C. バーナード（Chester I. Barnard）のいう「行動知（behavioral knowledge）」[88] の定式化であるということができる。それゆえ、何が事実であるとするのか、どのように事実を発見し、科学的知見に高めるか、その方法は時代とともに変化するであろう。

　テイラーのマネジメント思想、科学的管理を賛美するという過ちを犯してはならず、その限界、批判すべき点をさらに明確にしなければならない。しかしながら、単なる批判にとどまるのではなく、同時代の多くの技師たちとともにマネジメントの科学の創造に終生努力したテイラーの貢献を、過小評価することなく正当に評価すべきである。アーウィック（Lyndall F. Urwick）が厳しく批判するように、決してテイラーの「名を汚す」[89] ことを試みたりしてはならないであろう。

注
1　Wren, Daniel A and Hay, Robert D. (September, 1977), "Management Historians and Business Historians: Differing Perceptions of Pioneer Contributors, " *Academy of Management Journal,* 20 (3), pp. 470-476.
2　Nadworny, Milton J. (1955), *Scientific Management and the Unions, 1900-1932: A Historical Analysis* (Cambridge, Mass: Harvard University Press).〔小林康助／訳（1977）『新版　科学的管理と労働組合』広文社〕Aitken, Hugh G. J. (1985, originally published in 1960), *Scientific Management in Action: Taylorism at Watertown Arsenal, 1908-1915* (New Jersey: Princeton University Press). エイトケンの著書を吟味した、次の文献も参照のこと。桑原源次（1974）『科学的管理研究』未来社、第2章「科学的管理と労働」、43-84頁。Braverman, Harry (1988, originally published, in 1974), Labor and Monopoly Capital: The Degradation of Work in the Twentieth Century (New York: Monthly Review Press).〔富沢賢治／訳（1978）『労働と独占資本』岩波書店〕なお、以下では邦訳のある場合には邦訳頁を併記するが、訳文は必ずしも訳書どおりではない。
3　Nadworny, Milton J. (1955), p. 145.〔小林康助／訳（1977）、230-231頁〕Aitken, Hugh G. J. (1985), pp. 237-238.
4　Braverman, Harry (1988), p. 59.〔富沢賢治／訳（1978）、95頁〕
5　この点については、ナドワーニーの著書、とくに第4章を参照のこと（Nadworny, Milton J. (1955), pp. 48-67.〔小林康助／訳（1977）、77-109頁〕）。
6　Hoxie, Robert F. (1915), *Scientific Management and Labor* (New York: D. Appleton

7 Committee on Labor (1911), *Investigation of Taylor System of Shop Management*, Hearings before the Committee on Labor of the House of Representatives, 62nd Congress, 1st Session on House Resolution 90 (Washington, D. C.).
8 Special Committee (1912), *The Taylor and Other System of Shop Management*, Hearings before the Special Committee of the House of Representatives to Investigate the Taylor and Other Systems of Shop Management, under authority of House Resolution 90 (Washington, D.C.: U.S. Government Printing Office).
9 Commission on Industrial Relations (1914), *First Annual Report of the Commission on Industrial Relations* (Washington, D. C.), pp. 10-45; Commission on Industrial Relations (1916), *Industrial Relations*, Final Report and Testimony Submitted to Congress by the Commission on Industrial Relations Created by the Act of August 23, 1912, Vol. 1 (Washington, D. C.: Government Printing Office), pp. 763-1024. テイラーは第2回目と第3回目の公聴会で証言している。この点については、廣瀬幹好（June, 2014）「F. W. テイラーと二つの公聴会証言」『関西大学商学論集』、第59巻第1号、109-137頁および本書第6章を参照のこと。
10 Nadworny, Milton J. (1955), p. 57.〔小林康助／訳（1977）、88頁〕
11 The Iron Age (March 21, 1912), "The Taylor System in Government Shops," *The Iron Age*, pp. 726-728. すなわち、諸条件や方法を変化させる際には労働者との協議ならびに「統治される者の同意（with the consent of the governed）」が必要であること、能率を高めるために人の犠牲をともなわないこと、さらに、適正な日々の労働の決定には労働者の精神的側面の考慮が重要であることなどの主張である。要するに、マネジメントの実践は労働者の同意に基づき協力を得る必要があるというのが、下院特別委員会の主張である。
12 *Ibid.*, p. 728.
13 ナドワーニーによれば、特別委員会の報告書の全体的な基調に反して、委員会はこのように結論したのである（Nadworny, Milton J. (1955), p. 64.〔小林康助／訳（1977）、97頁〕）。
14 Thompson, C. Bertrand (1917), *The Theory and Practice of Scientific Management* (Cambridge, Mass.: Houghton Mifflin Company, The Riverside Press), in Wren, D. A. and Sasaki, Tsuneo ed. (2002), *Intellectual Legacy of Management Theory* (London: Pickering & Chatto), p. 252.
15 Commission on Industrial Relations (1916), *Industrial Relations*, p. 143.
16 マッケルヴィ（Jean Trepp McKelvey）は、科学的管理と組織労働との関係を三つに時期区分し、1911年から1915年までを両者の完全な敵対の時期だと述べている。この点については、次を参照のこと。McKelvey, Jean Trepp (1952), *AFL Attitudes towards Production, 1900-1932* (New York: Cornell University Press), p. 12.〔小林康助・岡田和秀／訳（1972）『経営合理化と労働組合』、風媒社、29頁〕
17 ここでのテイラーの証言が、広く「テイラー証言」として知られているものである。本書第6章第1節を参照のこと。

18　The Iron Age (March 21, 1912), "The Taylor System in Government Shops, " p. 728.
19　The Iron Age (April 11, 1912), "Human Element in Scientific Management: Views in Favor of and Taking Issue with the Report of the House Committee Investigating Shop Management Systems for the Government, " *The Iron Age*, pp. 912-914.
20　Smith, Oberlin (April 11, 1912), "Managing Scientifically, " in "Human Element in Scientific Management, " p. 913.「新しい科学的管理協会」とは、1911年に発足した「管理科学推進協会（テイラー協会）」を指すものと思われる。
21　Higgins, Aldus C. (April 11, 1912), "Suggestion Importance of Management Studies, " *Ibid*., p. 914.
22　Calder, John (April 11, 1912), "The Scope of Management, " *Ibid*., pp. 913-914.
23　Falkenau, Arthur (April 11, 1912), "The Point of Time Studies Commonly Missed, " *Ibid*., p. 914.
24　Towne, Henry R. (April 11, 1912), "The Employee in Management Plan, " *Ibid*., p. 912.
25　Valentine, Robert G. (January, 1915), "Scientific Management and Organized Labor: the Functions of the Industrial Counselor － Possible Relations of Scientific Management and Labor Unions, " *Bulletin of the Taylor Society*, 1 (2), pp. 3-6.
26　Valentine, Robert G. (January, 1916), "The Progressive Relation between Efficiency and Consent, " *Bulletin of the Taylor Society*, 2 (1), pp. 7-13.
27　Valentine, Robert G. (January, 1915), p. 3.
28　Taylor Society (January, 1915), "A Discussion of 'Scientific Management and Organized Labor', " *Bulletin of the Taylor Society*, 1 (2), pp. 6-8.
29　*Ibid*., pp. 8-9.
30　Valentine, Robert G. (January, 1916), pp. 7-11.
31　*Ibid*., pp. 11-13. 講演当日の原稿は、速記録の要約である。
32　Taylor Society (January, 1916), "A Discussion of 'The Progressive Relation between Efficiency and Consent', " *Bulletin of the Taylor Society*, 2 (1), pp. 13-14. 後述するように（本章、注40を参照のこと）、ウォルフは、翌1916年12月のテイラー協会年次会合において労働者の自発性を重視する講演を行っている。
33　*Ibid*., pp. 14-15.
34　*Ibid*., p. 15.
35　*Ibid*., pp. 17-18.
36　コンサルティング技師のポラコフ（Walter N. Polakov）も、現在の労働組合主義の下では真の労働者の同意は得られないとの意見を述べている（*Ibid*., pp. 16-17）。また、ケント（William Kent）も、ヴァレンタインがマネジメントの判断基準とする「完全に自主的で組織的な同意」の現実性について批判している（*Ibid*., p. 17）。さらに、ケントおよびチップマンは、労使対立の現実的な解決をめざした従業員代表制のモデルとなる「ロックフェラー・プラン」（1915年実施）に対して、ヴァレンタインが「社会の笑い種（sociological joke）」と嘲笑したことについても、厳しく批判している（*Ibid*., pp. 17-18）。ロックフェラー・プランは、周知のように制約された民主主義と評価すべきで

あるが、当時としては従業員の人間性に配慮するという進歩性をもっていた。労働組合主義の立場をとるヴァレンタインからすれば、「社会の笑い種」にしか思えなかったのであろう。ロックフェラー・プランについては、次を参照のこと。廣瀬幹好(1998)「CF&Iとロックフェラー・プラン」、平尾武久・伊藤健市・関口定一・森川章／編著『アメリカ大企業と労働者──1920年代労務管理史研究』北海道図書刊行会、61-92頁。

37　Taylor Society (January, 1916), "A Discussion of 'The Progressive Relation between Efficiency and Consent'," pp. 18-19.

38　*Ibid.*, p. 16.

39　The Taylor Society (March, 1917), "Control and Consent: A Discussion of Instructions, Initiative, and Individualism in Industry," *Bulletin of the Taylor Society*, 3 (2), pp. 5-20.

40　会長のパーソンによれば、当初、テイラーの後継者であるクック (Morris L. Cooke) が「あなたのショップではだれがボスなのか」という報告をする予定だったが、急病のためプログラムが変更になり、ウォルフが講演することになったのである (*Ibid.*, p. 5)。なお後日、クックはテイラー協会報に当該論文を発表している。次を参照のこと。Cooke, Morris L. (August, 1917), "Who is Boss in Your Shop?: Individual vs. Group Leadership, and Their Relation to Consent and the ideals of Democracy," *Bulletin of the Taylor Society*, 3 (4), pp. 3-10.

41　The Taylor Society (March, 1917), "Control and Consent: A Discussion of Instructions, Initiative, and Individualism in Industry," p. 7. ヴァレンタイン論文の議論における先の発言に示されているように、ウォルフは、科学的管理を生産性向上のための手段だとみなし、マネジメント問題を労働組合との交渉に委ねるべきだとのヴァレンタイン流の考えについては、厳しく批判している。ここでウォルフがあげているドルーリーの見解とは、次節に示すように、同じ日 (1916年12月9日) に行われたドルーリーの講演において示された見解のことである。ドルーリーの講演内容は事前に協会報に掲載されている。次を参照のこと。Drury, Horace B. (November, 1916), "Scientific Management and Progress," *Bulletin of the Taylor Society: A Society to Promote the Science of Management*, 2 (4), pp. 1-10.

42　The Taylor Society (March, 1917), "Control and Consent: A Discussion of Instructions, Initiative, and Individualism in Industry," p. 11.

43　*Ibid.*, pp. 11-12.

44　*Ibid.*, p. 12. 討論のまとめにおいて、ウォルフは、「産業組織で働く人々が、自らの仕事について意見を述べることのできるような組織にしなければならない」とも述べている (*Ibid.*, p. 20)。

45　ポートナーの肩書は、ニューヨーク州産業委員会の雇用局長 (Superintendent, Bureau of Employment, New York State Industrial Commission) となっている (*Ibid.*, p. 13)。

46　*Ibid.*, pp. 17-18.

47　*Ibid.*, pp. 15-17. なお、ジョセフ・ファイス社における科学的管理の状況については、次を参照のこと。Goldberg, David J. (1992), "Richard A. Feiss, Mary Barnett Gilson,

and Scientific Management at Joseph & Feiss," in Nelson, Daniel, ed., *A Mental Revolution: Scientific Management since Taylor* (Columbus, OH: Ohio State University Press), pp. 40-57.〔アメリカ労務管理史研究会／訳（1994）『科学的管理の展開――テイラーの精神革命論――』税務経理協会、53-74 頁〕
48 Drury, Horace B. (November, 1916), "Scientific Management and Progress," pp. 1-10. 本文に続き、次のように付記されている。この論文が年次会合（1916 年 12 月 9 日）で読まれることになっているので、会員は論文の主張を十分に理解して議論に参加すべきである、と（*Ibid.*, p. 10）。
49 The Taylor Society (February, 1917), "Scientific Management and Progress: A Discussion of How Far Scientific Management is coping with Present Day Industrial Problems, and What is the Outlook of the Future," *Bulletin of the Taylor Society*, 3 (1), pp. 7-22.
50 人間工学会議の詳細については、次を参照のこと。Committee on the "Human Engineering" (January, 1917), "Congress of Human Engineering, October 26, 27 and 28, 1916," *The Ohio State University Bulletin*, 21 (12). ドルーリーは、10 月 28 日の午前に行われた最終セッションの最後の講演者であった。冒頭、報告内容をよりはっきりと示せば、「科学的管理――その過去と未来――」であると述べている（Drury, Horace B. (January, 1917), *Ibid.*, p. 134)。
51 Drury, Horace B. (November, 1916), p. 6.
52 *Ibid.*, p. 7.
53 *Ibid.*, pp. 8-9.
54 *Ibid.*, p. 10.
55 The Taylor Society (February, 1917), "Scientific Management and Progress: A Discussion of How Far Scientific Management is coping with Present Day Industrial Problems, and What is the Outlook of the Future," pp. 10-14.
56 *Ibid.*, pp. 15-16.
57 *Ibid.*, pp. 16-18.
58 *Ibid.*, pp. 19-20.
59 *Ibid.*, pp. 9-10.
60 *Ibid.*, pp. 18-19.
61 *Ibid.*, pp. 21-22.
62 *Ibid.*, p. 22.
63 Drury, Horace B. (May, 1916), "Democracy as a Factor in Industrial Efficiency," *Personnel and Employment Problems, The Annals of the American Academy of Political and Social Science*, 65, pp. 15-27. ドルーリーの論文は、他の 4 論文とともに第 1 部「工業経営における人的要素の位置」に収められている。なお、この第 1 部は工業経営における人的要素の重要性について論じているが、科学的管理を議論のテーマにしているわけではない。この中に、ファイスの論文「科学的管理の基礎としての人的関係」("Personal Relationship as a Basis of Scientific Management," *Ibid.*, pp. 27-57) も収められている。ファイスは、「工場が生み出しているのは物ではなく人である」との

テイラーの言葉を引きながら、科学的管理を適用している自社の実態を示しつつ、人的（労使）関係の問題の解決に取り組んでいるとの主張を行っている。さらに、彼は、この問題の解決こそが科学的管理の基礎をなすと述べている。この論文は、前年の秋にテイラー協会（管理科学推進協会：1915年12月以前の名称）報に掲載されたものの再録であり、ファイス論文についての討論も、次に示す同協会報に収録されている。Feiss, Richard A. (November, 1915), "Personal Relationship as a Basis of Scientific Management," *Bulletin of the Society to Promote the Science of Management*, 1 (6), pp. 5-16; "Discussion," *Ibid.*, pp. 16-25.

64 Drury, Horace B. (May, 1916), p. 27.

65 テイラーが最後に公の場に姿をみせたのは、彼の死の2週間ほど前の1915年3月4日、オハイオ州ヤングスタウンでの講演においてであった。その前日も、同じ内容の講演をクリーブランド宣伝クラブ（Cleveland Advertising Club）において行っている。講演内容については、次を参照のこと。Taylor, Frederick Winslow (December, 1916), "The Principles of Scientific Management," *Bulletin of the Taylor Society*, 2 (5), pp. 13-23.

66 この日、1915年10月22日に、テイラーは同大学から名誉博士号を授与されている（Taylor Society (November, 1915), "October Meeting," *Bulletin of the Society to Promote the Science of Management*, 1 (6), p. 1)。「管理科学推進協会」から「テイラー協会」への名称変更は、1915年の12月11日と12日にニューヨークで行われた年次会合で決定された（Taylor Society (January, 1916), "Special Note," *Bulletin of the Taylor Society: A Society to Promote the Science of Management*, 2 (1), p. 1)。テイラー協会設立の経緯については、次を参照のこと。The Taylor Society (July, 1920), "Purpose, Origin and Activities of the Taylor Society," *Bulletin of the Taylor Society*, 5 (3), p. 2; Kent, R. T. (February, 1932), "The Taylor Society Twenty Years Ago," *Bulletin of the Taylor Society*, 17 (1), pp. 39-40.

67 Taylor Society (November, 1915), p. 2.

68 Brandeis, Louis D. (1920), in Taylor Society, *Frederic Winslow Taylor: A Memorial Volume* (Mass: The Plimpton Press), pp. 72-76.

69 *Ibid.*, p. 76.

70 論文は、協会報に事前掲載されている。Person, Harlow S. (February, 1917), "The Manager, the Workman, and the Social Scientist: Their Functional Interdependence as Observers and Judges of Industrial Mechanisms, Processes and Policies," *Bulletin of the Taylor Society*, 3(2), p. 2. 彼のいう「社会科学者」とは、経済学や心理学の教授、ソーシャル・ワーカー、雑誌編集者などの産業の外側にいる人たち、すなわち労使関係の外部者のことである。

71 *Ibid.*, pp. 2-7.

72 Taylor Society (December, 1917), "Discussion of 'The Manager, the Workman, and the Social Scientist'," *Bulletin of the Taylor Society*, 3(6), pp. 6-8.

73 *Ibid.*, p. 3.

74 *Ibid.*, p. 4.

75　*Ibid.*, p. 10.
76　*Ibid.*, pp. 4-6.
77　Nadworny, Milton J. (1955), pp. 68-86.〔小林康助／訳（1977）、111-140 頁〕
78　*Ibid.*, p. 145.〔同上、230-231 頁〕
79　「〔1915 年 12 月にヴァレンタインが発表した――引用者〕『能率と同意の漸進的関係』は、テイラー協会でそれまでに発表されたものの中でもっとも重要な論文の一つである。この論文は、テイラー協会がとるべき労働組合との関係の未来を予告し、科学的管理の考え方を広げて新しく不可欠なものとしての『同意』（consent）を含めるのに寄与した」（*Ibid.*, p. 98.〔同上、158 頁〕）
80　Thompson, C. Bertrand (1917), p. 29.
81　藻利重隆（1964）『労務管理の経営学（増補版）』千倉書房、187 頁。
82　藻利重隆（1965）『経営管理総論（第二新訂版）』千倉書房、21 頁。
83　科学的管理を実証的マネジメントと呼んだのは、C. B. トンプソンである。次を参照のこと。Thompson, C. Bertrand (1917), pp. 1-13.
84　Metcalf, Henry C. and Urwick, L., ed. (1941), *Dynamic Administration: the Collected Papers of Mary Parker Follett* (London: Management Publications Trust), in Wren, D. A. and Sasaki, Tsuneo ed. (2005), *Intellectual Legacy of Management Theory* (London: Pickering & Chatto), p. 57.〔米田清隆・三戸公／訳（1997）『組織行動の原理――動態的管理【新装版】』未来社、84 頁〕この言葉には、フォレットの慧眼がテイラーの真意を見抜いていることが示されている。
85　Taylor, Frederic W. (February, 1911), *The Principles of Scientific Management*, special edition (Mass: The Plimpton Press), p. 8.
86　廣瀬幹好（2005）『技師とマネジメント思想―アメリカにおけるマネジメント思想の生成 , 1880 年〜1920 年―』文眞堂、223 頁。
87　ビル・ゲイツ（William H. Gates, III）は、自著第 1 章「事実の力で経営しよう」の中で次のように述べ、章の冒頭にスローンの言葉を引用している。「ビジネスに関するむずかしい問いに答えるためには、まず、事実に立脚した客観的なアプローチをとらなければならない。いうは易く行うは難いこの原則がいかに大切かは、私の長年の愛読書であるアルフレッド・P・スローンの『GM とともに』を読めばよくわかる」（Gates, Bill with Collins Hemingway (1999), *Business @ the Speed of Thought: Using a Digital Nervous System* (New York: Warner Books), p. 6.〔大原進／訳（2000）『思考スピードの経営　デジタル経営教本』日本経済新聞社（日経ビジネス人文庫）、32-33 頁〕）スローンの言葉として引用されているのは、次の文章である。「経営判断を支える重要な作業は、絶えず変化している技術や市場等について、事実や現状を発見し、認識することだ。現代の技術変化の速さを考えると、事実の追求は永遠に必要な作業になっている」（*Ibid.*, p. 3.〔同上、28 頁〕；Sloan, Alfred P. Jr. (1990, originally published in 1963), *My Years with General Motors* (New York: Currency and Doubleday), pp. xxi.〔田中融二・狩野貞子・石川博友／訳（1967）『GM とともに』、8 頁〕）
88　Barnard, Chester I. (1938), *The Functions of the Executive* (Mass: Harvard University Press), p. 291.〔山本安次郎・田杉競・飯野春樹／訳（1968）『新訳　経営者の役割』ダ

イヤモンド社、304 頁〕
89　Urwick, Lyndall F. (March 1958), "The Integrity of Frederick Winslow Taylor, " *Advanced Management*, 23 (3), p. 9.

あとがき

　筆者が前著『技師とマネジメント思想』をお送りした際、三戸公氏より数編の論文をいただいた。そのうちの1編「二つのテイラー像—— P. F. ドラッカーの科学的管理観をこえて——」（『名城大学論叢』、第3巻第4号、2003年3月）の裏表紙に、私信として、次のように書かれていた。

　「所感。私と全く同じマルクス、バーナード観のはしがき、短いが本質をついて明快。以下、思った通りに書く。……同じ、マルクス、バーナード観をもちながらどうして私と学兄とは異なるのでしょうか。この私のテイラー観と学兄のテイラー観は異なるものとなっているのか。この本が、私の『科学的管理の未来』の前に出ていたら、私の叙述に大いに資するところあったのにと思いおります」

　三戸氏は、上記論文において、自身のテイラー観を次のように述べている。

　「私は、科学的管理をテイラー・システムという技術体系として把握すると同時に、テイラー・システムの指導原則・原理の理論体系としても把握するが、更にこれをテイラー自身がいったように＜対立からハーモニーへ＞と＜経験から科学へ＞の精神革命と把握するのである」（同上論文、27頁）

　筆者は、三戸氏がテイラーの評価基準として精神革命論を強調し、テイラーを管理学の「本流」と位置づける見解を高く評価する。そしてこの見解

に勇気づけられ、そこから多くのことを学んできた。テイラーの最大の目的は、＜対立からハーモニーへ＞、すなわち労使協調（協働）の実現であった。そして、この規範をもつがゆえに、マネジメントの科学の始祖としての地位に値するのである。なぜなら、マネジメントの科学は、人間協働の学だからである。この点を強調する三戸氏のテイラー観は、卓見である。

　しかし、三戸氏は、この本流がテイラーの時代には未だ源流であり、時代的制約を併せもつことを、論じていない。＜経験から科学へ＞におけるテイラーの科学観の限界性を、論じていないのである。筆者が三戸氏と異なるテイラー観をもっているといわれるのは、おそらくこの点であろう。本書は、ある意味で三戸先生からのご教示に感謝しつつ、いただいたご批判に何らかの形でお応えしようとしたものである。納得していただけるか否かは別として、これまでに三戸先生から賜わったご指導に対して、心から感謝申し上げたい。

　一昨年（2017年）の夏、かつて二度生活した米国南西部のオクラホマ州ノーマンを、久しぶりに妻とともに訪れた。訪米の目的はただひとつ、ダニエル・レン先生（Dr. Daniel A. Wren）にお会いすることだった。レン先生はすでにオクラホマ大学を退職されて久しく、80歳代半ばになっておられる。しかし、ご高齢にもかかわらず、私たちの滞在するホテルまで車で迎えに来てくださった。懐かしいオクラホマ大学を訪れたり、食事をごいっしょさせていただいたりして二日間にわたり、先生と久しぶりにゆっくりと楽しい時を過ごさせていただいた。本書をまとめていることをお伝えすると、心から喜んでくださった。残念なのは、本書の内容を英文にしておらず、先生にお見せすることができないことである。かつて先生のもとで学んでいた折に執筆した筆者の論文を、レン先生は、いまやマネジメント史の古典と称される名著 *The Evolution of Management Thought* に引用してくださっている。できれば、同書の次回改訂の折には、再度引用していただけるような英文論文を執筆したいと思っている。実現すれば、レン先生も喜んでくださることだろう。

先生は現在、ノーマン市の郊外に移られてひとり暮らしをされているので、私たちは心配していた。けれど、ご案内していただいた新しいお家の環境は自然豊かでとても素晴らしく、少し安心した。とはいえやはり、別れは寂しい。お別れの挨拶のとき、妻にやさしく何度もハグしてくださっていた様子が、脳裏から離れない。わたしたちよりもひとりで生活をされている先生のほうが、もっと寂しく感じられただろう。先生がいつまでもお元気でいてくださることを、心から願っている。

　本書の出版に際しては、関西大学からご支援をいただくとともに、商学部からは本書をまとめるために研修の機会を与えていただいた。柴健次先生（関西大学大学院会計研究科教授）と西村成弘先生（関西大学商学部教授）は、本書出版の推薦文をお書きくださった。お世話になった皆様に、御礼申し上げる。

　最後に、あまり活動的でなく気ままな私をいつも支えてくれている小学校教員の妻久子と二人の娘、同じく小学校教員の長女茉由と夢多き次女友香に感謝したい。そして、90歳代半ばで今なお元気でいてくれる、郷里香川の母コヨにも。皆がいつまでも心豊かで平和な日々を送ることができるように、心から願っている。

　　2019年2月22日

吹田市千里山にて
廣瀬　幹好

初 出 一 覧

　本書は、これまでに筆者が発表した論文に基づいている。これらを統一的にまとめるに際しては、いくらかの加筆・修正を行っている。各章と既発表論文との対応関係は、以下のとおりである。

第 1 章　「作業の科学と管理の科学」『関西大学商学論集』、第 51 巻第 1・2・3 合併号、2006 年 8 月。

第 2 章　「*American Magazine* 誌における『科学的管理』」『関西大学商学論集』、第 58 巻第 3 号、2013 年 12 月。

第 3 章　「科学的管理における『原理』」『高知論叢　社会科学』、第 88 号、2007 年 3 月。

第 4 章　「出来高払制度とショップ・マネジメント」『関西大学商学論集』、第 57 巻第 3 号、2012 年 12 月。

第 5 章　「ショップ・マネジメントと科学的管理の原理」『関西大学商学論集』、第 58 巻第 4 号、2014 年 3 月。

第 6 章　「F. W. テイラーと二つの公聴会証言」『関西大学商学論集』、第 59 巻第 1 号、2014 年 6 月。

第 7 章　「『工業経営技法の現状』と科学的管理」『商学論究』、第 64 巻第 2 号、2017 年 1 月。

第 8 章　「二つの科学的管理研究」『関西大学商学論集』、第 61 巻第 2 号、2016 年 10 月。

第 9 章　「『ホクシー報告書』と科学的管理」『商学論究』、第 66 巻第 3 号、2019 年 3 月。

第 10 章　「科学的管理と産業民主主義」『関西大学商学論集』、第 63 巻第 1 号、2018 年 6 月。

人名索引

ア行

アーウィック，L. F.　163, 171, 192-193, 268
アイシュトン，R. H.　220-221, 239
アルフォード，L. P.　180-182, 190
稲村毅　5-10, 12-15, 17, 20, 66, 172
ヴァレンタイン，R. G.　193, 213, 230-231, 241, 249-252, 257, 263, 270-271
ウィリッツ，J. H.　257
ウイルソン，W. B.　136, 141-148, 168-169
ウイルソン大統領（Wilson, T. W.）　238-239
ウェインストック，H.　154-156, 158, 220-221, 239
上野陽一　18-19, 38-39, 42-45, 47-49, 66, 71, 73-74, 85-90
ウォルシュ，F. P.　149, 157-158, 169, 214, 218-221, 237-240
ウォルフ，R. B.　251, 253-254, 270-271
占部都美　19
エイトケン，H. G. J.　165, 243, 268
オコンネル，J.　149, 154-155, 158, 169, 221

カ行

カルダー，J.　249
ガント，H. L.　184-185, 188, 191, 210, 231, 241, 256
ギャレットソン，A. B.　155-156, 221
ギルソン，M. B.　242
ギルブレス，F.　19, 29, 42, 50, 122, 148, 191, 243
キンボール，D. S.　188-189, 229-230, 235-236
クック，M. L.　24, 33-36, 126, 271
桑原源次　268
ゲイツ，W. H. III　274
ケント，W.　270
ゴーイング，C. B.　184
コバーン，F. G.　185, 191

古林喜樂　ii, iii
コブリー，F. B.　34, 67
コモンズ，J. R.　214-215, 218-221, 228, 230, 236, 238-240
コント，A.　209
ゴンパーズ，S.　219, 231

サ行

西郷幸盛　16
佐々木恒男　18
島弘　59, 60-61, 63-64, 69
ジョンソン，A. S.　228
シンクレア，U.　i
スミス，O.　248
スローン，A. P. Jr.　243, 274

タ行

タウン，H. R.　iv, 5, 76, 85, 182, 249
チップマン，M.　251, 270
チャーチ，A. H.　8, 17, 20, 180, 190
ディーン，C. C.　33
ディヴァイン，E.　254
ティルソン，J. Q.　141, 143, 145, 148
デラノ，F. A.　154
ドッジ，J. M.　51, 182
ドラッカー，P. F.　208
ドルーリー，H. B.　195-199, 205-208, 210, 253-259, 263, 271-272
トンプソン，C. B.　184, 187, 189, 194-195, 199-207, 209-211, 246, 263, 274
トンプソン，S. E.　251, 257
トンプソン，W. O.　149, 156-157, 170, 217

ナ行

中川誠士　24, 33-34, 66, 132-133
中村瑞穂　159, 171
ナドワーニー，M. J.　163, 165-168, 171, 188,

192-196, 199, 207-208, 212, 237, 240, 242-243, 246, 262-263, 268-269
ネイランド, C. 231, 239, 242

ハ行

パーソン, H. S. 234-235, 261-262, 271
バーナード, C. I. 243, 268
ハサウェイ, H. K. 185, 191, 252, 257
バベッジ, C. 175-176
バラード, S. T. 154, 220-221, 239-240
ハリマン, J. B. 154, 218-221, 239-240
ハルシー, F. A. 76, 85, 103-106
ヒギンズ, A. C. 248
百田義治 132
ファイス, R. A. 251, 254, 272-273
ファヨール, H. 14
ファルケナウ, A. 249
フィッチ, J. A. 252, 262
フォード, H. 243
フォレット, M. P. 265, 274
フランクフルター, F. 261
ブランダイス, L. 239, 259-260
フレイ, J. P. 213, 230-231
ブレイヴァマン, H. 243
ヘイグ, R. M. 257
ペッパー, I. S. 135
ポートナー, A. J. 254, 271
ホクシー, R. F. 212-215, 217, 222-238, 240-242, 244, 250, 257
ポラコフ, W. N. 256, 270

マ行

マッカーシー, C. 217, 219, 239
マッケルヴィ, J. T. 165, 269
マルクス, K. 14
マンリー, B. M. 217, 219, 221-227, 238-240
ミクスター, C. W. 229-231, 234-236, 241-242, 252
三戸公 16, 19-20
向井武文 12-13, 15, 19, 61-64, 69, 92, 111-112, 131, 171
メイヨー, E. 243
メトカーフ, H. 5, 261-262
藻利重隆 2-4, 7, 12-13, 15-16, 97, 128-130, 133, 159, 170-171, 264-265
モズリー, H. 175

ヤ行

安成貞雄 i-ii

ラ行

ライス, C. W. 24, 34
ラ・フォレット, R. M. 238-239
リッテラー, J. A. 16-17
レイトン, E. T. Jr. 208
レッドフィールド, W. C. 141, 143, 145, 148, 190
レノン, J. B. 221
レン, D. A. 214

事項索引

ア行

アメリカ機械技師協会→ ASME
アメリカ経営学会（The Academy of Management） 243
アメリカ労働総同盟（AFL） 166, 231, 242
アメリカン・マガジン誌（The American Magazine） i, 21, 24-25, 31-34, 182-184
　──への寄稿　33
　──への原稿提出　36
一流労働者　144-145, 155, 168, 201-202
異率出来高払制度　73-75, 77-78, 81-82, 84, 89, 92-98, 107-109
　──の重要性　84, 109
ウォータータウン兵器廠におけるテイラー・システム　165, 246
ASME（The American Society of Mechanical Engineers） i, 5, 98, 130, 173, 188-189
　──会員　21-22, 24, 32-34, 65, 93-94, 98, 131, 174, 187
　──に入会　iii
　──への原稿提出　23, 34

カ行

下院特別委員会　246, 269
　──でのテイラー証言　45-51, 134-149
　──の調査報告　246-249
科学的管理　17, 197
　──過去と未来　254-256
　──と産業民主主義　195, 204, 206-207, 222, 225-226, 232, 236-237, 243-268
　──と産業民主主義の非両立性　237, 244
　──とシステマティック・マネジメント　5-7, 9, 16-17, 66
　──と実証主義　199-200, 207, 265, 274
　──と社会的課題　204-205
　──と社会福祉　232-233
　──と人的要素　245-249, 255-256
　──と進歩　205-207, 234-235, 237, 244, 254-259
　──と精神革命　159-164, 171
　──と労働強化→労働強化
　──と労働組合→労働組合と科学的管理
　──と労働福祉　223-224, 226-227, 233
　──の機構と基本理念　118, 136, 147, 169
　──の欠陥（限界）　198, 207, 222-223, 266-268
　──の「原理」　37-65, 68-69, 118-120, 124-125, 126-130, 132, 139, 151-154
　──の時代的制約　255-256, 258-259
　──の進歩性　266
　──の第4原理　40-42, 44, 49-50, 53, 55, 58, 60-65, 119-120, 127, 163, 167
　──の父　2
『科学的管理と労働』→ホクシーの著書
『科学的管理の原理』
　──三様の発表形態　24-25
　──の執筆の目的　113
　──の構成　113-116
　──の特別版　21-25, 30-35, 65, 69, 131
　──の普及版　21, 23, 30, 34-35, 69, 131-132
　──発表の経緯　21-25
　特別版の「まえがき」　22, 32
科学に基づく協働の実現　162-163
課業管理　3-4, 6-7, 9-10, 16-18, 40, 99, 107-109, 126, 129-130
　──の基本思想　99, 130
　──の実施原則　9-10
　──の四つの原理　107-109, 111-112
課業の科学的設定と実施　96, 99
課業理念（観念）　28-29, 79, 81-82, 84-86, 88-89, 91, 120, 126-129, 131, 133

——に基づくマネジメント 88-89, 91, 108-109
——の重要性 129
——の生成と確立 126-130
——の萌芽 92, 94
管理科学推進協会→テイラー協会
管理原則 9-10
——論 8
管理者の責務（義務、負担） 10-12, 54-58, 63-65, 114-115, 119-120, 130, 139, 151-152
管理職能論 8-9, 12, 15
管理に関する小委員会の報告 173-182
——少数派報告 189
——多数派報告 189
——テイラーの発言 185
管理の科学 2, 13, 15, 19
技師のプロフェッショナリズム 267
金属切削作業 59, 115-116, 123-124
近代マネジメント 98, 106-112, 129
——の基本思想 106-107
計画と執行の分離 11-12, 15, 19, 40-41, 63-65, 129
計画部 107-112, 129, 131
——の主たる職能 131
工業経営 173, 189
高賃金と低労務費の結合 100-101, 108

サ行

作業の科学 1-4, 13, 15-16
産業民主主義 195, 204, 206-207, 225-226, 236-237
——の実現 206-207
——の否定者 263
時間研究 31, 80-81, 86-88, 90, 92, 98, 100-102, 106-107, 144, 148, 152, 162, 176, 257
指揮 14-15, 105-106
システマティック・マネジメント（体系的管理） 5-7, 9, 16-17, 66
実証的マネジメント 199-200, 209, 265, 274
シティ・クラブ昼食会 51-53
自転車用玉軸受け玉の検査作業 122, 132
熟練の移転 175, 177-178, 183, 188
——の原理 176, 190

職能的（別）職長制度 83, 111
職能的（別）マネジメント 83, 110
「ショップ・マネジメント」 70, 99, 161-162
——執筆の目的 100-101
——と課業理念 99-112
——と索引 78-84
——の「原理（原則）」 9-10, 18, 107-109, 111-112, 126-127
——の構成 84-91, 99-100
——の登場 96
—— 1903年版 79, 84-85, 89, 91, 96-98, 100-101, 103, 130
——の索引 79-84, 86
—— 1911年版 84-85, 89, 91, 96-98, 103, 130
ショベル作業 26, 29, 53, 58-59, 114, 121
精神革命 136-138, 150-151, 159-164, 171
銑鉄（ズク）運び作業 41-42, 115-116, 120-121

タ行

ダートマス・カレッジ会議 55-59
怠業 27, 79-80, 86, 88, 100, 103, 114-115, 117-118, 132, 141
タウン－ハルシー・システム（プラン） 18, 40, 80, 86, 88, 100, 103-106
団体交渉 144, 153-154, 168, 192-194, 202-203, 206-207, 209, 211
——の承認 263-264
賃金支払制度としてのマネジメント構想 92, 99
テイラー協会（管理科学推進協会） 207, 249, 252, 254-256, 258, 260-261, 263, 270-271, 273
——設立の経緯 273
——での科学的管理をめぐる議論 262-263
——と科学的管理 259-262
テイラー・システム 4, 9, 15-16, 19, 66, 128, 131, 133, 248, 254-255, 257
テイラー主義者 192, 207-208, 242
テイラーの管理職能論 12, 15
——の死 259, 273
——の追悼会 259-260
——の人間観、倫理観 255-256, 263, 267

──のマネジメント思想（理論）　1, 6-9, 15, 37-38, 85-86, 129-130, 207, 263-268
　　──の労働組合についての理念　158, 193
　　──への批判　135, 244
　　──名誉博士号授与　273
「出来高払制度」とマネジメント思想　91-96
「出来高払制度」の構成　70-78
同意
　　──の意味　251-252
　　個人的──　251-252
　　集団的（組織的）──　251-252
　　統制と──　252-254
　　労働者の──　249-252, 264, 270
労働委員会による公聴会　134-135
特別委員会　134, 165
　　──公聴会におけるテイラーの証言　134-149
　　──におけるテイラーの陳述　136-140
　　──による公聴会　135
　　──報告書　246-249

ナ行

成り行き管理（システム）　40, 45, 66, 96, 100, 102-106
　　──の批判　88-89, 106
ニューヨーク・シビック・フォーラム　53-55, 69
人間協働の科学　263-264, 267

ハ行

批判的摂取　245, 266
法則　31, 41, 44, 52, 54-55, 57, 117, 123-125, 152-154, 156-158, 167, 169-170, 207, 256
ホクシー研究
　　──の最大の弱点　235
　　──の不公正さ　242
　　──の調査助手　229, 230-231
ホクシーの死去　242
ホクシーと科学的管理　232-237
ホクシーの著書　212-216, 222-227, 228-231, 237, 242, 244
　　──とその評価　228, 235, 237, 244
　　──の最大の欠陥　237, 244

マ行

マネジメント・システム　5-7, 16-17, 19-20, 37
マネジメント思想への技師の貢献　267
マネジメント史部会　243
マネジメントの科学　iii-iv, 2-5, 12-16, 20, 268
　　──とテイラーの貢献　182, 190-191
マネジメントの実証性　199-200, 206-207, 209, 265, 274
マネジメントの技法（art）　101-102, 106-107, 130
マネジメント理論（思想）　1, 8-9, 15, 19-20, 108, 130, 189, 207, 266-268

ラ行

レンガ積み作業　26, 29-30, 42-43, 53, 116, 122
労使関係委員会　134, 212
　　──ウォルシュ報告書（マンリー執筆）　165, 218-227, 239-240
　　──コモンズ＝ハリマン報告書　218, 221, 239
　　──の科学的管理評価　218
　　──の最終報告書　165, 218, 239-240
　　──の最終報告書とホクシーの著書　213, 224-227, 236
　　──の最終報告書における科学的管理　221-224
　　──の最終報告書をめぐる対立　218-221
　　──の最初の報告書　216-218
　　──の少数派報告書　220-221
　　──の多数派報告書　220, 239
労使協調（協力）　27-28, 31, 44-45, 47-51, 53-55, 57-58, 59-65, 75-78, 103, 106, 108, 117-119, 123-125, 127, 138-139, 144, 146, 150-153, 159-164, 167
　　──確保　101, 106, 108
労働強化　143, 147, 168, 189, 197, 201, 209-210, 245, 247, 249
労働組合　84, 97, 135, 144, 149, 153, 158, 165-166, 169, 188, 192-196, 202-203, 206, 210-211, 215-217, 218-224, 225-226, 228-230, 233-235, 244
　　──主義　223, 226, 229, 233-234, 242
　　──と科学的管理　135, 144, 153, 158, 165-

　　　　166, 192, 196, 202-203, 206, 210-211,
　　　　215-217, 222-223, 225-226, 228-230,
　　　　233-235
――と科学的管理の協調　208
――の関与（承認）　194, 202, 211, 250, 264
――の同意　251-252
――の破壊　158, 195, 223, 233-234

労働者の創意（自由意思）　253, 255-259
　　――の同意　249-252, 264, 270
　　――の発言権　156-157, 211
労働節約的マネジメント　178-183, 185-188
　　――と科学的管理　180-182, 185-186
　　――の広範な成果　179-180, 187
ロックフェラー・プラン　270-271

著者紹介

廣瀬 幹好（ひろせ みきよし） 関西大学商学部教授、博士（商学）

香川県生まれ。高知大学文理学部経済学科卒業、大阪市立大学大学院経営学研究科博士課程中退。高知大学人文学部助手・講師・助教授、関西大学商学部助教授を経て、1994年から関西大学商学部教授。関西大学商学部長・大学院商学研究科長、関西大学副学長を歴任。日本経営学会理事・常任理事等を経て、現在、工業経営研究学会会長。

専門は、ビジネス・マネジメント、経営思想史。著書・編著に、『技師とマネジメント思想』（単著：文眞堂、2005年）、『ビジネス・アイ【第2版】』（単著：文眞堂、2017年）、『最新 基本経営学用語辞典（改訂版）』（共編著：同文館出版、2015年）、『変革期のモノづくり革新』（共編著：中央経済社、2017年）がある。

フレデリック・テイラーとマネジメント思想

2019年10月18日　発行

著　者　　廣瀬幹好

発行所　　関西大学出版部
〒564-8680 大阪府吹田市山手町3丁目3番35号
電話 06(6368)1121 ／ FAX 06(6389)5162

印刷所　　株式会社 図書印刷 同朋舎
〒600-8805 京都市下京区中堂寺鍵田町2

© 2019 Mikiyoshi HIROSE　　　　Printed in Japan

ISBN 978-4-87354-707-7　C3034　　落丁・乱丁はお取替えいたします。

JCOPY ＜出版者著作権管理機構 委託出版物＞
本書(誌)の無断複製は著作権法上での例外を除き禁じられています。複製される場合は、そのつど事前に、出版者著作権管理機構（電話03-5244-5088、FAX 03-5244-5089、e-mail: info@jcopy.or.jp）の許諾を得てください。